आलोचना
अनुक्रमणिका

आलोचना अनुक्रमणिका

सम्पादक

शैलेश कुमार

डॉ. नीलम सिंह

राजकमल प्रकाशन

ISBN : 978-93-88183-21-5

मूल्य : ₹895

पहला संस्करण : 2021

प्रकाशक : राजकमल प्रकाशन प्रा.लि.
1-बी, नेताजी सुभाष मार्ग, दरियागंज
नई दिल्ली–110 002
शाखाएँ : अशोक राजपथ, साइंस कॉलेज के सामने, पटना–800 006
पहली मंज़िल, दरबारी बिल्डिंग, महात्मा गांधी मार्ग, प्रयागराज–211 001
36 ए, शेक्सपियर सरणी, कोलकाता–700 017
वेबसाइट : www.rajkama.prakashan.com
ई-मेल : info@rajkama.prakashan.com

मुद्रक : बी.के. ऑफ़सेट
नवीन शाहदरा, दिल्ली–110 032

ALOCHANA ANUKRAMANIKA
Edited by Shailesh Kumar, Dr. Neelam Singh

क्रम

शुभाशंसा
7

सृजन-शब्द
8

'आलोचना' का इतिहास और इतिहास की 'आलोचना'
9

अंक सूची
27

विशेषांक सूची
237

नामानुक्रमणिका
242

शुभाशंसा

'आलोचना' का इतिहास बीसवीं शताब्दी के उत्तरार्द्ध के हिन्दी साहित्य के इतिहास का एक अभिन्न अंग है। कुछ अन्तरालों को छोड़ दें तो यह एक अविच्छिन्न धारा के साथ हिन्दी साहित्यिक पत्रिका के रूप में प्रवाहित होती रही है। हिन्दी साहित्य का शायद ही कोई बड़ा लेखक हो जिसकी रचनाएँ 'आलोचना' में नहीं छपीं। एक प्रकाशन समूह से जुड़े होने के कारण 'आलोचना' ने जितना पाया है, अपनी प्रतिष्ठा से इसने प्रकाशन समूह की प्रतिष्ठा में भी चार चाँद लगाए हैं। शायद यही कारण है कि प्रबन्धन के तमाम फेर-बदल के बावजूद 'आलोचना' की यात्रा जारी रही। आज जब इक्कीसवीं शताब्दी का दूसरा दशक पूरा होने जा रहा है, 'आलोचना' के पुराने अंकों का अनुक्रम देखना मेरे लिए एक प्रीतिकर आश्चर्य से कम नहीं। उम्र के इस पड़ाव पर जब बाहर निकलना लगभग बन्द हो गया है, इस श्रमसाध्य कार्य द्वारा सम्पादक-द्वय ने मेरे पढ़ने लिए एक नई खुराक दी है, क्योंकि 'आलोचना' का इतिहास बीसवीं शताब्दी के उत्तरार्द्ध के हिन्दी साहित्य के इतिहास का एक अभिन्न अंग है। 'आलोचना' से मेरा जुड़ाव एक लेखक एवं उसके बाद सम्पादक और अब प्रधान सम्पादक के रूप में रहा है। अपने काम के बारे में–एक सम्पादक अथवा प्रधान सम्पादक के रूप में–मैं स्वयं बोलूँ या लिखूँ, यह मेरे स्वभाव में नहीं, इसलिए यह कार्य मैं सुधी पाठकों पर ही छोड़ना पसन्द करूँगा। सम्पादकों में एक 'शैलेश' मेरे सबसे प्रिय शिष्यों में रहे हैं और 'पुत्रवत्' भी। 'नीलम' उनकी पत्नी होने से पूर्व 'काशी' की शिष्या रही हैं एवं अपने पठन-पाठन के बीच इस प्रकार का खोजी काम करने के लिए सराहना की पात्र हैं।

विश्वास है, यह पुस्तकाकार संकलन हिन्दी साहित्य एवं साहित्येतर हिन्दी पाठकों को 'गागर में सागर' प्रदान करेगा।

—नामवर सिंह

जून, 2018

सृजन-शब्द

यह है 'आलोचना' की अब तक की विकास-यात्रा के विविध पहलुओं की एक छोटी-सी झलक। एक पत्रिका किस प्रकार अपने अन्दर एक युग का इतिहास समेटे रहती है, इसका प्रत्यक्ष उदाहरण यह 'आलोचना' है। इस अर्थ में 'आलोचना' का इतिहास बीसवीं शताब्दी के उत्तरार्द्ध के साहित्य के इतिहास का अभिन्न अंग है। इस 'अनुक्रमणिका' के पन्नों से गुज़रते हुए आपको इस काल-खंड के लगभग सभी ख्यातिप्राप्त लेखकों की रचनाएँ मिलेंगी, जिन्हें 'आलोचना' ने पहली बार छापा या प्रमुखता दी और जो बाद में प्रमुख साहित्यकार बनकर उभरे। इस अर्थ में 'आलोचना' की भूमिका का विश्लेषण अभी बाक़ी है।

इस पुस्तक के सन्दर्भ में गुरुवर नामवर जी की बात कितना भी कहूँ, कम ही होगी। नामवर सिंह 'आलोचना' का अभिन्न अंग हैं। ऐसे में यह कहना कि यह 'आलोचना अनुक्रमणिका' मैंने उनको ध्यान में रखकर तैयार की है, लोगों को आश्चर्य हो सकता है। वास्तव में जिन नामवर जी ने हमें पढ़ाया है, उनको अपनी उम्र के इस पड़ाव पर स्मृति-भ्रंश का शिकार होते देखना, अत्यन्त पीड़ादायक अनुभव है। वे कुछ याद करने की कोशिश करते हैं और जब वह उन्हें याद नहीं आता तो एक अजीब-सी बेचैनी उनमें देखी है मैंने। आज भी वे अपनी दिनचर्या का अधिकांश समय किताबों के साथ ही बिताते हैं। ऐसे में एक ऐसी पुस्तक, जो उनके पिछले पचास सालों के सम्पादकीय जीवन एवं लगभग सत्तर सालों के साहित्यिक जीवन से अभिन्न रूप से जुड़ी हो, उन्हें अच्छी लगेगी, ऐसा विचार इस पुस्तक की शुरुआत का कारण बना। इसी बहाने मैंने राजकमल प्रकाशन के उन रिकार्ड रूम की खाक छानी, जिनमें साहित्य की यह अनमोल धरोहर छिपी थी।

अपनी निजी व्यस्तताओं और सीमाओं को जानते हुए भूमिका लिखने का काम मैं अपने प्रिय मित्र मधुप को देना चाहता था परन्तु अपने स्वास्थ्य-कारणों से उनका दिल्ली आना टलता रहा और अन्तत: यह कार्य मुझे ही करना पड़ा या कहूँ कि अशोक जी ने मुझसे यह काम करवा लिया। डॉ. नीलम सिंह इस पुस्तक की पूरी रचना-प्रक्रिया की अदृश्य प्रतिभागी रही हैं। सामग्री को जमा करने, उसे व्यवस्थित तथा संयोजित करने में सदैव उन्होंने बराबर का योगदान दिया। यह उनका अपना कार्य है, अतएव उन्हें धन्यवाद देना औपचारिकता ही होगी।

अब यह पुस्तक आपके हाथ है। इसका थोड़ा भी लाभ यदि साहित्यिक समाज एवं शोधार्थियों को हो पाया तो मेरा प्रयास सार्थक होगा, अन्यथा 'स्वान्त: सुखाय रघुनाथ गाथा' तो है ही।

—शैलेश कुमार

'आलोचना' का इतिहास और इतिहास की 'आलोचना'

शैलेश कुमार

स्वातंत्र्योत्तर हिन्दी साहित्य के दर्पण के रूप में यदि किसी एक साहित्यिक पत्रिका का नाम लिया जा सकता है तो वह है : 'आलोचना'। आज़ादी के बाद राजकमल प्रकाशन हिन्दी के एक प्रमुख प्रकाशन संस्थान के रूप में उभरा और उसकी इस पहचान को बनाने में 'आलोचना' की नि:सन्देह एक बड़ी भूमिका रही। 'आलोचना' के ऐतिहासिक अवदान को उद्घाटित करते हुए राजमल बोरा ने एक अत्यन्त सारगर्भित टिप्पणी की है : "पत्रिकाएँ और भी अनेक हैं, जिनके साथ व्यक्ति और संस्थान जुड़े हैं, किन्तु उन सबमें 'आलोचना' का विशिष्ट स्थान है। इस पत्रिका ने व्यावसायिक न होने पर भी दीर्घकाल तक अपनी परम्परा को बनाए ही नहीं रखा, अपितु उत्तरोत्तर उसमें साहित्य की पहचान के मानदंडों के प्रतिबिम्ब झलकते रहे हैं।"[1]

'आलोचना' का प्रकाशन आरम्भ करने का श्रेय तत्कालीन मैनेजिंग डायरेक्टर देवराज जी को जाता है। यद्यपि प्रारम्भिक अंकों में मैनेजिंग डायरेक्टर का नाम देने की कोई प्रथा न थी, इसलिए पहली बार सत्ताइसवें अंक में मैनेजिंग डायरेक्टर के तौर पर ओंप्रकाश जी का नाम आया था; परन्तु जानकार बताते हैं कि जब देवराज जी 1953-54 के आसपास राजकमल से अलग हो गए थे, तब ओंप्रकाश जी ने राजकमल का ज़िम्मा सँभाल लिया था। 'आलोचना' को आगे बढ़ाने का श्रेय ओंप्रकाश जी को ही जाता है।

'आलोचना' के पहले सम्पादक थे–शिवदानसिंह चौहान। 'आलोचना' की आवश्यकता को रेखांकित करते हुए चौहान जी ने अपना पहला सम्पादकीय 'आलोचना क्यों?' लिखा। यह सम्पादकीय ऐसा प्रासंगिक था कि सन् 2000 के बाद जब 'आलोचना' पुन: छपनी प्रारम्भ हुई तो नामवर जी ने शिवदानसिंह चौहान के योगदान को याद करते हुए 'सहस्राब्दी अंक-3' में इस सम्पादकीय को पुन: छापा। 'आलोचना' के प्रथम अंक के लेखों पर नज़र डालें तो स्पष्ट दिखता है कि यह सामान्य साहित्यिक पत्रिकाओं से भिन्न थी। इसके प्रथम अंक में केवल साहित्यिक कृतियों की आलोचना या समीक्षा ही नहीं थी बल्कि 'भारतीय समाज का ऐतिहासिक विश्लेषण' (दि.के. बेडेकर), 'शूद्रों की खोज' (डॉ. महादेव साहा), 'प्राचीन भारतीय वेशभूषा' (डॉ. रांगेय राघव) जैसे समाजशास्त्रीय विषयों पर भी उत्कृष्ट सामग्री थी। इस अंक के आलेखों में पर्याप्त विविधता थी। आचार्य हजारीप्रसाद द्विवेदी ने 'संस्कृत के महाकाव्यों की परम्परा' पर लिखा था तो प्रकाश चन्द्र गुप्त ने 'गोस्वामी तुलसीदास' पर। डॉ. देवराज ने 'समाजशास्त्रीय आलोचना' की रूपरेखा बनाई थी तो बाबू

गुलाब राय ने 'भारतीय आलोचना-पद्धति' की विशेषताओं को रेखांकित किया था, तो वहीं हिन्दी-उर्दू की साझी साहित्यिक विरासत को एहतेशाम हुसैन ने 'उर्दू भाषा की उत्पत्ति और उसका प्रारम्भिक विकास' में चिह्नित किया था।

उल्लेखनीय है कि प्रथम अंक में जिन कृतियों की समीक्षा की गई थी, वे हिन्दी साहित्य के पाठकों की पसन्द की जानेवाली पुस्तकें प्रमाणित हुईं। डॉ. रघुवंश ने पन्त जी की 'स्वर्ण-किरण', 'स्वर्ण-धूलि' और 'उत्तरा' की समीक्षा की थी तो नामवर जी की पहली समीक्षा परशुराम चतुर्वेदी द्वारा लिखित आलोचनात्मक पुस्तक 'उत्तरी भारत की सन्त-परम्परा' पर थी। अन्य कृति-समीक्षकों में विश्वम्भर 'मानव', ठाकुर प्रसाद सिंह, डॉ. जगन्नाथ प्रसाद शर्मा, डॉ. सत्येन्द्र, त्रिलोचन शास्त्री आदि थे। काव्य संग्रह, उपन्यास, नाटक, कहानी संग्रह, आलोचना एवं स्फुट विधाओं से सम्बन्धित पुस्तकों की समीक्षा पहले अंक में छपी थी। स्फुट विधाओं में प्रभाकर माचवे का 'आधुनिक साहित्य और चित्रकला' उल्लेखनीय निबन्ध था। पहले अंक में ही 'आलोचना' ने विमर्श की वह श्रृंखला आरम्भ की, जो बाद में इसकी प्रखर पहचान बनी। इसे नाम दिया गया : 'प्रस्तुत प्रश्न'। पहले अंक का 'प्रस्तुत प्रश्न' स्वयं शिवदान जी ने 'साहित्य में संयुक्त मोर्चा' नाम से लिखा था।

पहले अंक की थोड़ी व्यापक चर्चा इसलिए कि शिवदान जी ने 'आलोचना' पत्रिका के जो प्रतिमान तय किए थे, वे बाद में भी इसके आदर्श के रूप में कार्यरत रहे। 'आलोचना' विशुद्ध 'साहित्यिक पत्रिका' के दायरे में कभी क़ैद नहीं रही वरन् वृहत्तर सामाजिक-सांस्कृतिक सरोकारों को ध्यान में रखकर चलती रही। हिन्दी समाज को एक बड़े साहित्यिक परिदृश्य से परिचित कराने में इस पत्रिका ने प्रारम्भ से ही ऐतिहासिक भूमिका निभाई।

'आलोचना' का पहला अंक इस मायने में भी महत्त्वपूर्ण था कि उसने पत्रिका-प्रकाशन के एक अन्य पहलू को रेखांकित किया। वह थी : 'सहायक सम्पादक' की भूमिका। सहायक सम्पादकों का 'आलोचना' में सदैव महत्त्वपूर्ण योगदान रहा। यद्यपि प्रारम्भिक अंकों में उनकी भूमिका को मुखपृष्ठ पर उतनी जगह नहीं मिली, परन्तु इतिहास के जानकार बताते हैं कि पत्रिका की प्रकाशन-सामग्री को प्राप्त करने से लेकर उसके सम्पादन एवं कार्यालय सँभालने में सहकारी सम्पादकों की भूमिका अत्यन्त महत्त्वपूर्ण थी। गोपालकृष्ण कौल और क्षेमचन्द्र 'सुमन' ने पत्रिका के प्रारम्भिक अंकों (1951-1953) में 'सहकारी सहायक' की भूमिका निभाई थी। नामवर जी का नाम औपचारिक रूप से अक्टूबर, 1952 के 'आलोचना' के बहुचर्चित 'इतिहास विशेषांक' में सह-सम्पादक के रूप में आया।

नामवर जी पर गहन शोध करनेवाले भारत यायावर ने नामवर जी के 'आलोचना' के साथ प्रारम्भिक जुड़ाव को याद करते हुए लिखा है : "शिवदानसिंह चौहान के सम्पादन में 'आलोचना' का जो पहला अंक अक्टूबर, 1951 ई. में निकला, उसमें नामवर सिंह—परशुराम चतुर्वेदी द्वारा लिखित पुस्तक 'उत्तरी भारत की सन्त-परम्परा' एवं अंक-2 (जनवरी, 1952) में शचीरानी गुर्टू द्वारा सम्पादित 'महादेवी वर्मा : काव्य-कला एवं जीवन-दर्शन'—की समीक्षा प्रकाशित हुई। 'आलोचना' के अंक-4 (जुलाई, 1952 ई.) में नामवर सिंह का लम्बा आलोचनात्मक निबन्ध प्रकाशित हुआ : 'हिन्दी कविता के पिछले दस वर्ष'। इसी अंक में शिवदानसिंह चौहान ने नामवर सिंह की पुस्तक 'हिन्दी के विकास में अपभ्रंश का योग' पर डॉ. हरदेव बाहरी द्वारा लिखित समीक्षा प्रकाशित की। शिवदानसिंह चौहान ने

'आलोचना' का पाँचवाँ और छठा अंक 'इतिहास विशेषांक' के रूप में निकाला था। इन अंकों के सह-सम्पादक नामवर सिंह थे। उनकी अधिकांश प्रकाशन-सामग्री नामवर सिंह की जुटाई हुई थी। पाँचवाँ अंक अक्टूबर, 1952 ई. में प्रकाशित हुआ था। इसी में नामवर सिंह का 'इतिहास का नया दृष्टिकोण' शीर्षक निबन्ध अग्रलेख के रूप में प्रकाशित हुआ था, जो 'इतिहास और आलोचना' पुस्तक में संकलित है।"[2]

नामवर जी ने 'आलोचना' में अपनी इस भूमिका का ज़िक्र अपने एक आलेख में इस प्रकार किया है : "चौहान जी के सम्पादन का पाँचवाँ और अन्तिम अंक 'इतिहास विशेषांक' निकला था। उस अंक की योजना बनाने में, ब्यौरेवार रूपरेखा तैयार करने में, उसके लिए सामग्री संकलन करने में मैंने काफ़ी श्रम किया था। यही नहीं, उसका पहला लेख 'इतिहास का नया दृष्टिकोण' मैंने लिखा था। अन्य लेखों के अलावा गुरुदेव हजारीप्रसाद द्विवेदी की बिहार राष्ट्रभाषा परिषद् से शीघ्र प्रकाशित होनेवाली पुस्तक 'हिन्दी साहित्य का आदिकाल' के प्रूफ से कुछ अंश चुनकर मैं बनारस से दिल्ली लाया था–'आलोचना' के उक्त अंक के लिए। इन सारी चीज़ों को देखते हुए चौहान जी ने सह-संपादक के रूप में 'इतिहास विशेषांक' में मेरा नाम दिया था।"[3]

'आलोचना' के प्रारम्भिक छ: अंकों के बाद पत्रिका की बागडोर नये हाथों में दी गई। इस बदलाव की पृष्ठभूमि में 'आलोचना' के प्रबन्धक एवं तत्कालीन सम्पादक चौहान जी के बीच किन्हीं मुद्दों को लेकर गहरे मतभेद थे। जनवरी, 1953 में राजकमल प्रकाशन की एक शाखा इलाहाबाद के सिविल लाइंस में स्थापित हुई। इसी शाखा में बहुत बाद में लोकभारती प्रकाशन स्थापित हुआ। ओंप्रकाश जी उस समय ज़्यादातर इलाहाबाद में ही रहते थे। इसी कारण उन्होंने 'आलोचना' के सम्पादक के रूप में इलाहाबाद के चार लेखकों का चुनाव किया जो 'परिमल' ग्रुप से जुड़े थे। वे लेखक थे–डॉ. धर्मवीर भारती, रघुवंश, विजयदेवनारायण साही और ब्रजेश्वर वर्मा।

इस नये सम्पादक-मंडल ने अप्रैल, 1953 से जनवरी, 1956 तक अर्थात् अंक-7 से अंक-17 तक 'आलोचना' का सम्पादन किया। नये सम्पादक-मंडल ने नये तेवर के साथ 'आलोचना' को नया रंग देने का प्रयास किया। अपने सम्पादकीय आलेखों में सम्पादक-मंडल ने प्रगतिशील वामपंथी साहित्य एवं आलोचना को संकुचित दृष्टि से प्रेरित बताते हुए प्रयोगवादी-कलावादी साहित्य की वकालत की।

उस दौर की 'आलोचना' ने तत्कालीन साहित्यिक विमर्श को कैसे प्रभावित किया, इसकी चर्चा करते हुए भारत यायावर लिखते हैं : "भारती और साही ने उसे ('आलोचना' को) शीतयुद्ध की विचारधारा को वहन करनेवाला पत्र या मंच बनाया। मार्क्सवादी समीक्षा की कम्युनिस्ट परिणति से चिन्तित इन सम्पादकों ने 'आलोचना' को उस विचारधारा का प्रतिनिधि बनाया जिसे कृत्रिम, गूढ़, पश्चिमोन्मुख आधुनिकता या आधुनिकतावाद कह सकते हैं। नामवर सिंह की आरम्भिक पुस्तक 'इतिहास और आलोचना' की टिप्पणियाँ उसी समय की 'आलोचना' की सम्पादकीय दृष्टि या विचारधारा से संघर्ष का परिणाम हैं।"[4]

इस सम्पादक-मंडल ने अक्टूबर, 1953 में 'आलोचना विशेषांक' तथा अक्टूबर, 1954 में 'उपन्यास विशेषांक' निकाले जिनमें उपरोक्त विधाओं पर विविधतापूर्ण सामग्री पाठकों को उपलब्ध हुई। इस विकास-यात्रा में–अप्रैल, 1953 से जुलाई, 1954 तक के अंकों

में–क्षेमचन्द्र 'सुमन' सहकारी सम्पादक के रूप में वापस 'आलोचना' से जुड़े।

अप्रैल, 1956 में 'आलोचना' के सम्पादकीय विभाग में पुन: बदलाव आया। ऐसा प्रतीत होता है कि वाम एवं दक्षिणपंथी लेखकों की उठा-पटक ने सबको साथ लेकर चलनेवाले उदारवादी छवि के साहित्यकार आचार्य नन्ददुलारे वाजपेयी को सम्पादक बनाने में महत्त्वपूर्ण भूमिका अदा की। अपनी उदारवादी छवि के अनुरूप वाजपेयी जी ने 'समीक्षा सम्बन्धी सन्तुलित प्रतिमान और समन्वित दृष्टि' की वकालत की और 'आलोचना' को वाम अथवा दक्षिणपंथी अतिवादों से सतर्कतापूर्वक बचाने का आग्रह किया। लगभग तीन बरसों के अपने कार्यकाल में उन्होंने 'आलोचना' में प्रगतिशील और प्रयोगवादी, दोनों खेमों को जगह दी। उनके सम्पादकत्व में, अप्रैल एवं जुलाई, 1956 में, 'नाटक' के दो विशेषांक तथा जनवरी, 1959 एवं अप्रैल, 1959 में 'काव्यालोचन' के दो विशेषांक निकले, जिनमें उपरोक्त विषयों पर वैविध्यपूर्ण सामग्री दी गई। किन्तु वाजपेयी जी के सम्पादन-काल में 'आलोचना' का स्वरूप थोड़ा संकुचित हुआ और उन पर इसे 'विश्वविद्यालय की पत्रिका' बनाने का आरोप भी लगा।

'आलोचना' की अनवरत यात्रा पहली बार वाजपेयी जी के सम्पादन-काल में प्रभावित हुई, जब अक्टूबर, 1957 (पूर्णांक-24) के बाद एक वर्ष तक पत्रिका का कोई अंक नहीं निकला। एक दीर्घ विराम के बाद अंक-26 (अप्रैल, 1959 के बाद) आया, जब 'आलोचना' 4 बरसों के लिए स्थगित रही। इस दौर में नामवर जी को 'आलोचना' का सम्पादन देने की एक असफल कोशिश की गई जिसे याद करते हुए बाद में नामवर जी ने लिखा : "यह 1959 की घटना है। जब नन्ददुलारे वाजपेयी के हाथों 'आलोचना' बन्द हुई, उस समय मैं सागर में था। ओंप्रकाश जी ने मुझसे कहा था कि 'आलोचना' का सम्पादन मैं करूँ, किन्तु मैंने स्वीकार नहीं किया था, क्योंकि एक तो सागर से यह सम्भव नहीं था; दूसरा यह कि वाजपेयी जी हमारे हिन्दी विभाग के अध्यक्ष थे और मैं असिस्टेंट प्रोफेसर था। जिस पत्रिका से उनको अलग कर दिया गया हो, उसी पत्रिका का सम्पादन उनके अधीन काम करनेवाला एक अध्यापक करे, ऐसा अध्यापक जो उनकी इच्छा के विरुद्ध नियुक्त किया गया हो, यह स्थिति दोनों में से किसी के लिए सुखद नहीं थी। अत: बहुत सोच-विचार कर मैंने प्रस्ताव अस्वीकार कर दिया था।"[5]

चार साल बाद 1963 में शिवदानसिंह चौहान को दुबारा सम्पादक बनाकर 'आलोचना' की यात्रा प्रारम्भ हुई। यद्यपि इस अंक को चौहान जी ने नवांक-1 कहा, परन्तु पूर्णांक-27 भी जारी रहा। शिवदान जी ने फिर से 'आलोचना' को प्रगतिशील हिन्दी साहित्य के विकास का वाहक बनाने की घोषणा की। उन्होंने 'आलोचना' की इस विचार-दृष्टि को अपने सम्पादकीय में इन शब्दों में व्यक्त किया : "हमारी केवल यह कामना है कि हमारे लेखक सर्वव्यापी अनास्था और आत्मघाती व्यक्तिवाद के मार्ग पर भटककर अपने सामाजिक दायित्वों के प्रति सर्वथा उदासीन न हो जाएँ, मनुष्य और भविष्य के प्रति उनमें फिर आस्था जगे और उनके हृदय में फिर नये सपने पलें, क्योंकि हम एक पिछड़े देश के वासी हैं–पैंतालीस करोड़ भारतीयों के लिए एक सभ्य, सुसंस्कृत और सम्पन्न जीवन का निर्माण करने के लिए अभी हमें भगीरथ प्रयत्न करने हैं।"

अपनी इस दूसरी पारी में शिवदान जी ने जुलाई, 1963 से दिसम्बर, 1966 तक

'आलोचना' के ग्यारह अंक निकाले। इनमें से पाँच अंक (पूर्णांक-33, 34, 35, 36, 37) 'स्वातंत्र्योत्तर हिन्दी साहित्य' की विविध विधाओं पर केन्द्रित विशेषांक थे, जो 'आलोचना' के इतिहास में मील का पत्थर हैं। इसी दौर में 'आलोचना' एवं राजकमल ने व्यवस्थापकीय बदलाव भी देखा और प्रबन्धन का दायित्व ओंप्रकाश जी से श्रीमती शीला सन्धू के हाथ में आया। जुलाई, 1965 के पूर्णांक-33 में इस आशय की सूचना छपी और यह आश्वासन भी छपा कि 'आलोचना' की व्यापक नीति पर इस बदलाव का असर नहीं होगा। प्रयास यह होगा कि 'आलोचना' अधिक सुचारु रूप से प्रकाशित हो। दिसम्बर, 1966 का 'आलोचना' अंक शिवदान जी के सम्पादकत्व में निकलनेवाला अन्तिम अंक था, जिसमें उन्होंने व्यक्तिगत व्यस्तताओं का हवाला देते हुए 'आलोचना' के सम्पादकत्व से मुक्ति की कामना की और तत्कालीन मैनेजिंग डायरेक्टर ने उनके प्रति आभार प्रकट किया।

जनवरी, 1967 से औपचारिक रूप से सम्पादक के रूप में नामवर सिंह 'आलोचना' से जुड़े। नामवर सिंह उस समय राजकमल के साहित्यिक सलाहकार थे और 'जनयुग' साप्ताहिक का सम्पादन भी कर रहे थे। शीला सन्धू ने उन्हें सलाहकार पद की जगह 'आलोचना' का कार्य-भार सौंप दिया। नामवर जी ने काशीनाथ सिंह को लिखे अपने एक पत्र में इसका ज़िक्र इन शब्दों में किया है : "आर्थिक दृष्टि से यह सौदा निस्सन्देह सुखद नहीं है, किन्तु मानसिक दृष्टि से लाभदायक है। मैंने सोच-समझकर ही यह निर्णय लिया है। अब अपने लिखने-पढ़ने के लिए पूरा समय रहेगा।"[6]

इस बदलाव पर राजमल बोरा जी ने 'आलोचना' के नये एवं पुराने, दोनों सम्पादकों की मन:स्थिति का ज़िक्र किया है।

शिवदानसिंह चौहान ने इस मन:स्थिति का ज़िक्र अपने अन्तिम सम्पादकीय में इन शब्दों में किया है : "चूँकि अलगाव की समस्या के प्रति हमारे देश के बुद्धिजीवी अब सचेत हो गए हैं। आवश्यकता इस बात की है कि इस पर गम्भीरतापूर्वक हर पहलू से विचार किया जाए। जीवन को बेमानी समझनेवाले व्यक्तियों की भी आन्तरिक इच्छा वही है कि जीवन में सार्थकता नज़र आवे, क्योंकि मनुष्य का सर्वोच्च लक्ष्य आज भी स्वतंत्रता-प्राप्ति ही है। वह अपने से ही बेगाना नहीं होना चाहता। कर्ता का गौरव प्राप्त करना चाहता है और चाहता है कि सामाजिक जीवन इसके लिए उसे अनुकूल अवसर प्रदान करे।"

नामवर जी ने भी लगभग इसी प्रकार के अनुभव अपने छात्र-मित्र श्रीनारायण पांडेय को पत्र में लिखा : "दिल्ली किसी को भी उससे छीन लेती है। जिसे आप Alienation कहते हैं या Dehumanization, उसका अनुभव दिल्ली आने पर ही होता है। आज जब हम दोनों भाई (काशीनाथ सिंह के साथ) एक साथ बैठे सुबह की चाय पी रहे थे, तो सहसा वह Alienation जैसे समाप्त हो गया।"[7]

नामवर जी के सम्पादकत्व में 'आलोचना' का एक नया युग प्रारम्भ हुआ। अपने सुदीर्घ सम्पादन-काल (अप्रैल-जून, 1967–अप्रैल-जून, 1990 एवं अप्रैल-जून, 2000 से अप्रैल-जून, 2019 तक) में नामवर जी ने 'आलोचना' को, तो 'आलोचना' ने नामवर जी को समृद्ध किया। 'आलोचना' ने नामवर जी को वह मानसिक खुराक दी जिसके बिना वे रह नहीं सकते थे। बदले में नामवर जी ने 'आलोचना' के अपने सम्पादकीय लेखों एवं बहसों के माध्यम से हिन्दी साहित्य को वह रचनात्मक ऊर्जा दी जिसका प्रभाव सर्वविदित है।

जयनारायण व्यास विश्वविद्यालय, जोधपुर के प्रो. छोटाराम कुम्हार ने विश्वविद्यालय अनुदान आयोग के लघुशोध परियोजना के तहत 'आलोचना' पत्रिका (सर्वेक्षण और मूल्यांकन) पर 1995 में शोध-प्रबन्ध प्रस्तुत किया था जिसमें 'आलोचना' एवं नामवर जी के योगदान की विस्तृत चर्चा की गई है।

इस भूमिका में ज़्यादा विस्तार की सम्भावना तो नहीं है, फिर भी उस बदलाव का थोड़ा ज़िक्र आवश्यक है जो नामवर जी ने स्वयं रेखांकित किया है। उन्होंने लिखा है : " 'आलोचना' को पहले अंक से ही मैंने नया स्वरूप देने की कोशिश की, क्योंकि पहले उसका इतिहास एक साहित्यिक पत्रिका का था। जब चौहान जी निकालते थे, तब भी वह साहित्यिक ही थी। वाजपेयी जी ने उसको विश्वविद्यालय की पत्रिका बना दिया था। चौहान जी ने भी हिन्दी साहित्य पर केन्द्रित जो अंक निकाले, उन्हें देखें, उनके ज़्यादातर लेखक अध्यापक थे।"

उस दौर में 'आलोचना' के नये कलेवर की पृष्ठभूमि का स्मरण करते हुए नामवर जी आगे लिखते हैं : "सन् '67 में अप्रैल का अंक जून में आया था। उस समय चौथा आम चुनाव हो चुका था और चौथे आम चुनाव का विशेष महत्त्व इस रूप में है कि पहली बार प्रदेश में ग़ैर-कांग्रेसी संविद सरकारें बनी थीं। इस प्रकार कांग्रेस के वर्चस्व को चुनौती मिली थी। दूसरी ख़ास बात यह है कि 1967 के समय को याद करें कि एक ओर नक्सल आन्दोलन प्रारम्भ हुआ था, कम्युनिस्ट पार्टी के दो टुकड़े पहले ही हो चुके थे '64 में। यह संक्रमणकाल का दौर था। यह भी उल्लेखनीय है कि प्रदेश में जो मिली-जुली सरकारें बनी थीं–उत्तर प्रदेश में, बिहार में; उनमें कम्युनिस्ट और जनसंघ, दोनों ही पार्टियाँ शामिल थीं। ऐसे में मैंने एक योजना बनाई कि 'आलोचना' के हर अंक में एक संवाद रहा करेगा। ज्वलन्त समस्याओं पर, विभिन्न लोगों के विचार होंगे; क्योंकि मैं मानता हूँ कि 'आलोचना' का क्षेत्र विशुद्ध साहित्यिक नहीं है, अधिक व्यापक है। मुक्तिबोध इसी को 'सभ्यता समीक्षा' कहते थे। उन दिनों डॉ. रामविलास शर्मा अक्सर दिल्ली आते थे। दो-एक बार हमारे यहाँ भी ठहरे। मैंने उनसे अनुरोध किया कि वे 'चौथे आम चुनाव के बाद का भारत' विषय पर लेख लिखें। उन्होंने जो लेख लिखा, उसे मैंने कई लोगों के पास भेजा। प्रतिक्रिया तो लोग क्या देते, पर मैंने उसे आधार निबन्ध के रूप में छापा। उस लेख का शीर्षक 'फासिस्ट ख़तरा और वामंपथ' था। उसमें उन्होंने कहा था कि अगर कभी फासिस्ट तानाशाही आएगी तो इसकी ज़िम्मेदारी वामपंथ पर होगी।"

'आलोचना' में संवाद की इस नई परिपाटी को अपनी किताब में रेखांकित करते हुए राजमल बोरा जी ने नामवर सिंह ('नामवर सिंह : वाद-विवाद और संवाद के मनीषी') के इस बदलाव का सिरा 1964 की 'कल्पना' में उर्वशी-परिचर्चा से जोड़कर देखा है। उन्होंने लिखा है : "नामवर सिंह उस समय 'कविता के नये प्रतिमान' को पूर्णता प्रदान कर रहे थे। जनवरी, 1964 में 'कल्पना' में उर्वशी-परिचर्चा प्रस्तुत हुई थी। उक्त परिचर्चा में नामवर सिंह ने मूल्यों के टकराव का अनुभव किया। एक ही विषय पर होनेवाली परिचर्चा को नामवर सिंह ने 'संवाद' कहा और 'आलोचना' के आरम्भ के अंकों में उन्होंने 'संवाद' को प्रमुख स्थान दिया। तदर्थ विषय दिये गए और उस समय के प्रबुद्ध और प्रौढ़ लेखकों से दिये गए विषय पर सामग्री एकत्रित की। सबको पत्र लिखकर योजनानुसार काम किया।"

'संवाद' की यह परम्परा नामवर जी के सम्पादन में 'आलोचना' की एक नई पहचान बनी।

नामवर जी ने 'आलोचना' को साहित्य और साहित्यकारों के समग्र मूल्यांकन का माध्यम बनाया। उनके सम्पादन में 'मुक्तिबोध विशेषांक' (जुलाई-सितम्बर, 1968; नवांक-6), 'ग़ालिब विशेषांक' (जनवरी-मार्च, 1969; नवांक-8), 'लेनिन की जन्मशती के उपलक्ष्य में विशेषांक' (अप्रैल-जून, 1970; नवांक-13), 'लूकाच स्मृति अंक' (जुलाई-सितम्बर, 1971; नवांक-18), 'प्रगतिवाद विशेषांक' (अप्रैल-जून, 1974; नवांक-29), 'धूमिल स्मृति अंक' (अप्रैल-जून, 1975; नवांक-33), 'पन्त विशेषांक' (अक्टूबर-दिसम्बर, 1977; नवांक-43), 'आचार्य हजारीप्रसाद द्विवेदी स्मृति अंक' (अप्रैल-सितम्बर, 1979; नवांक-49-50), 'प्रेमचंद स्मृति अंक' (अक्टूबर-मार्च, 1979-80; नवांक-51-52), 'नागार्जुन विशेषांक' (जनवरी-जून, 1981; नवांक-56-57), 'रामविलास शर्मा की सत्तरवीं वर्षगाँठ पर विशेषांक' (जनवरी-जून, 1982; नवांक-60-61), 'समीक्षा अंक' (जुलाई-दिसम्बर, 1982; नवांक-62-63), 'मार्क्स अंक' (जुलाई-सितम्बर, 1984; नवांक-70), 'आचार्य शुक्ल स्मृति अंक' (अप्रैल-जून, जुलाई-सितम्बर, 1985; नवांक-73-74), 'श्रीकान्त वर्मा विशेषांक' (जुलाई-सितम्बर, 1986; नवांक-78), 'भारतेन्दु एवं गुप्त जी विशेषांक' (अक्टूबर-दिसम्बर, 1986; नवांक-79), 'त्रिलोचन विशेषांक' (जुलाई-सितम्बर, 1987; नवांक-82), 'पंजाबी के युवा कवि पाश को समर्पित अंक' (अप्रैल-जून, 1988; नवांक-85), 'गोरख पांडेय स्मृति अंक' (अप्रैल-जून, 1989; नवांक-89), 'निर्मल वर्मा पर केन्द्रित अंक' (जुलाई-सितम्बर, 1989; नवांक-90) निकले।

अप्रैल-जून, 1974 की 'आलोचना' को प्रगतिशील आन्दोलन और विचारधारा के मूल्यांकन पर केन्द्रित किया गया। 1986 में प्रगतिशील लेखक संघ की स्वर्ण जयंती के अवसर पर 'आलोचना' का विशेषांक प्रकाशित हुआ। यह अंक उस व्यापक साहित्यिक-सांस्कृतिक आन्दोलन का इतिहास, उसकी भूमिका, उसके अन्तर्विरोध, उसमें उठे वाद-विवाद, उसकी शक्ति और सार्थकता एवं उसकी सीमाओं को स्पष्ट करने के लिए प्रकाशित हुआ।

वर्ष 2000 के बाद प्रधान सम्पादक के कार्यकाल में उनकी दृष्टि व्यक्ति-केन्द्रित कम एवं विषय-केन्द्रित अधिक रही। प्रमुख साहित्यकार-केन्द्रित, जैसे–शिवदानसिंह चौहान (अक्टूबर-दिसम्बर, 2000; सहस्राब्दी अंक-3), भारतेन्दु (जनवरी-मार्च, 2001; सहस्राब्दी अंक-4), रामविलास शर्मा (अप्रैल-जून, 2001; सहस्राब्दी अंक-5), भीष्म साहनी (अप्रैल-सितम्बर, 2004; सहस्राब्दी अंक-17-18), हजारीप्रसाद द्विवेदी (जनवरी-मार्च, 2008; सहस्राब्दी अंक-28), शमशेर बहादुर सिंह (जनवरी-मार्च, 2011; सहस्राब्दी अंक-40), अज्ञेय (अप्रैल-जून, 2011; सहस्राब्दी अंक-41), केदारनाथ अग्रवाल (जुलाई-सितम्बर, 2011; सहस्राब्दी अंक-42), नागार्जुन (अक्टूबर-दिसम्बर, 2011; सहस्राब्दी अंक-43) एवं मुक्तिबोध (जुलाई-सितम्बर, 2015; सहस्राब्दी अंक-55) अंक थे; वहीं विषय-केन्द्रित अंकों में 'फासीवाद और संस्कृति का संकट' (अप्रैल-जून, 2000; सहस्राब्दी अंक-1), 'स्मरण में है आज जीवन' (जुलाई-सितम्बर, 2000; सहस्राब्दी अंक-2), 'संस्कृति और भूमंडलीकरण' (जुलाई-सितम्बर, 2001; सहस्राब्दी अंक-6), 'साम्प्रदायिक राष्ट्रवाद और उपन्यास' (अक्टूबर-दिसम्बर, जनवरी-मार्च, 2001-02; सहस्राब्दी अंक-7-8),

'आलोचना और समाज' (अप्रैल-जून, 2002; सहस्राब्दी अंक-9), 'उत्तर-आधुनिक दौर में इतिहास' (जुलाई-सितम्बर, 2002; सहस्राब्दी अंक-10-11), 'कविता का भविष्य-1' (जनवरी-मार्च, 2003; सहस्राब्दी अंक-12), 'कविता का भविष्य-2' (अप्रैल-जून, 2003; सहस्राब्दी अंक-13), 'विचारधारा और सौन्दर्यशास्त्र-1' (जुलाई-सितम्बर, 2003; सहस्राब्दी अंक-14), 'विचारधारा और सौन्दर्यशास्त्र-2' (अक्टूबर-दिसम्बर, 2003; सहस्राब्दी अंक-15), 'इतिहास और स्मृति' (जनवरी-मार्च, 2004; सहस्राब्दी अंक-16), 'आलोचना का उत्तर-समय' (अक्टूबर-दिसम्बर, जनवरी-मार्च, 2003-05; सहस्राब्दी अंक-19-20), 'भक्तिकाल पर विशेष' (अक्टूबर-दिसम्बर, 2008; सहस्राब्दी अंक-31), 'अकथ कहानी प्रेम की : कबीर की कविता' (जुलाई-सितम्बर, 2012; सहस्राब्दी अंक-46), 'भारतीय जनतंत्र का जायजा-1' (जनवरी-मार्च, 2015; सहस्राब्दी अंक-53), 'भारतीय जनतंत्र का जायजा-2' (अप्रैल-मई, 2015; सहस्राब्दी अंक-54), 'कविता-1' (अक्टूबर-दिसम्बर, 2015; सहस्राब्दी अंक-56), 'कविता-2' (जनवरी-मार्च, 2016; सहस्राब्दी अंक-57), 'विभाजन का सत्तर साल-1' (जनवरी-मार्च, 2019; सहस्राब्दी अंक-59), 'विभाजन का सत्तर साल-2' (अप्रैल-जून, 2019; सहस्राब्दी अंक-60) आदि शामिल हैं।

राजमल बोरा ने 'आलोचना' के इतिहास को खँगालते हुए नामवर जी के आने के बाद एक और बदलाव को रेखांकित किया है : " 'आलोचना' में कविताओं का प्रवेश। अब तक 'आलोचना' में कविताएँ नहीं छपती थीं। नामवर सिंह कविताओं का सम्पादन करने लगे। उनके पहले अंक में केदारनाथ सिंह, धूमिल और भारतभूषण अग्रवाल की तीन कविताएँ छपी हैं। दूसरे अंक में रघुवीर सहाय की कविता है। नामवर सिंह कविता को आलोचना की केन्द्रीय विधा मानते रहे हैं।"[8]

नामवर जी के आने के बाद 'आलोचना' में कुछ अन्य बदलाव भी आए जिसे अन्य आलोचकों ने रेखांकित किया है। 'आलोचना' एवं नामवर सिंह के योगदान को रेखांकित करते हुए भारत यायावर ने लिखा है : "विश्वविद्यालयों में पढ़ाई जानेवाली हिन्दी के पाठ्यक्रम में बदलाव लाने के लिए उन्होंने कई काम किए, जिनमें सबसे महत्त्वपूर्ण था–'साहित्य के समाजशास्त्र' विषय को स्थापित करना। इसके लिए उन्होंने 'आलोचना' के सम्पादक के रूप में भी काम किया।' 'आलोचना' के अठारहवें अंक को उन्होंने हंगरी के आलोचक जार्ज लूकाच पर केन्द्रित किया। 'आलोचना' का उन्नीसवाँ अंक पाब्लो नेरुदा पर, तो गोल्डमान के निधन पर 'आलोचना' का बीसवाँ अंक केन्द्रित किया गया। इसी क्रम में 'आलोचना' के 31वें अंक में रेमंड विलियम्स के निबन्ध के प्रकाशन के साथ उसके अवदान के महत्त्व को रेखांकित करते हुए उस पर सम्पादकीय लिखा गया।"[9]

'आलोचना' पत्रिका का सम्पादन पहले कई वर्षों तक नामवर सिंह ने स्वयं किया। प्रारम्भ में दो-तीन अंकों में सहायक के रूप में विष्णु खरे थे, किन्तु उनका नाम नहीं छपता था। 1981 से 1985 तक नंदकिशोर नवल इसके सह-सम्पादक रहे। 1986 से 1990 तक परमानन्द श्रीवास्तव।

जब पुनर्नवा 'आलोचना' 2000 से निकलनी शुरू हुई, तो प्रधान सम्पादक तो नामवर जी ही रहे किन्तु सम्पादक के रूप में परमानन्द श्रीवास्तव का नाम छपने लगा।

इसके प्रारम्भिक चार अंकों में सह-सम्पादक अरविन्द त्रिपाठी थे। अंक पच्चीस से परमानन्द श्रीवास्तव की जगह अरुण कमल इसके सम्पादक हुए। अरुण कमल के बाद अपूर्वानंद एवं उसके बाद अब संजीव कुमार और आशुतोष कुमार इससे जुड़े हैं। इन सहयोगियों का योगदान कमतर नहीं माना जा सकता। परमानन्द श्रीवास्तव, नवल जी तथा अरुण कमल ने अपनी 'आलोचना'-यात्रा के विविध पहलुओं को अलग-अलग सन्दर्भों में उजागर किया है। 'आलोचना' और नामवर जी, इन दोनों को समझने के लिए ये सन्दर्भ अत्यन्त प्रासंगिक हैं।

परमानन्द श्रीवास्तव ने 'आलोचना' के नामवर जी के सम्पादन-काल को क़रीब से देखा है। उनके उतार-चढ़ाव को रेखांकित करते हुए उन्होंने 'आलोचना-दृष्टि और सम्पादन-विवेक' शीर्षक से एक लम्बा लेख लिखा, जो 'नामवर सिंह : एक मूल्यांकन' नामक पुस्तक में संकलित है। उसका सम्पादन प्रेम भारद्वाज ने किया है। उस लेख में उन्होंने 'आलोचना' की यात्रा के विविध पड़ावों को रेखांकित किया है। उस लेख के कुछ चुनिन्दा अंश 'आलोचना' की विकास-यात्रा को समझने के लिए महत्त्वपूर्ण हैं :

"नामवर सिंह ने 'आलोचना' का सम्पादन करते हुए हमेशा 'स्क्रूटिनी' के सम्पादक एफ.आर. लीविस को जेहन में रखा। 'न्यू लेफ्ट रिव्यू' उनकी प्रिय पत्रिका है।

'आलोचना' सहस्राब्दी अंक-1 की रूपरेखा बनाते हुए 'न्यू लेफ्ट रिव्यू' का विशेष अंक उनके सामने रहा होगा। नामवर सिंह ने अपने सम्पादन-काल में 'चुनाव के बाद का भारत' पर एक अंक निकाला। उस सम्पादकीय की सार्थकता आज भी बनी हुई है : स्वाधीनता-प्राप्ति के बाद पहली बार हमारी राजनीति में परिवर्तन का आभास हुआ है और लोग सोचने लगे हैं कि परिवर्तन सम्भव है। जो स्थिति एक अपरिवर्तनीय नियति प्रतीत हो रही थी, वह अब अपनी सामर्थ्य के अधीन अनुभव हो रही है और इस प्रकार बीस वर्षों के बाद अब असंतोष को एक दिशा मिली है। राजकीय सत्ता के ढाँचे में एकाधिकार टूटने से पहली बार स्पष्ट विकल्प दृष्टिगोचर हुए हैं और जनतंत्र की सम्भावनाएँ उद्‍घाटित हुई हैं, किन्तु चुनाव के बाद घटनाएँ जिस तिर्यक गति से घटित हो रही हैं, उससे स्पष्ट है कि यह केवल भावविभोर होने का समय नहीं है, बल्कि अनेक जटिल प्रश्नों से संकुल संक्रमण घड़ी है, जिसके लिए कहीं अधिक बौद्धिक सतर्कता की अपेक्षा है। यही समय है कि विरोधी खेमे में देह राजनीति ही आवांगार्द सीमा है। नकारावाद का दौर। भारती ने 'धर्मयुग' में विधिवत् नग्नता के महोत्सव को सेलिब्रेट किया। अकविता, अकहानी, नग्नतावाद के प्रचारक आन्दोलन बने। नामवर सिंह ने प्रतिबद्ध आन्दोलन को युवा लेखन से जोड़ा। धूमिल पर एक पूरा अंक निकाला। यह नई दृष्टि थी। आगे मुक्तिबोध पर एक पूरा अंक आया। प्रमुख थीम थी : 'कविता और राजनीति'। साठोत्तरी कविता का परिदृश्य आधार बना। साठोत्तरी कविता एक नये तेवर में थी। धूमिल की कुछ कविताएँ पहली बार 'आलोचना' के इसी अंक में छपीं। आगे-पीछे की 'आलोचना' को देखें तो नामवर सिंह की आलोचनात्मक समझ प्रखरतर होती गई है। 'आलोचना-83' में नामवर सिंह का सम्पादकीय 'दूसरी परम्परा की खोज' पर है। यह लोकधर्मी परम्परा है। यह परम्परा न होती तो नागार्जुन, त्रिलोचन हाशिए पर होते। नामवर सिंह के शब्द हैं : 'कविता की दूसरी परम्परा वह है, जो लोकधर्मी है। यह लोकधर्मी काव्य-परम्परा जितनी ऊर्जस्वी है, उतनी ही सुदीर्घ भी। वेदों की आदिम

अग्नि में इसकी चिंगारियाँ मिल जाएँगी। डी.डी. कोसम्बी ने 'सुभाषित रत्नकोष', 'सहुकी कर्णामृत' को नया परिप्रेक्ष्य दिया। उनका अपना ग्रंथ था : 'सुभाषित रत्नकोष' (सम्पादित)।

'आलोचना' में जब 'त्रिलोचन के लिए नया काव्यशास्त्र' पर सम्पादकीय लिखा, तो कोसम्बी का काम ध्यान में था। नामवर सिंह ने जो विशेषांक निकाले, वे साहित्य के दूसरे इतिहास की तरह थे—भारतेन्दु, मैथिलीशरण गुप्त, प्रेमचंद, रामचन्द्र शुक्ल, हजारीप्रसाद द्विवेदी, रामविलास शर्मा, नागार्जुन, त्रिलोचन, मुक्तिबोध, धूमिल। हजारीप्रसाद द्विवेदी वाला अंक उनके सम्पादन में दूसरा ही था, जो मनोहर श्याम जोशी के साक्षात्कार के कारण महत्त्वपूर्ण हो गया। नागार्जुन-केन्द्रित अंक में कृष्णा सोबती की नागार्जुन से बातचीत महत्त्वपूर्ण थी। यह कृष्णा सोबती का दूसरा रूप था—फक्कड़ नागार्जुन से विनोदपूर्ण संवाद। एक अंक निर्मल वर्मा के साठ वर्ष होने पर। इसमें एक क्रिटिकल लेख वीर भारत तलवार का था। फिर नामवर सिंह का अपना सम्पादकीय 'एक सौन्दर्योपासक सन्त की षष्टिपूर्ति पर'। फिर कुछ अंकों के बाद शीला सन्धू ने 'आलोचना' को स्थगित कर दिया। विष्णु खरे ने आलोचना के अवसान पर टिप्पणी लिखी। फिर दस वर्ष बाद सहस्राब्दी अंक-1 आया। कभी विष्णु खरे (यद्यपि किन्हीं कारणों से नाम नहीं जाता था), नंदकिशोर नवल और मैं 'आलोचना' के सह-सम्पादक थे। मेरे बाद अरुण कमल सम्पादक बने, तो विष्णु खरे को लगा कि उन्हें हटाया गया है, पर अशोक महेश्वरी ने अनुबन्ध बीस अंकों तक का ही किया था। बीच में यह चुनाव नामवर सिंह का ही था। सह-संपादक बने मदन कश्यप और प्रभात रंजन। दोनों हटे या हटाए गए। अरुण कमल अकेले हैं। नामवर जी की सलाह से 'आलोचना' को नियमित करने की कोशिश शुरू हुई। मैंने कई संयुक्तांक निकाले। अन्तिम था : 'आलोचना का उत्तर समय'। पहला : 'संस्कृति और फासीवाद'। एक और अंक 'स्मरण में है आज जीवन'। विवादास्पद अंक फिर रामविलास शर्मा पर था : 'इतिहास की 'शव-साधना'। अन्तिम लेख था, पर था सम्पादकीय ही। माना गया कि हजारीप्रसाद द्विवेदी को ऊँचा स्थान दिलाने के लिए रामविलास शर्मा को गिराना या कमतर करके देखना ज़रूरी था। क्या हम भूल रहे हैं कि उनके जीवित रहते ही नामवर सिंह ने 'आलोचना' का एक सम्पादकीय लिखा था : 'केवल जलती मशाल।' 'विचारधारा और सौन्दर्यशास्त्र' पर मेरे समय का एक अंक भी चर्चित रहा।

सहस्राब्दी अंक-1 में सह-सम्पादक के रूप में अरविन्द त्रिपाठी का नाम गया। बाद में अंक-5 के बाद आर. चेतनक्रांति का। यह भी नामवर जी का ही चुनाव था। और पीछे लौटें। सहस्राब्दी अंकों की श्रृंखला से पहले 'आलोचना'-56-57 नागार्जुन अंक था। नामवर सिंह का सम्पादकीय था : 'कविता की ज़मीन और ज़मीन की कविता'। नामवर सिंह ने लिखा : 'नागार्जुन स्वाधीन भारत के प्रतिनिधि जनकवि हैं—तरल आवेगों वाला, अतिभावुक, हृदयधर्मी, जनकवि। अहसास उन्हें जनकवि होने का भी है और जनकवि होने की ज़िम्मेदारी का भी।' नागार्जुन में नामवर सिंह कड़वाहट का 'रसायन' देख रहे हैं। सम्पादकीय में नागार्जुन की वर्ग-प्रतिहिंसा की व्याख्या है। नामवर जी की दृष्टि में 'हिन्दी में कबीर के बाद नागार्जुन से बड़ा दूसरा व्यंग्यकार कवि नहीं हुआ।' अभी जो किताब आई है, उसमें नामवर जी की एक कृति का नाम ही है : 'कविता की ज़मीन और ज़मीन की कविता'। एक वाक्य है : 'जनकवि के रूप में नागार्जुन की सबसे बड़ी उपलब्धि है—कविता के कलात्मक सौन्दर्य

की बलि चढ़ाए बिना कविता को सर्वजन सुलभ बना देना।' नामवर जी की ही प्रेरणा से मनोहर श्याम जोशी और कृष्णा सोबती ने नागार्जुन से बातचीत की। एक का शीर्षक है : 'कहाँ-कहाँ से गुज़र गया और चमरौधे पर धूल नहीं जमी'। दूसरे का : 'इक ज़िन्दा जालिम चंगा ए'। रचनात्मक के ही प्रलोभन से ये इंटरव्यू छपे।

यह भी आलोचक का सम्पादन-विवेक ही है कि प्राय: 'यह अंक' तक सम्पादकीय सीमित हो। पाश पर ऐसा ही सम्पादकीय है : 'प्रासंगिकता का प्रमाद'। आरम्भ के शब्द हैं : 'प्रासंगिकता क्या वही है, जो हमारे विचारों का अनुमोदन करता है और आज के अनुकूल है? जो आज से भिन्न है और हमें चुनौती देता है, वह प्रासंगिक क्यों नहीं?' आज यह सवाल उठाना इसलिए ज़रूरी है कि प्रासंगिकता की चिन्ता प्रमाद की सीमा तक बढ़ गई है। अतीत के हर बड़े लेखक को किसी-न-किसी तरह समकालीन बनाने की ऐसी कोशिश हो रही है कि अतीत की अतीतता तो सुरक्षित रही ही नहीं, वर्तमान की अपनी विशिष्टता भी लुप्त हो रही है, यहाँ तक कि अतीत और वर्तमान का अन्तर मिटता जा रहा है और इस तरह आज की ज्वलन्त समस्याओं से बच निकलने का एक बहाना मिल रहा है। यहीं नामवर सिंह मानते हैं कि परम्परा विरासत में अपने-आप सहज ही प्राप्त होनेवाली वस्तु नहीं है, बल्कि उसे सायास करके अर्जित करना पड़ता है। अर्जन के इस प्रयास में चयन अनिवार्य है। यहीं ब्रेख्त के 'एलिनिएशन इफेक्ट' की चर्चा है।

'आलोचना-86' में 'अकाल में सारस' (केदारनाथ सिंह) पर दो कृति-समीक्षकों (अरुण कमल/राजेश जोशी) की समीक्षाएँ हैं। श्रीलाल शुक्ल के उपन्यास 'पहला पड़ाव' पर रवीन्द्र वर्मा की समीक्षा है। 'आलोचना-84' में नामवर सिंह ने सम्पादकीय में लिखा : 'इस अंक का मुख्य आकर्षण है, इतिहासाचार्य विश्वनाथ काशीनाथ राजवाड़े के 'कादम्बरी' शीर्षक मराठी निबन्ध का हिन्दी अनुवाद 'उपन्यास'।' यह निबन्ध 1902 में प्रकाशित हुआ था, फिर भी कितना प्रासंगिक है! हिन्दी जगत तो ख़ैर इससे एकदम अपरिचित है ही, मराठी में भी आज इससे कम लोग ही अवगत हैं। इसी पर गोविन्द पुरुषोत्तम देशपांडे का लेख है : 'विश्वनाथ काशीनाथ राजवाड़े और उपन्यास'। एक और निबन्ध ह.श्री. साने का : 'विश्वनाथ काशीनाथ राजवाड़े का 'उपन्यास' शीर्षक निबन्ध'। आज 'आलोचना' साहित्य-सीमित पत्रिका नहीं है, तो वह प्रधान सम्पादक के अपने आलोचनात्मक सम्पादन-विवेक के कारण।

एक स्वतंत्र अंक में 'नवजागरण' पर परिसंवाद। 'छायावाद' पर परिसंवाद। 'युवा लेखन' पर बातचीत। रामविलास शर्मा के सत्तरवें जन्मदिन के उपलक्ष्य में एक अंक। इसमें नामवर सिंह का सम्पादकीय है : 'केवल जलती मशाल', जिसमें वे लिखते हैं : 'डॉ. रामविलास शर्मा 10 अक्टूबर, 1982 को अपने सक्रिय और संघर्षशील जीवन के सत्तर शरद पूरे कर इकहत्तरवें वर्ष में प्रवेश कर रहे हैं। आज वे अपनी साहित्य-साधना के सर्वोच्च शिखर पर हैं। जो उनकी सभी मान्यताओं से पूरी तरह सहमत नहीं हैं, वे भी स्वीकार करेंगे कि डॉ. शर्मा अपने संघर्ष और साधना में अप्रतिम हैं। प्रगतिशील आलोचना के अग्रदूत होने के साथ ही वे हिन्दी जाति के प्रतिनिधि समालोचक हैं और इस हैसियत से समूचे भारतीय साहित्य के विकास में उनका योगदान अप्रतिम है।' एक तरह से यह सम्पादकीय डॉ. रामविलास शर्मा के समूचे अवदान पर है जिसके परिप्रेक्ष्य में 'आचार्य रामचंद्र शुक्ल और हिन्दी आलोचना', 'परम्परा का मूल्यांकन', 'निराला की साहित्य-साधना', 'भारत

के प्राचीन भाषा परिवार और हिन्दी', 'भारत में अंग्रेजी राज और मार्क्सवाद' आदि कृतियाँ उल्लेखनीय हैं। अंत में, 'राम की शक्ति-पूजा' का वह बिम्ब अपने समूचे अर्थगौरव के साथ मूर्तिमान हो रहा है : 'भूधर ज्यों ध्यानमग्न, केवल जलती मशाल'।

'आलोचना' सहस्राब्दी अंक-1, 2000 (अप्रैल-जून) का सम्पादकीय ऐसा कि अंक को तीन बार छापना पड़ा। विषय-चयन नामवर सिंह का था : 'फासीवाद और संस्कृति का संकट'। सम्पादकीय का नाम दिया गया : 'पुनर्नवता'। नामवर सिंह के शब्द हैं : 'आलोचना' अग्निपक्षी है। फिर जी उठी, अपनी ही राख से। अपनी ही आग से। अब यह 'पुनर्नवा' आलोचना है। पुनर्नवता का यह प्रथम अंक है : सहस्राब्दी अंक। 'क्लेश: फलेन हि पुनर्नवतां विधत्ते इति कालिदास: '। 'आलोचना' की पुनर्नवता ख़याल है और दिल को ख़ुश रखने को यह ख़याल अच्छा है, लेकिन हक़ीक़त हमको मालूम है। नहीं भूल सकता कि 'आलोचना' की पुनर्नवता कई बार बाधित हुई है। 'सनातन' इसके भाग्य में शायद है ही नहीं। बौद्धों के प्रतीत्य-समुत्पाद अथवा विच्छिन्न प्रवाह के साथ ही इसने जीवन के पचास साल निकाल लिए। एक पत्रिका के लिए यह आयु कुछ कम नहीं, वह भी आलोचनात्मक पत्रिका।'

आगे नामवर सिंह कहते हैं : 'प्रतिरोध का ऐसा ही एक क्षण है अप्रैल-जून, 1967 की 'आलोचना' का प्रथम अंक, जिसने भारत में पहली बार फासीवादी ख़तरे की चेतावनी दी थी। यह और बात है कि उस समय वह ख़तरा टल गया, लेकिन आज जब वह फासीवाद सचमुच आ पहुँचा है तो हर दरवाज़े पर दस्तक देना हमारा फ़र्ज़ बनता है। यह न सूचना है, न चेतावनी, बल्कि सीधे-सीधे चुनौती देने का वक़्त है। पुनर्नवा 'आलोचना' आज इसी प्रतिरोध की आवाज़ है–एक अकेली आवाज़ नहीं, बल्कि समवेत आवाज़...'

कहना न होगा कि नामवर सिंह की आलोचना-दृष्टि और सम्पादन-विवेक अभिन्न है। 'आलोचना' का एक अंक था–आलोचना की भाषा पर, एक प्रगतिशील साहित्य आन्दोलन की पचासवीं वर्षगाँठ पर, एक प्रतिरोध के सौन्दर्यशास्त्र पर, लूकाच-ब्रेख़्त विवाद पर, गोल्डमान पर, ग्राम्शी और रेमंड विलियम्स पर। अंक-77 में सज्जाद जहीर की 'रौशनाई' का एक अंश, राल्फ रसेल का एक लेख, जिसमें लंदन और लखनऊ के सम्मेलनों के घोषणापत्र हैं। नामवर सिंह के सुझाव पर रघुवीर सहाय का लेख और कुँवर नारायण की कविताएँ। कान्तिचन्द्र सोनरिक्सा से मेरी बेबाक बातचीत। यह था नामवर सिंह का सम्पादन-विवेक, जो आलोचना-दृष्टि की तीक्ष्णता की फलश्रुति था।"[10]

उपरोक्त लम्बे उद्धरण में 'आलोचना' की विकास-यात्रा के कई पड़ावों को देखा जा सकता है। नंदकिशोर नवल 'आलोचना' के दूसरे सह-सम्पादक बने। इस जुड़ाव के साथ कई खट्टी-मिट्ठी यादें जुड़ी हैं, जिन्हें उन्होंने समय-समय पर याद किया है। ऐसी ही एक याद को रेखांकित करते हुए उन्होंने एक लेख लिखा जो 'बहुवचन' में प्रकाशित है। इस लेख में 'आलोचना' से उनके जुड़ाव और अलगाव की कहानी तो है ही, पर्दे के पीछे की कई बातें भी हैं। 'आलोचना' की विकास-यात्रा को समझने के लिए यह लेख अत्यन्त महत्त्वपूर्ण है। उसके कुछ प्रमुख अंश यहाँ उद्धृत हैं :

"मैंने उन्हें (नामवर जी को) लिखा था कि मैं दिल्ली आनेवाला हूँ, सो वे बार-बार मुझे लिख रहे थे कि आपके दिल्ली आने का क्या हुआ? 1979 में एक दिन श्याम कश्यप

के साथ सागर और भोपाल होते हुए मैं वहाँ पहुँच ही गया। कई दिन रुका। एक दिन शाम को उनके बैठके में मैं श्याम कश्यप के साथ बैठा हुआ था। वे सुरती मल रहे थे। मैंने उनसे पूछा–'आलोचना' की क्या स्थिति है? उन्होंने कहा कि अब आप आए हैं, तो आपसे बात होगी।

पटना विश्वविद्यालय में हिन्दी विभागाध्यक्ष के लिए बिहार लोक सेवा आयोग में साक्षात्कार होनेवाला था। उस पद के लिए महत्त्वाकांक्षी अध्यापक अपनी सारी शक्ति लगाए हुए थे, जबकि मैं लिखने-पढ़नेवाले किसी और अध्यापक को उस पद पर देखना चाहता था। नामवर जी भी उसमें एक विशेषज्ञ थे, जिस कारण मैं उन्हीं पर भरोसा करके चल रहा था।

अगले दिन शाम को जब मैं फिर श्याम कश्यप के साथ उनके डेरे पर पहुँचा, तो उन्होंने मेरे लिए यह दुखद समाचार सुनाया कि वह साक्षात्कार टल गया है। मैं चिन्तित हो उठा।

मेरी उसी अवस्था में नामवर जी ने मुझसे कहा कि आप 'आलोचना' में सह-सम्पादक के रूप में काम करने का प्रस्ताव स्वीकार कर लीजिए।

मेरी योजना 'मुक्तिबोध : ज्ञान और संवेदना' नामक पुस्तक आरम्भ करने की थी, पर उसे टालकर मैंने नामवर जी का आदेश स्वीकार कर लिया। उनसे कहा–आपको सहयोग देने की बात है, तो वह मैं ज़रूर करूँगा। मेरे लिए वह गौरवान्वित होने का अवसर होगा।

वे उठकर तुरन्त अपने कमरे में गए और शीला जी को मेरी स्वीकृति के बारे में बतलाकर फिर आ गए। कुछ देर बाद हम लोग चले, तो वे दरवाज़े तक छोड़ने आए और मुझसे कहा कि कल आप राजकमल जाकर शीला जी से मिलकर मानदेय तय कर लीजिएगा।

मैंने उत्तर दिया–मैंने आपका आदेश शिरोधार्य किया, मानदेय आदि के सम्बन्ध में आप ही उनसे बात करके जो कर देंगे, उसे ही मैं मान लूँगा। फिर मैं और श्याम कश्यप बाहर चले आए।

साक्षात्कार टल जाने से मैं इतना चिन्तित था कि 'आलोचना' से सम्बन्धित बात मैं भूल ही गया था। बाहर आने पर श्याम कश्यप ने मुझसे कहा–बधाई। मैंने पूछा कि किस बात के लिए बधाई दे रहे हो? उसने फिर कहा–अरे, आप 'आलोचना' के सह-सम्पादक हो गए...!

दूसरे दिन उनके बैठके में बैठकर हम लोग 'आलोचना' के सम्बन्ध में बात करते रहे। मैंने अपना यह साहसपूर्ण निर्णय सुनाया कि 'आलोचना' पिछड़ तो गई ही है, ढेर सारी नई पुस्तकें समीक्षार्थ पड़ी हैं। इस कारण हम लोग 'आलोचना' के कुछ अंकों में विभिन्न विधाओं को लेकर, जैसे कविता, उपन्यास, कहानी और आलोचना की सिर्फ समीक्षा छापेंगे।

उसके बाद मैं पटना लौट आया। स्टेशनरी और समीक्षार्थ पुस्तकें मुझे राजकमल की स्थानीय शाखा से मिल जाती थीं। मैं महत्त्वपूर्ण पुस्तकों का चयन करता था और उनके समीक्षकों की सूची नामवर जी से मिलकर 'फाइनल' करा लेता था। इस बार कविता वाली समीक्षाओं के अंक की सामग्री मैंने उन्हें भेजी, तो उन्होंने सम्पादन के लिए मेरी प्रशंसा की। जैसी कि मेरी आदत थी, मैं समीक्षाओं के कुछ अंशों को हटाकर और उनकी भाषागत अशुद्धियाँ दूर करके सम्पादन करता था। 'ध्वजभंग' में मेरे सम्पादन को देखकर मेरे एक सहयोगी प्रो. शिवबचन सिंह ने मुझसे कहा था : 'आप महावीरप्रसाद द्विवेदी के बाप हैं।' लेकिन नामवर जी ने कभी मुझसे कुछ नहीं कहा और कहा भी तो संकेत से, जिसे मैंने तुरन्त ग्रहण किया। मेरे सम्पादन और लेखन के चलते जो भी प्रहार हुए, उसे वे स्वयं झेलते

रहे। अब मुझे यह सोचकर बहुत दु:ख होता है कि मेरे चलते उन्हें क्या-क्या नहीं सुनना और सहना पड़ा...!

नामवर जी से मैंने सम्पादन-कला भी सीखी। मैं छपने योग्य सारे लेख उनके पास ले जाता था और वे देखते-देखते उनमें ऐसा क्रम लगा देते थे कि अंक का पूरा स्वरूप ही उभर आता था। इतना ही नहीं, वे तमाम लेखों को इस सूक्ष्म दृष्टि से देखते थे कि कहीं किसी ने उन्हें उद्धृत तो नहीं किया है? ऐसे स्थलों को वे काट देते थे और जो स्थल उनकी आलोचना में लिखे जाते थे, उन्हें वे रहने देते थे। उन्होंने नियम बना रखा था कि 'आलोचना' में किसी सम्पादक की पुस्तक की समीक्षा नहीं छपेगी। दूसरी तरफ़ ऐसे जनवादी लेखक थे, जो उनसे अपने ऊपर विस्तृत टिप्पणी लिखवाकर बड़ी निर्लज्जता से अपनी पत्रिका में छापते थे!

उन दिनों वे बहुत सक्रिय थे और उन्हें सिर्फ़ एक सहायक की ज़रूरत थी, जिसके लिए उन्होंने मुझ पर भरोसा किया। यही समझिए कि कुछ लेखों को जुटाने के लिए मैं उन्हें लिखता था और वे वह काम बड़ी मुस्तैदी से करते थे। इसका एक ही प्रमाण उनके पत्रों से मैं उद्धृत कर रहा हूँ : 'इस अंक के लिए मेरे ज़िम्मे जो काम आपने बताए हैं, करूँगा। नागर जी, मुंशी, नागार्जुन, त्रिलोचन और शमशेर से लेख आदि लेने की ज़िम्मेवारी मेरी। केदारनाथ अग्रवाल से लेख आप प्राप्त करेंगे। केदार बाबू से पूछिए कि वे कोई कविता भी लिखना चाहेंगे? अच्छी रहेगी। चंद्रबली सिंह की कोई ख़बर मुझे भी नहीं है। उनसे लेख लेना मेरे वश का नहीं। फिर भी कोशिश करूँगा। आप भी कोशिश करते रहिए।'

एक बार जेएनयू में आचार्य रामचन्द्र शुक्ल पर संगोष्ठी थी। उसमें मैंने 'राजनीतिक आन्दोलन' शीर्षक आलेख का पाठ किया था। साथ-साथ 'आलोचना' के आगामी अंक की भी उनसे मिलकर योजना बनानी थी। मैं 'आलोचना' के काम से जब दिल्ली जाता था, तो राजकमल मुझे आने-जाने का फर्स्ट क्लास का किराया दिया करता था। नामवर जी के डेरे से चलते समय दरवाज़े पर मैंने उनसे पूछा–इस बार राजकमल मुझे किराया देगा, तो मैं लूँ या नहीं? उन्होंने कहा कि इस बार आप हमारी संगोष्ठी में आए हैं, इसलिए आप किराया न लें। मेरा ख़याल है कि मैंने उनसे यह जो पूछा, उससे भीतर ही भीतर वे ज़रूर आश्वस्त हुए होंगे...।

'कसौटी' के समापन-अंक का लोकार्पण उन्हीं को करना था, लेकिन उस समय वे साहित्य अकादेमी से नाराज़ चल रहे थे, इसलिए उसके सभा-कक्ष में आयोजित समारोह में जाना उन्हें स्वीकार नहीं हुआ। लिहाज़ा कुँवर जी ने उसका लोकार्पण किया और फिर आलोचना पर रखी गई एक गोष्ठी में मलयालम के प्रसिद्ध कवि के. सच्चिदानंदन सहित दिल्ली के अनेक प्रसिद्ध हिन्दी लेखकों ने भाग लिया। समारोह सम्पन्न होने के बाद मैंने सभी विद्वानों को 'कसौटी' के समापन-अंक की एक-एक प्रति भेंट की।

दूसरे दिन नामवर जी ने मुझे अपने आवास पर बुलाया। मैं तरुण जी के साथ चला और रास्ते में जाम न मिलने के कारण नौ बजे से कुछ पहले ही उनके यहाँ पहुँच गया। वे नंगे बदन अपने बैठके में बिछे कालीन पर बैठे थे और उनके सामने दवाओं का ट्रे रखा था, साथ में एक गिलास पानी भी। हम लोगों को देखकर वे थोड़ा सकपकाए। मैंने कहा–आप दवाएँ लेकर सुस्थ हो जाएँ, फिर आपसे बातें होंगी।

दवाएँ लेकर वे अन्दर गए और आधी बाँह का कुर्ता पहनकर बाहर आए। मेरे 'सुस्थ'

शब्द के प्रयोग से वे बहुत प्रसन्न थे। बोले–'सुस्थ रमणीय' और 'अविचारित रमणीय' के बारे में बहुत पहले पढ़ा था। आज आपके मुँह से 'सुस्थ' शब्द सुनकर बहुत अच्छा लगा, फिर कहा–'कसौटी' का काम समाप्त हो गया, अब आप 'आलोचना' को सँभालिए।

सहसा मेरे मुँह से निकला–अब यह सम्भव नहीं है। 'कसौटी' ने मुझे इतना थका दिया है कि अब मुझसे कुछ न होगा।

दरअसल इस पत्रिका ने मुझे आर्थिक, शारीरिक और मानसिक रूप से इतना तोड़ दिया था कि मुझे विश्वास ही नहीं हो रहा था कि मैं आगे कुछ कर सकूँगा। नामवर जी मुझसे ऐसे उत्तर की आशा नहीं कर रहे थे। अन्त में मैंने उनसे कहा कि डॉ. साहब, पहली बार मैं आपका आदेश पालन करने में अपने को असमर्थ पा रहा हूँ। फिर मैं रोने लगा, जिससे वे घबरा गए और कहा–आप शान्त हो जाइए। 'आलोचना' की कोई दूसरी व्यवस्था हो जाएगी।

अब मैं सोचता हूँ कि मेरे अस्वीकार के पीछे मेरे अचेतन में कुछ और कारण भी थे। एक तो यह कि मुझे 'आलोचना' से अपमानजनक ढंग से बर्खास्त किया गया था, सो मैंने निश्चय कर लिया था कि अब किसी निजी संस्थान से न जुड़ूँगा। दूसरा कारण यह था कि मेरे हटाए जाने के बाद परमानन्द श्रीवास्तव बेहिचक उसमें मेरी जगह आ गए थे। मुझे इस बात का भी दु:ख था कि जब उन्होंने 'आलोचना' में मेरी जगह ली, तो अगला अंक निकलने के पहले वे मेरे यहाँ आए थे, लेकिन कुछ भी नहीं बतलाया था। मैंने सोचा कि जिस तरह मेरे हटाने के बाद वे गए, उस तरह उनके हटाए जाने के बाद मैं नहीं आऊँगा। तीसरा कारण यह था कि जब मैं 'आलोचना' से जुड़ा था, तो मेरे एक प्रिय मित्र को यह सख़्त नागवार गुज़रा था। लिहाज़ा उन्होंने मेरे विरुद्ध शीला जी के नाम एक लम्बा पत्र लिखा और किसी और की हस्तलिपि में उसे शीला जी को भेज दिया।

शीला जी ने देखने के लिए वह पत्र मुझे भेजा। कहा जाता है कि अपराधी कोई न कोई सबूत ज़रूर छोड़ता है। पत्र को पढ़ते हुए जब मैं उसके अन्त में पहुँचा, तो यह देखकर चौंक गया कि उसकी डेढ़-दो पंक्तियाँ मेरे प्रिय मित्र ने अपनी हस्तलिपि में लिखी थीं। मैं तुरन्त उस हस्तलिपि को पहचान गया और पत्र-सम्बन्धी वस्तुस्थिति से नामवर जी को परिचित करा दिया। वह पत्र अभी भी मेरे पास सुरक्षित है, लेकिन आज तक मैंने किसी को उस पत्र के लेखक के बारे में नहीं बतलाया। मेरे उस मित्र को भी मालूम नहीं है कि मैं क़रीब तीन दशकों से सब कुछ जानता हूँ। दिलचस्प है कि उनसे मेरी मित्रता और गाढ़ी होती गई। इस कारण भी मैं फिर 'आलोचना' में जाकर उन्हें दुखी नहीं करना चाहता था। मित्र आख़िर मित्र होता है। ज़रूरी नहीं कि वह प्रतिदिन आपको भी अपनी मित्रता ही दे।

लेकिन इन कारणों के बावजूद नामवर जी का आदेश मेरे लिए सर्वोपरि था और वस्तुत: अपनी थकान के चलते ही उनके सामने रोते हुए मैंने उसे अस्वीकार किया था। मेरे अस्वीकार करने के बाद अरुण कमल जी सम्पादक बनाए गए और पूरे श्रम और निष्ठा से 'आलोचना' के स्तर को उच्च बनाए रखकर अनेक अंक निकाले।

लेकिन अन्त में समयाभाव के कारण उन्होंने भी 'आलोचना' से छुट्टी चाही। राजकमल के प्रबन्धक अशोक जी बहुत चिन्तित थे कि अब क्या होगा? नामवर जी ने उनसे कहा कि आप चिन्ता न करें, मैं अपनी देखरेख में अपूर्वानंद को सम्पादक बनाने जा रहा हूँ। उसके बाद उन्होंने उन्हें बुलाकर या फोन पर उनसे अशोक जी को वचन देने की बात कही।

अपूर्वानंद जी ने सोचने के लिए उनसे दो दिनों का समय लिया और मुझे फोन किया–आपका क्या सुझाव है, मैं क्या करूँ? मैंने उनसे कहा–'आलोचना' की सम्पादकीय से आपको बहुत लाभ होगा। दूसरे, अन्तिम निर्णय आपका ही होगा, लेकिन मैं चाहता हूँ कि नामवर जी ने आप पर भरोसा किया है, तो आप उनके भरोसे को जोड़ें। मुझे यह जानकर प्रसन्नता हुई कि उन्होंने उन्हें अपने अनुकूल निर्णय से परिचित करा दिया और 'आलोचना' के अगले अंक की तैयारी में जुट गए।

विचारों के मामले में अपूर्वानंद जी मेरी तुलना में अधिक गहराई से क्रान्तिकारी हैं। मेरी दृष्टि तो मात्र राजनीति तक सीमित थी, लेकिन उनकी दृष्टि सामाजिक और सांस्कृतिक भी है।

'आलोचना' सम्बन्धी उनके आदेश को शिरोधार्य करने में अपनी असमर्थता जताने के बाद भी नामवर जी ने मेरे सिर पर से अपना वरदहस्त नहीं हटाया, बल्कि मुझे और स्नेह देने लगे।"[11]

परमानन्द श्रीवास्तव के बाद अरुण कमल 'आलोचना' से जुड़े। अरुण जी ने 'आलोचना' से इस जुड़ाव को 'बहुवचन' में छपे अपने एक लेख में याद करते लिखा है : "डॉ. साहब (नामवर जी) ने सीधे मुझसे नहीं कहा। विजयादशमी के दिन डॉ. खगेन्द्र ठाकुर जी आए और सन्देश दिया। खगेन्द्र जी की बात ही आदेश है, वह भी डॉ. साहब की इच्छा। वह तो दूना-तिगुना आदेश है। मुझे कुछ संकोच था। अपने पर विश्वास की कमी थी। कभी कोई सम्पादन नहीं किया, फिर आलोचना की पत्रिका का सम्पादन? फिर 'आलोचना' पत्रिका? यह भी था कि डॉ. परमानन्द श्रीवास्तव जी वहाँ रह चुके थे। तय यह हुआ कि मैं केवल सहायता कर सकता हूँ। डॉ. साहब जैसे-जैसे कहेंगे, वैसे-वैसे करूँगा, और शुरू से आख़िर तक जहाँ तक बन सका, मैंने यही किया भी।

दिल्ली में राजकमल प्रकाशन के कार्यालय में डॉ. साहब ने केदार जी और अशोक महेश्वरी के सामने मुझे यह दायित्व सौंपा। हमने जलेबियाँ खाईं और समोसे। डॉ. साहब ने उसकी ओर ताकते हुए कहा, 'बाबा कहते थे ना-ना'। बाबा मतलब नागार्जुन।

आठ साल तक मैंने बतौर सहायक दायित्व निभाया, जहाँ तक बन सका। नाम जाता था सम्पादक के रूप में। लेकिन प्राय: हर अंक की रूपरेखा डॉ. साहब ही बनाते थे और कुछ सुझाव भी देते थे। बाद में यह कम होता गया। वे कहते थे, 'तुम कर लो' या 'आप देखिए'। डर तब होता था, जब वह 'आप' कहकर बात करते। हमेशा मेरा पूरा नाम 'अरुणकमल' एक साथ लेते थे। उन्होंने कभी भी कोई 'काली सूची' या 'संस्तुति' नहीं दी। जब मैंने कहा, कविताएँ बहुत आती हैं तो इतना ही बोले–यह तो होगा ही। लेकिन मुझको लगता है कि वह भीतर से चाहते थे कि एकाध कवि हों, बाकी लेख तथा मूल्यांकन। जैसे टाइम्स लिटरेरी सप्लिमेंट में होता था। कुछ बड़े लेख। कुछ छोटे। कुछ तीखे मूल्यांकन। और बहस। उनकी इच्छा रही कि पत्रिका में बहस चले, जिससे वातावरण में वैचारिक स्फूर्ति हो और इसी वाद-विवाद-संवाद से साहित्य की संस्कृति का निर्माण हो। इतना ही नहीं, बल्कि यह भी हो कि हर अंक में गहरी और सुचिन्तित राजनीतिक बहसें भी हों। हम एक पक्ष चुनें, और लड़ें। हर अच्छी पत्रिका लड़ाकू होती है। पत्रिका को डाइजेस्ट नहीं बनना चाहिए। विरुद्धों का सामंजस्य नहीं, विरुद्धों का संघर्ष। गाय के भी सींग होते हैं।

इसीलिए उनकी दृष्टि में 'मूल्यांकन' का स्तम्भ महत्त्वपूर्ण है, जहाँ एक श्रेष्ठ कृति को आप चुनते हैं और छाँटते हैं। श्रेष्ठता का वरण तथा उसके हित में प्राण दिये बिना आलोचना का दायित्व पूरा नहीं होता। ज़ाहिर है, इसमें भी अनेक तर्क-शाखाएँ होंगी। लेकिन डॉ. साहब से जब भी बात हुई, मुझे ऐसा ही भान हुआ। खेद है कि मैं उस तरह का काम नहीं कर पाया : न तो वैचारिक बहसें हो पाईं, न लड़ाइयाँ। सबसे कमज़ोर स्तम्भ 'मूल्यांकन' का रहा। अब मैं यह तो नहीं कह सकता कि लोग अपनी किताब पर ख़ुद ही लिखवाकर भेजते थे या ज़ोर लगाते थे। ये बातें ग़ैर-साहित्यिक हैं। सच तो यह है कि कमज़ोरी मुझमें रही और कुछ हमारे वातावरण में।

'आलोचना' पत्रिका के आरम्भिक दौर और उसके बाद तक का समय सर्वाधिक वैचारिक गहमागहमी का रहा। उत्तर-आधुनिकता ने नई बहसों को जन्म दिया, पर वहाँ पाठ केन्द्र में नहीं रहा। इसलिए 'आलोचना' से ज़्यादा 'सिद्धान्त' जगाया गया। डॉ. साहेब सत्ता-विरोधी, जन-पक्षधर, श्रेष्ठ साहित्य के हिमायती के तौर पर काम करते देखना चाहते थे, जो मैं ठीक से नहीं कर सका।

डॉ. साहब से मैंने बहुत कुछ सीखा। प्राय : हर अंक की तैयारी के आसपास किसी-न-किसी कार्यक्रम के बहाने दिल्ली जाता और डॉ. साहब के साथ कम-से-कम एक शाम रहने का अवसर पा जाता। अक्सर केदार जी भी रहते। डॉ. साहब मोटी-मोटी कुछ बातें पूछकर फिर दूसरी बातें करने लगते। केदार जी के साथ उनकी बातचीत मेरे लिए पाठशाला होती। सीखने का सबसे अच्छा माध्यम है सत्संग। जैसे सब लोग अपनी-अपनी रसोई से सर्वोत्तम व्यंजन लाएँ और मिल-बाँट खाएँ–अनेक सुस्वादु व्यंजन, जिसमें कुछ शिष्यों को भी भेंट की जाए। मेरे लिए यही बंसलोचन है, यही ज्ञानालोचन।

ऐसी ही एक बैठक में एक लेख का शीर्षक सामने आया जिसमें 'रिनेसां' लिखा था। शायद 'रिनेसॉस' होगा क्योंकि यह इतालवी शब्द है, फ्रेंच नहीं, और कामिल बुल्के वाले शब्दकोश में यही दिया है। उन्होंने मुझे कहा–शब्द छूट जाने पर एक चिन्ह लगाकर उसे ऊपर जोड़ देते हैं तो इस चिन्ह को 'कागपद' कहते हैं।

यहीं एक बार सन्दर्भ-संकेत की चर्चा में उन्होंने इस बात पर थोड़ा क्षोभ व्यक्त किया कि मुझमें शोध-बुद्धि का अभाव है। लेकिन कभी भी उन्होंने किसी चयनित लेख में किसी प्रकार का कोई संशोधन नहीं किया। कई बार मेरे जाने-अनजाने ऐसी चीजें भी चली गईं जो न जातीं तो अच्छा होता। लेकिन उन्होंने न तो कभी उलाहना दी, न कोई संकेत किया, न रोष। उनके बारे में जो मैंने साथ रहकर जाना, वह यह कि डॉ. नामवर सिंह अत्यन्त लोकतांत्रिक हैं जो सबको होना चाहिए। एक अवसर पर किसी के मेरी स्वायत्तता के बारे में कुछ पूछने पर, तो उन्होंने इतना ही कहा : 'मैं औचित्य का पूरा ध्यान रखता हूँ।'

और मैंने भी यही कोशिश की। आप प्रधान सम्पादक थे और मैं सम्पादक। मैंने भी हमेशा इसका ध्यान रखा और जहाँ तक बन सका, पालन भी किया। उन्होंने कभी भी मेरा सम्पादकीय नहीं देखा, मेरे आग्रह के बावजूद।

जब बीस अंक पूरे हो गए तब मैंने उनसे निवेदन किया कि मैं मुक्त हो जाऊँ। कोई कह सकता है कि इसमें निवेदन करने की क्या बात थी, छोड़ देते! लेकिन यह कोई नौकरी तो थी नहीं। देवता को पीठ दिखाने का रिवाज नहीं है। मैंने कई बार केदार जी से भी बाद में

कहा लेकिन सब कुछ चलता रहा। कुल इकतीस अंक निकले जिनमें कई बेहद महत्त्वपूर्ण लेख आदि छपे।

कभी-कभी किसी समाज में ऐसा समय भी आता है जब उसकी देह और आत्मा पर ठेले पड़ जाते हैं, चमड़ा रुखड़ा और संवेदनहीन हो जाता है। मैंने देखा कि वैचारिक रूप से समाज अपनी संवेदनशक्ति, तत्परता और लड़ाकूपन खो रहा है। बड़ी बहसें छोटे स्वार्थों में बदल रही हैं। मैं उन सबका आभारी हूँ, जिन्होंने डॉ. साहब के कारण और कभी-कभी मेरे कारण अपना बहुमूल्य सहयोग दिया। पत्रिका तो डॉ. साहब की थी। मैं तो सँभाल रहा था। इन आठ वर्षों में मैंने उनकी संगत से बहुत कुछ सीखा और यह भी सीखा कि कविता-क्षेत्र का विस्तार विचार-क्षेत्र से भी जुड़ा हुआ है। इधर का जल उधर भीतर-भीतर आता-जाता रहता है :

साहब तुम न बिसारिये,
लाख लोग मिल जाहिं।
हम अस तुम्हरे बहुत हैं,
तुम सम हमरे नाहिं॥[12]

निस्सन्देह, 'आलोचना' के सह-संपादकों–सम्पादकों की ये टिप्पणियाँ 'आलोचना' की विकास-यात्रा को समझने का एक महत्त्वपूर्ण ज़रिया हैं।

सन्दर्भ

1. बोरा, राजमल; 'नामवर सिंह : वाद-विवाद और संवाद के मनीषी', किताबघर, नई दिल्ली, पृ. 94
2. यायावर, भारत; 'नामवर सिंह का आलोचना-कर्म : एक पुनर्पाठ', प्रेरणा पब्लिकेशन, भोपाल, पृ. 33
3. वही, पृ. 34
4. वही,
5. वही, पृ. 35
6. सिंह, नामवर; 'काशी के नाम', राजकमल प्रकाशन, नई दिल्ली, पृ. 26
7. पांडेय, श्रीनारायण; 'नामवर सिंह के पत्र', हिन्दी बुक सेंटर, नई दिल्ली, पृ. 55
8. बोरा, राजमल; 'नामवर सिंह : वाद-विवाद और संवाद के मनीषी', किताबघर, नई दिल्ली
9. यायावर, भारत; 'नामवर सिंह का आलोचना-कर्म : एक पुनर्पाठ', प्रेरणा पब्लिकेशन, भोपाल
10. श्रीवास्तव, परमानन्द; सं. : भारद्वाज, प्रेम; 'नामवर सिंह : एक मूल्यांकन'; लेख : 'आलोचना-दृष्टि और सम्पादन-विवेक', पृ. 254-260
11. नवल, नंदकिशोर; सं. : अशोक मिश्र, अतिथि सम्पादक : सिंह कृष्ण कुमार; 'बहुवचन', 'हिन्दी के नामवर' विशेषांक, अंक 50, महात्मा गांधी अन्तरराष्ट्रीय विश्वविद्यालय, वर्धा, पृ. 51-70
12. कमल, अरुण; सं. : अशोक मिश्र, अतिथि सम्पादक : कृष्ण कुमार सिंह; 'बहुवचन', 'हिन्दी के नामवर' विशेषांक, लेख : 'ज्ञानलोचन', अंक 50, महात्मा गांधी अन्तरराष्ट्रीय विश्वविद्यालय, वर्धा, पृ. 123-125

अंक सूची

अंक-1 : अक्टूबर, 1951

सम्पादकीय

'आलोचना' क्यों?	शिवदानसिंह चौहान	1
साहित्य में पूर्ण मानव की प्रतिष्ठा	शिवदानसिंह चौहान	3

निबन्ध

संस्कृत के महाकाव्यों की परम्परा	हजारीप्रसाद द्विवेदी	9
गोस्वामी तुलसीदास	प्रकाशचन्द्र गुप्त	17
श्री सुमित्रानन्दन पन्त	नरेन्द्र शर्मा	32
समाजशास्त्रीय आलोचना	डॉ. देवराज	39
भारतीय आलोचना-पद्धति	गुलाबराय	45
लेखक और उसकी कला	कोन्स्तान्तिन फ़ेदीन; अनु. : अमृतराय	49
उर्दू भाषा की उत्पत्ति और उसका प्रारम्भिक विकास	एहतेशाम हुसेन	58

प्रस्तुत प्रश्न

साहित्य में संयुक्त मोर्चा ?	शिवदानसिंह चौहान	71

मूल्यांकन

'स्वर्ण-किरण', 'स्वर्ण-धूलि' और 'उत्तरा' : *सुमित्रानन्दन पन्त*	डॉ. रघुवंश	85
'मनुष्य के रूप' : *यशपाल*	डॉ. सत्येन्द्र	90
'ढलती रात' : *विष्णु प्रभाकर*	लक्ष्मीकान्त	95
'मृगनयनी' : *वृन्दावनलाल वर्मा*	महावीर अधिकारी	97
'आख़िरी दाँव' : *भगवतीचरण वर्मा*	गोपालकृष्ण कौल	100
'काव्य के रूप' : *गुलाब राय एम.ए.*	त्रिलोचन शास्त्री	104
'रीति-काव्य की भूमिका' : *डॉ नगेन्द्र*	डॉ. जगन्नाथप्रसाद शर्मा	105
'उत्तरी भारत की सन्त-परम्परा' : *परशुराम चतुर्वेदी*	नामवर सिंह	108
'क़ैद और उड़ान' तथा 'आदि मार्ग': *उपेन्द्रनाथ 'अश्क'*	विश्वम्भर 'मानव'	110
'डायरी के नीरस पृष्ठ' : *इलाचन्द्र जोशी*	ठाकुरप्रसाद सिंह	114
'पूर्वोदय' : *जैनेन्द्र कुमार*	शिवनाथ	118
'भारतीय समाज का ऐतिहासिक विश्लेषण' : *भगवतशरण उपाध्याय*	दि.के. बेडेकर	120

‘शुद्रों की खोज’ : *बी.आर. अम्बेडकर*	डॉ. महादेव साहा	124
‘प्राचीन भारतीय वेश-भूषा’ : *डॉ. मोतीचन्द्र*	डॉ. रांगेय राघव	125
खरगोश के सींग : *प्रभाकर माचवे*	विजयेन्द्र स्नातक	128
सुबह होती है : *कृष्णचन्द्र*	पद्मसिंह शर्मा ‘कमलेश’	129
साहित्य और ललित कलाएँ		
आधुनिक साहित्य और चित्रकला	प्रभाकर माचवे	134

अंक-2 : जनवरी, 1952

सम्पादकीय		
प्रतीकवाद : त्रिशंकुओं का साहित्य?	शिवदानसिंह चौहान	1
निबन्ध		
भारतीय आलोचना-पद्धति	डॉ. भगीरथ मिश्र	9
सूर का मानवतावाद	प्रकाशचन्द गुप्त	18
नव-निर्माण : हिन्दी-साहित्य की व्यापकता के उपादान	डॉ. नगेन्द्र	30
प्रेमचन्द के बाद : उपन्यास-साहित्य का प्रवृत्ति-विकास	डॉ. सत्येन्द्र	34
साहित्य का मार्क्सवादी दृष्टिकोण	डॉ. अब्दुल अलीम; अनु. : कुमारी विजय दास	43
समसामयिक बांग्ला-साहित्य	गोपाल हालदार; अनु. : निर्माल्यदास गुप्त	59
प्रस्तुत प्रश्न		
साहित्य में प्रयोगवाद	डॉ. रघुवंश	64
कला और साहित्य में ‘प्रयोगवाद’	शमशेर बहादुर सिंह	69
काव्य में प्रयोगशीलता	गिरिजाकुमार माथुर	74
मूल्यांकन		
‘अर्चना’ का कवि : *सूर्यकान्त त्रिपाठी ‘निराला’*	नरेशकुमार मेहता	81
‘दूसरा सप्तक’ : *अज्ञेय*	गोपालकृष्ण कौल	87
‘पथ की खोज’ : *डॉ. देवराज*	विश्वम्भर ‘मानव’	94
‘उत्तराधिकारी’ : *यशपाल*	देवराज उपाध्याय	98
‘समस्या का अन्त’ और ‘शक-विजय’ : *उदयशंकर भट्ट*	विजयेन्द्र स्नातक	104
‘क्या वह दोषी था?’ : *विष्णु प्रभाकर*	शिवनाथ	110
‘नाथ-सम्प्रदाय’ : *हजारीप्रसाद द्विवेदी*	डॉ. रांगेय राघव	111
‘रोमांटिक साहित्य-शास्त्र’ : *देवराज उपाध्याय*	डॉ. देवराज	114

'महादेवी वर्मा : काव्य-कला और जीवन-दर्शन' : *शचीरानी गुर्टू*	नामवर सिंह	116
'जैसा हमने देखा' *सं. : क्षेमचन्द्र 'सुमन'*	महावीर अधिकारी	122
'कालिदास-ग्रन्थावली' *सं. : सीताराम चतुर्वेदी*	सूर्यनारायण व्यास	124
'सांख्य-दर्शन का इतिहास' *: उदयवीर शास्त्री*	उदयशंकर भट्ट	128
'पाटलिपुत्र की कथा' : मागध साम्राज्य का उत्थान और पतन *: सत्यकेतु विद्यालंकार*	डॉ. भगवतशरण उपाध्याय	131
प्रत्यालोचना		
'क़ैद और उड़ान' पर 'मानव' जी	उपेन्द्रनाथ 'अश्क'	136
साहित्य और ललित कलाएँ		
वास्तु और शिल्प-कला	प्रभाकर माचवे	141

अंक-3 : अप्रैल, 1952

सम्पादकीय		
यथार्थ और साहित्य	शिवदानसिंह चौहान	1
दो साहित्य-गोष्ठियाँ	गोपालकृष्ण कौल	6
निबन्ध		
हिन्दी-समीक्षा : एक दृष्टि	डॉ. देवराज	9
आधुनिक साहित्य के मूल्यांकन की समस्याएँ	नेमिचन्द्र जैन	21
कबीर के काव्य में सामाजिक विद्रोह	प्रकाशचन्द्र गुप्त	28
रीतिकालीन काव्य : एक दृष्टिकोण	डॉ. भगीरथ मिश्र	35
साहित्य की साधना	हजारीप्रसाद द्विवेदी	44
युग-समस्याएँ और साहित्यकार	इलाचन्द्र जोशी	47
साहित्यिक हिन्दी का रूप	डॉ. हरदेव बाहरी	53
रस-सिद्धान्त का स्वरूप	दि.के. बेडेकर	58
प्रस्तुत प्रश्न		
साहित्य में यथार्थवाद	डॉ. रांगेय राघव	69
लोक-साहित्य की यथार्थवादी परम्परा	देवेन्द्र सत्यार्थी	81
मूल्यांकन		
'अपलक' *: बालकृष्ण शर्मा 'नवीन'*	धर्मवीर भारती	88
'मरु-प्रदीप' *: रामेश्वर शुक्ल 'अंचल'*	ठाकुरप्रसाद सिंह	92
'परन्तु' *: प्रभाकर माचवे*	रामकुमार	96
'रक्त के बीज' *: मन्मथनाथ गुप्त*	यशदेव शल्य	98

'प्लाट का मोर्चा' : *शमशेर बहादुर सिंह* हंसकुमार तिवारी 102
'कोणार्क' : *जगदीशचन्द्र माथुर* विनयमोहन शर्मा 104
'आधुनिक साहित्य' : *नन्ददुलारे वाजपेयी* विजयशंकर मल्ल 108
'कल्प-लता' : *हजारीप्रसाद द्विवेदी* देवराज उपाध्याय 115
'पथ-चिन्ह' : *शान्तिप्रिय द्विवेदी* विश्वम्भर 'मानव' 117
'प्रेमचन्द : जीवन और कृतित्व' : *हंसराज रहबर* पद्मसिंह शर्मा 'कमलेश' 120
'सुमित्रानन्दन पन्त' : *विश्वम्भर 'मानव'* गजानन माधव मुक्तिबोध 122
'मीमांसिका' : *शिवनाथ* रामगोपाल सिंह चौहान 124
'रेल का टिकट' : *भदन्त आनन्द कौशल्यायन* डॉ. सुधीन्द्र 129
'क्या गोरी क्या साँवरी' तथा 'रेखाएँ बोल उठीं' : *देवेन्द्र सत्यार्थी* क्षेमचन्द्र 'सुमन' 130
'मैंने कहा' : *गोपालप्रसाद व्यास* विजयेन्द्र स्नातक 133

प्रत्यालोचना

'समय देवता' प्रकाशचन्द्र गुप्त 135

अंक-4 : जुलाई, 1952

सम्पादकीय

प्रगतिशील साहित्य : प्रगतिवाद शिवदानसिंह चौहान 1
एक वर्ष शिवदानसिंह चौहान 7

निबन्ध

संस्कृत के महाकाव्यों की परम्परा हजारीप्रसाद द्विवेदी 9
भारतीय काव्य-शास्त्र का नवनिर्माण नन्ददुलारे वाजपेयी 17
हिन्दी-साहित्य विकाश-क्रम में लोकवार्ता की पृष्ठभूमि डॉ. सत्येन्द्र 28
प्रेमचन्द : कहानीकार प्रकाशचन्द्र गुप्त 36
हिन्दी-कविता के पिछले दस वर्ष नामवर सिंह 47
हिन्दी कथा-साहित्य के पिछले दस वर्ष त्रिलोचन शास्त्री 57
बंगला-साहित्य में आलोचना गोपाल हालदार 64
रस-सिद्धान्त का स्वरूप दि.के. बेडेकर 69

प्रस्तुत प्रश्न

प्रगतिवाद : साहित्य का नया दृष्टिकोण? नरेन्द्र शर्मा, सुमित्रानन्दन पन्त, यशपाल, रामधारी सिंह 'दिनकर', डॉ. रामविलास शर्मा 88

मूल्यांकन

'रजत-शिखर' : *सुमित्रानन्दन पन्त*	नलिन विलोचन शर्मा	94
'इतिहास के आँसू' तथा 'धूप और धुआँ' : *रामधारी सिंह 'दिनकर'*	उदयशंकर भट्ट	97
'मधुर स्वप्न' : *राहुल सांकृत्यायन*	जगदीश गुप्त	101
'सूरज का सातवाँ घोड़ा' : *धर्मवीर भारती*	उपेन्द्रनाथ 'अश्क'	105
'पन्त का काव्य और युग' : *यशदेव*	विनयमोहन शर्मा	109
'हिन्दी के विकास में अपभ्रंश का योग' : *नामवर सिंह*	डॉ. हरदेव बाहरी	113
'अश्क के प्रहसन : पर्दा उठाओ पर्दा गिराओ' : *उपेन्द्रनाथ 'अश्क'*	गोपालकृष्ण कौल	117
'लाल धरती' : *अमृतराय*	विष्णु प्रभाकर	121
'गेहूँ और गुलाब' : *रामवृक्ष बेनीपुरी*	ललिताप्रसाद सुकुल	123
'मैं इनसे मिला' : *पद्मसिंह शर्मा 'कमलेश'*	कन्हैयालाल सहल	124

प्रत्यालोचना

क्या इसी का नाम आलोचना है?	मन्मथनाथ गुप्त	127

अंक-5 : अक्टूबर, 1952

इतिहास विशेषांक (1)

सम्पादकीय

साहित्य के इतिहास की समस्या	शिवदानसिंह चौहान	1

निबन्ध

इतिहास का नया दृष्टिकोण	नामवर सिंह	9
हिन्दी-साहित्य के इतिहास-ग्रन्थ और आचार्य शुक्ल की देन	बाबू गुलाबराय	24
आदिकाल की सामग्री का पुनर्परीक्षण	आचार्य हजारीप्रसाद द्विवेदी	30
संत-काव्य की परम्परा	परशुराम चतुर्वेदी	42
भक्ति-काव्य	डॉ. श्री कृष्णलाल	50
रीति-काव्य	डॉ. भगीरथ मिश्र	62
आधुनिक हिन्दी-साहित्य का विकास	प्रकाशचन्द्र गुप्त	71
आधुनिक युग का पूर्वार्द्ध (1850-1918)	डॉ. रघुवंश	93
दो महायुद्धों के बीच हिन्दी कविता	नरेन्द्र शर्मा	102
हिन्दी-उपन्यास	नलिन विलोचन शर्मा	111
ऐतिहासिक उपन्यास	प्रभाकर माचवे	120

हिन्दी-कहानी | ठाकुरप्रसाद सिंह | 132
आधुनिक हिन्दी कहानी | देवराज उपाध्याय | 144
हिन्दी नाटकों का विकास | बच्चन सिंह | 150
हिन्दी का निबन्ध-साहित्य : एक सर्वेक्षण | विजयशंकर मल्ल | 161
हिन्दी आलोचना | नन्ददुलारे वाजपेयी | 174
पृथ्वीराज रासो का काव्य-सौष्ठव | डॉ. विपिनबिहारी त्रिवेदी | 182
सूरसागर | डॉ. सत्येन्द्र | 197
रामचरितमानस | डॉ. रांगेय राघव | 206
बिहारी-सतसई | विश्वम्भर 'मानव' | 217
कामायनी | गजानन माधव मुक्तिबोध | 224
कामायनी की दार्शनिक पृष्ठभूमि | विजयेन्द्र स्नातक | 229
गोदान | गोपालकृष्ण कौल | 237

अंक-6 : जनवरी, 1953
इतिहास विशेषांक (2)

सम्पादकीय

राष्ट्रीय साहित्य के निर्माण की समस्या | शिवदानसिंह चौहान | 1

निबन्ध

हिन्दी गीति-काव्य का विकास | हंसकुमार तिवारी | 9
हिन्दी रंगमंच और नाट्य-रचना का विकास | जगदीशचन्द्र माथुर | 20
हिन्दी पत्र-पत्रिकाओं का विकास | डॉ. रामरतन भटनागर | 31
हिन्दी साहित्य पर संस्कृत साहित्य का प्रभाव | वासुदेवशरण अग्रवाल | 39
हिन्दी साहित्य का लोक-साहित्य पर प्रभाव | देवेन्द्र सत्यार्थी | 47
यूरोपीय साहित्य का हिन्दी साहित्य पर प्रभाव | रामअवध द्विवेदी | 57
छायावादी कवियों का आलोचनात्मक दृष्टिकोण | विनयमोहन शर्मा | 64
छायावाद की भावभूमि | जगदीश गुप्त | 71
प्रगतिवाद | श्रीमती विजय चौहान | 81
हिन्दी भाषा का उद्गम और विकास | डॉ. हरदेव बाहरी | 93
भाषा का विकास और प्रतीकवाद | रामसुरेश त्रिपाठी | 99
राजस्थानी भाषा और साहित्य | नरोत्तमदास स्वामी | 107
मातृभाषाओं का महत्त्व | राहुल सांकृत्यायन | 116
हिन्दी जनपदों में लोक-साहित्य संकलन की परम्परा | श्याम परमार | 121
अतीत का साहित्य : क्लासिक की परिभाषा | डॉ. देवराज | 131

अंक-7 : अप्रैल, 1953

सम्पादकीय

हिन्दी-समीक्षा का गहन दायित्व	डॉ. धर्मवीर भारती, डॉ. रघुवंश, डॉ. व्रजेश्वर वर्मा, श्री विजयदेवनारायण साही	1

निबन्ध

भारतीय सौन्दर्य-चिन्तन का क्रमिक विकास : सिन्धु-सभ्यता से रीतिकाल तक	डॉ. हरद्वारीलाल शर्मा	10
साहित्य और मनोविज्ञान	सी.जे. युङ्ग; प्रस्तुतकर्ता : आत्मन्	22
हिन्दी-कथाशिल्प में कथानक का ह्रास	डॉ. लक्ष्मीनारायण लाल	29
समकालीन आलोचना : कुछ ख़तरे	डॉ. देवराज	36
अँग्रेज़ी काव्य-धारा : बीसवीं शताब्दी	डॉ. एस.पी. खत्री	44

प्रस्तुत प्रश्न

नई कविता में रस और बौद्धिकता	जगदीश गुप्त	56
मराठी नव-काव्य और रस-विचार	आत्माराम रावजी देशपांडे 'अनिल'; अनु. : बालाजीराव जोशी	60
नई कविता में वर्ग-उन्मूलन और वैयक्तिक कुंठाएँ	लक्ष्मीकान्त वर्मा	65

प्रादेशिक साहित्य

तमिल भाषा और साहित्य की समस्याएँ	ति. शेषाद्रि	75

साहित्य और ललित कलाएँ

शान्तिनिकेतन-कला-शैली	असितकुमार हालदार; अनु. : सुशील दीक्षित	80
शान्तिनिकेतन की कला-शैली और छायावादी काव्य	शम्भुनाथ मिश्र	83

मूल्यांकन

रवीन्द्र-गद्य-साहित्य में रहस्य-चेतना और कथा-तत्त्व *मेरा बचपन, चतुरंग, दो बहनें, फुलवाड़ी, नटी की पूजा : रवीन्द्रनाथ ठाकुर*	इलाचन्द्र जोशी	86
हिन्दी-गीत-परम्परा का नया उत्थान *सोपान : हरिवंशराय बच्चन; अग्निमा : गिरधर गोपाल एम.ए.; आग और पराग : रमानाथ अवस्थी; जीवन-तरी : श्रीपालसिंह 'क्षेम'; चाणक्य : शान्ति एम.ए.*	विजयदेवनारायण साही	95
'छायावाद युग' *: शम्भूनाथ सिंह*	बच्चन सिंह	100

नये युग में पुराने सन्देह *यथार्थ और कल्पना, युगदीप : उदयशंकर भट्ट* — डॉ. रांगेय राघव 105
यशपाल की समस्यामूलक कहानियाँ *चित्र का शीर्षक : यशपाल* — गंगाप्रसाद मिश्र 109
हिन्दी-काव्य-धारा में प्रेम-भावना का विकास *हिन्दी काव्य-धारा में प्रेम-विवाह, मध्यकालीन प्रेम-साधना : परशुराम चतुर्वेदी* — डॉ. उदयनारायण तिवारी 113
'हिन्दी-साहित्य का आदिकाल' *: हजारीप्रसाद द्विवेदी* — डॉ. दशरथ शर्मा 114

परिचय

'बान्धवी' *: देवनाथ पाण्डेय 'रसाल'* — सम्पादकीय विभाग 120
'सवेरा और साया' *: विद्याभास्कर 'अरुण'* — सम्पादकीय विभाग 121
'झपकियाँ' *: ओंकार शरद्* — सम्पादकीय विभाग 121
'चरित-नायक' *: एम. लरमनतोव; अनु. : ओंकार शरद्* — सम्पादकीय विभाग 121

अवलोकन

हिन्दी-साहित्य के आदिकाल पर शोध-कार्य — डॉ. व्रजेश्वर वर्मा 123

अनुशीलन

'बीसलदेव रास' की पाठ-समस्या — डॉ. माताप्रसाद गुप्त 126
मानस की हेतु-कथाएँ — परशुराम चतुर्वेदी 128
भाषा का प्रश्न — राहुल सांकृत्यायन 130

अंक-8 : जुलाई, 1953

सम्पादकीय

साहित्य में गतिरोध — डॉ. धर्मवीर भारती, डॉ. रघुवंश, डॉ. व्रजेश्वर वर्मा, श्री विजयदेवनारायण साही 1

निबन्ध

महाकाव्य के उद्‌भव की सामाजिक व्याख्या — शम्भूनाथ सिंह 10
'कामायनी' की कथा — पुरुषोत्तमलाल श्रीवास्तव, डॉ. प्रेमशंकर तिवारी 21
रचना के स्रोत और समीक्षा के मानदंड — डॉ. रामरतन भटनागर 37
उर्दू-कविता में राष्ट्रीय भावना — डॉ. एजाज़ हुसेन 42

प्रबन्ध-सार

प्राकृत-अपभ्रंश-साहित्य और उसका हिन्दी साहित्य पर प्रभाव — डॉ. रामसिंह तोमर 52

अनुशीनलन

हिन्दी का अपना साहित्य-शास्त्र	डॉ. धीरेन्द्र वर्मा	67
जायसी की भूल	चन्द्रबली पांडे	68
'रामचरितमानस' का रचना-क्रम	डॉ. कामिल बुल्के	71

प्रस्तुत प्रश्न

भविष्यत्-साहित्य	पॉल वेलरी	75
भविष्यत्-काव्य	अरविन्द	79

मूल्यांकन

'संक्षिप्त पृथ्वीराज रासो' : *हजारीप्रसाद द्विवेदी, नामवर सिंह*	डॉ. माताप्रसाद गुप्त	88
'महाकवि सूरदास' : *आचार्य नन्ददुलारे वाजपेयी*	डॉ. भगीरथ मिश्र	92
'महायान' : *शान्तिभिक्षु*	प्रभाकर माचवे	95
'कला : एक नवीन दृष्टिकोण' : *हंसकुमार तिवारी*	राय आनन्दकृष्ण	97
प्राचीन लोकोत्सवों का अध्ययन *हमारे कुछ प्राचीन महोत्सव : मन्मथ राय*	बैजनाथसिंह 'विनोद'	101
'व्यक्ति और वाङ्मय' : *प्रभाकर माचवे*	डॉ. लक्ष्मीसागर वार्ष्णेय	102
'विभावरी' : *नीरज*	पद्मसिंह शर्मा 'कमलेश'	104
'मीराँ-बृहत्-पद-संग्रह' *सं. : पद्मावती 'शबनम'*	अक्षयचन्द्र शर्मा	105
प्रेमचन्द की परम्परा में नये हस्ताक्षर *अधूरा : जनार्दन; बहती गंगा : शिवप्रसाद मिश्र 'रुद्र'; बया का घोंसला और साँप : लक्ष्मीनारायण लाल*	डॉ. रघुवंश	107
'नये मोड़' : *उदयशंकर भट्ट*	डॉ. इन्द्रनाथ मदान	111
प्रेमचन्द की परम्परा के दावेदार? *तूफ़ान की कलियाँ, पाँच रुपये की आज़ादी, सराय के बाहर : कृष्णचन्द्र*	लक्ष्मीकान्त वर्मा	113

प्रादेशिक साहित्य

तेलगू प्रदेश की साहित्यिक तथा सांस्कृतिक समस्याएँ	हेमलता जनस्वामी	121

अवलोकन

समकालीन विश्व-साहित्य पर एक दृष्टि	आई.ए. एक्स्ट्रास; प्रस्तुतकर्ता : श्रीहरि	125

परिचय (पुस्तकें)

'हिमालय-परिचय' (1); 'गढ़वाल' : *राहुल सांकृत्यायन*	सम्पादकीय विभाग	129

'शिशुपाल-वध' : *माघ; अनु. : रामप्रताप त्रिपाठी शास्त्री*	सम्पादकीय विभाग	129
'पहेली' : *राजेन्द्र रघुवंशी*	सम्पादकीय विभाग	129
'भगवान् भला करे' : *रमेश चौधरी*	सम्पादकीय विभाग	129
'लोकमान्य' : *भालचन्द्र आपटे*	सम्पादकीय विभाग	129
'हिन्दी शीघ्र लिपि' : *मुरलीधर सबनीस*	सम्पादकीय विभाग	129
'सम्मेलन-पत्रिका' (लोक-संस्कृति-अंक) *सं. : रामनाथ 'सुमन'*	सम्पादकीय विभाग	129
'आजकल' (कविता-अंक) *सं. : देवेन्द्र सत्यार्थी*	सम्पादकीय विभाग	129
'पांचजन्य' (राजनीति-अंक) *सं. : गिरीशचन्द्र मिश्र, महेन्द्रप्रताप कुलश्रेष्ठ*	सम्पादकीय विभाग	129

प्राप्ति स्वीकार

समीक्षार्थ पुस्तकें	सम्पादकीय विभाग	135

अंक-9 : अक्टूबर, 1953
आलोचना विशेषांक

सम्पादकीय

मूल्यगत संक्रमण और समीक्षा का मानदंड	डॉ. धर्मवीर भारती, डॉ. रघुवंश, डॉ. व्रजेश्वर वर्मा, श्री विजयदेवनारायण साही	1

निबन्ध

आलोचना और अनुसन्धान	परशुराम चतुर्वेदी	9
सौन्दर्य-तत्त्व और आलोचना के मानदंडों का विकास	डॉ. हरद्वारीलाल शर्मा	16
आलोचना में सहिष्णुता की मर्यादा : बौद्ध-संकेत	शान्ति भिक्षु	27
प्राचीन यूनानी साहित्य-शास्त्र	डॉ. एस.पी. खत्री	31
प्राचीन साहित्य-शास्त्र की उपयोगिता	डॉ. देवराज	36
भारत-प्रणीत रस-सिद्धान्त : एक स्पष्टीकरण	दि.के. बेडेकर	44
रस की व्याख्याओं के दार्शनिक आधार	आनन्दप्रकाश दीक्षित	47
वामन के काव्य-सिद्धान्त	डॉ. नगेन्द्र	56
रस-तत्त्व और मार्क्सीय कसौटी	डॉ. रांगेय राघव	62
हिन्दी में रस-मीमांसा	विश्वनाथ प्रसाद मिश्र	69
हिन्दी रीति-शास्त्र	डॉ. भगीरथ मिश्र	75
गौड़ीय वैष्णव रस-सिद्धान्त	डॉ. हजारीप्रसाद द्विवेदी	86
आधुनिक आलोचना का उदय और आचार्य रामचन्द्र शुक्ल	शिवनाथ	88

शुक्लोत्तर समीक्षा | डॉ. जगदीश गुप्त | 97
श्री गुलाबराय की समीक्षा-पद्धति : एक मूल्यांकन | विजयेन्द्र स्नातक | 103
वाजपेयी जी की समीक्षा-पद्धति | डॉ. भगवतस्वरूप मिश्र | 110
आचार्य हजारीप्रसाद द्विवेदी की समीक्षा की मानवतावादी भूमि | शम्भूनाथ सिंह | 115
वर्तमान हिन्दी-आलोचना : उपलब्धि और अभाव | नलिन विलोचन शर्मा | 125
समालोचना और नैतिक मान | स.ही. वात्स्यायन | 129
पाश्चात्य समीक्षा की आधुनिक प्रवृत्तियाँ | डॉ. जयकान्त मिश्र | 133
हिगेल का कला-सिद्धान्त | डॉ. रवीन्द्रसहाय वर्मा | 138
मार्क्सवादी समीक्षा और उसकी कम्युनिस्ट परिणति | विजयदेवनारायण साही | 142
इतिहास की मार्क्सोत्तर व्याख्याएँ और साहित्य-दर्शन | हर्षनारायण | 159
प्रतीकवाद की स्थापना | राजनारायण बिसारिया | 169
अतियथार्थवाद | रामस्वरूप चतुर्वेदी | 179
बेलिन्स्की की मान्यताओं का विकास | सुरेशचन्द्र सेन गुप्त | 192
आई.ए. रिचड्‌र्स के समीक्षा-सिद्धान्त | डॉ. रामअवध द्विवेदी | 199
टी.एस. इलियट के काव्य-सिद्धान्त | केशव आनन्द | 206
श्रीअरविन्द का साहित्य-दर्शन | डॉ. इन्द्रसेन | 218

अंक-10 : जनवरी, 1954

सम्पादकीय

हिन्दी-साहित्य का इतिहास : मध्ययुग | डॉ. धर्मवीर भारती, डॉ. रघुवंश, डॉ. व्रजेश्वर वर्मा, श्री विजयदेवनारायण साही | 3
हिन्दी-साहित्य के सन्दर्भ में भारतीय मध्ययुग | डॉ. राजबली पाण्डेय | 9
छायावादी काव्य-दृष्टि | डॉ. रामरतन भटनागर | 23
उपन्यास-कला का आभ्यन्तरिक प्रयाण | देवराज उपाध्याय | 31
अँग्रेजी समीक्षा : बीसवीं शताब्दी | यदुपति सहाय | 48

प्रस्तुत प्रश्न

वर्तमान संकट और मानवीय मूल्यों का विघटन | आई.ए. एक्स्ट्रास | 59
सन्तुलन का प्रश्न | सुमित्रानन्दन पन्त | 70

अनुशीलन

भक्ति-भावना और रीतिकालीन कवि | डॉ. राकेश गुप्त | 75
स्त्रियों की भाषा का वैज्ञानिक विश्लेषण | डॉ. हरदेव बाहरी | 79

मूल्यांकन

कला, सौन्दर्य और संस्कृति *कला और मानव : बाल सीताराम मर्ढेकर; सौन्दर्य-शास्त्र : डॉ. हरद्वारीलाल शर्मा; कला और संस्कृति : डॉ. वासुदेवशरण अग्रवाल* — हंसकुमार तिवारी 86

नैराश्य के पुजारी *सुखदा, विवर्त : जैनेन्द्र कुमार* — श्रीपतराय 95

जैनेन्द्र का सोच-विचार *मन्थन; काम, प्रेम और परिवार; सोच-विचार; साहित्य का श्रेय और प्रेय : जैनेन्द्र कुमार* — नरोत्तम नागर 102

'समीक्षा की समीक्षा' *: प्रभाकर माचवे* — गजानन माधव मुक्तिबोध 107

खंड सत्य और निष्प्राण बीज *बीज : अमृतराय* — डॉ. लक्ष्मीसागर वार्ष्णेय 110

'वेली' का नया संस्करण *वेलि क्रिसन रुकमणी री : सं. : आनन्द प्रकाश दीक्षित* — डॉ. टीकमसिंह तोमर 113

सात रेडियो एकांकी *लहर और चट्टान : विश्वम्भर 'मानव'* — जनार्दन मुक्तिदूत 114

सृष्टि का रथ *रथ के पहिये : देवेन्द्र सत्यार्थी* — विष्णु स्वरूप 117

'चाँदनी रात और अजगर' *: उपेन्द्रनाथ 'अश्क'* — मार्कण्डेय 118

भारतीय सन्तों की वाणी *सन्त सुधासार : संकलनकर्ता : वियोगीहरि* — प्रभाकर माचवे 121

परिचय (पुस्तकें)

'खोज की पगडंडियाँ' *: मुनि कान्तिसागर* — कृष्णदत्त वाजपेयी 125

'अर्वाचीन और प्राचीन के परे' *: गोपीकृष्ण 'गोपेश'* — डॉ. लक्ष्मीनारायण लाल 126

'बदलती राहें', 'मधु' *: यज्ञदत्त* — कमलेश्वर 126

'राजस्थान में हिन्दी के हस्तलिखित ग्रन्थों की खोज' (तृतीय भाग)—एक परिचय *सं. : उदयसिंह भटनागर* — मिथिलेश कान्ति 127

'रीतिकालीन हिन्दी कविता और सेनापति' *: रामचन्द्र तिवारी एम.ए.* — परशुराम चतुर्वेदी 128

'महाकवि श्री निराला अभिनन्दन ग्रन्थ' — श्याममोहन श्रीवास्तव 128

'प्रेमचन्द के पात्र' *सं. : कोमल कोठारी* — रामस्वरूप चतुर्वेदी 129

'अवन्तिका' : काव्यालोचनांक *सं. : सुधांशु* — जगदीश गुप्त 130

'नवनीत' (दीपावली विशेषांक) — उमा भटनागर 131

'पांचजन्य' (अर्थ अंक) — सुरतदास श्रीवास्तव 131

प्रत्यालोचना

श्री सम्पादक 'आलोचना' — प्रभाकर माचवे 133

प्राप्ति स्वीकार

समीक्षार्थ पुस्तकें — सम्पादकीय विभाग 135

अंक-11 : अप्रैल, 1954

सम्पादकीय

साहित्यकार और उसका परिवेश	डॉ. धर्मवीर भारती, डॉ. रघुवंश, डॉ. व्रजेश्वर वर्मा, श्री विजयदेवनारायण साही	1

निबन्ध

विश्व-उपन्यास-साहित्य का क्रमिक विकास और भविष्य	इलाचन्द्र जोशी	9
मराठी रस-मीमांसा : नई दिशाएँ	प्रभाकर माचवे	27
साहित्य की नई मर्यादा	डॉ. धर्मवीर भारती	35
वेद में गीति-काव्य का उद्‌गम	बलदेव उपाध्याय	58

अनुशीलन

वीरगाथा का विरोध क्यों?	चन्द्रबली पांडे	63
सन्त-सम्प्रदायों की राजनीतिक परिणति	रामचन्द्र तिवारी	69

मूल्यांकन

आधुनिक हिन्दी-काव्य का एक विशिष्ट आध्यात्मिक स्वर *माता : माखनलाल चतुर्वेदी; क्वासि : बालकृष्ण शर्मा 'नवीन'; सुहागिन : विद्यावती 'कोकिल'*	डॉ. जगदीश गुप्त	74
'माता भूमि' *: वासुदेवशरण अग्रवाल*	डॉ. भगवतशरण उपाध्याय	84
'सार्थवाह' *: डॉ. मोतीचन्द्र*	वासुदेव उपाध्याय	89
'जिप्सी' *: इलाचन्द्र जोशी*	गंगाप्रसाद पाण्डेय	91
'दखिनी हिन्दी का उद्‌भव और विकास' *: डॉ. बाबूराम सक्सेना*	माताबदल जायसवाल	95
साहित्य-शास्त्र की तुलनात्मक विवेचना और इतिहास *आलोचना : इतिहास तथा सिद्धान्त : डॉ. एस.पी. खत्री*	परशुराम चतुर्वेदी	100
'मध्यकालीन हिन्दी-कवयित्रियाँ' *: डॉ. सावित्री सिन्हा*	डॉ. शैलकुमारी	103
निराशावादी यथार्थ और कल की आशा *परेड ग्राउंड : हंसराज रहबर; हँसते हैं रोते हैं : हरिशंकर परसाई*	राजेन्द्र यादव, मोहन राकेश	105
सन्त-काव्य का अध्ययन *सन्त-काव्य : परशुराम चतुर्वेदी*	डॉ. त्रिलोकीनारायण दीक्षित	109
'शिक्षा, साहित्य और जीवन' *: विनोबा भावे*	मोती सिंह	112
भूषण का जीवन-वृत्त और साहित्य *महाकवि भूषण : भगीरथप्रसाद दीक्षित*	प्रभुदयाल मीतल	114

विश्वधर्म-दर्शन पर एक दृष्टि *विश्वधर्म-दर्शन : सांवलिया बिहारीलाल वर्मा* — डॉ. आद्याप्रसाद मिश्र 118
'हमारे साहित्य में हास्यरस' *: कृष्णकुमार श्रीवास्तव* — केशवचन्द्र वर्मा 122
'कवि आरसी की काव्य-साधना' *: प्रताप साहित्यालंकार* — माया भटनागर 123

परिचय (पुस्तकें)

'देश की हत्या' *: गुरुदत्त* — लक्ष्मीसागर वार्ष्णेय 125
'राधा और राजन' *: बलभद्र ठाकुर* — लक्ष्मीसागर वार्ष्णेय 126
'भारतेन्दु कृत चन्द्रावली नाटिका' *सं. : लक्ष्मीसागर वार्ष्णेय* — डॉ. टीकमसिंह तोमर 127
'शिवालक की घाटियों में' *: विद्यानिधि सिद्धान्तालंकार* — बिन्दु अग्रवाल 127
'साहित्य-साधना की पृष्ठ-भूमि' *: बुद्धिनाथ झा 'कैरव'* — हेमलता जनस्वामी 128
'साहित्य-विवेचन' *: क्षेमचन्द्र 'सुमन', योगेन्द्रकुमार मल्लिक* — हेमलता जनस्वामी 129

प्राप्ति स्वीकार

समीक्षार्थ प्राप्त पुस्तकें — सम्पादकीय विभाग 130

अंक-12 : जुलाई, 1954

सम्पादकीय

इतिहास का पुनर्नवीकरण — डॉ. धर्मवीर भारती, डॉ. रघुवंश, डॉ. व्रजेश्वर वर्मा, श्री विजयदेवनारायण साही 1

निबन्ध

हिन्दी का यात्रा-साहित्य — डॉ. रघुवंश 9
मार्क्सवाद और साहित्य के स्थायी तत्त्व — हर्षनारायण 22
उर्दू-आलोचना का विकास — मसीहुज़्ज़मा 34

प्रस्तुत प्रश्न

नई कविता का भविष्य — गिरिजाकुमार माथुर 42

अनुशीलन

'पद्मावत' का पाठ और 'आईन-ए-अकबरी' — डॉ. माताप्रसाद गुप्त 73
'पृथ्वीराज रासो' का विस्तार — अगरचन्द नाहटा 80
जटमल और उसकी 'गोरा-बादल की कथा' — डॉ. टीकमसिंह तोमर 83

मूल्यांकन

संस्कृति और सभ्यता के रूप *वितिस्ता की लहरें : लक्ष्मीनारायण मिश्र; धर्म की धुरी, अपना-पराया : राजा राधिकारमण प्रसाद सिंह; पर्दे के पीछे : उदयशंकर भट्ट*	बच्चन सिंह	86
पलायनवाद : दो स्थितियाँ *धरती की करवट : फ़िराक़ गोरखपुरी; बदली की रात : वैरागी*	लक्ष्मीकान्त वर्मा	92
प्रेतों की शव-परीक्षा *प्रेम बोलते हैं : राजेन्द्र यादव*	रामखेलावन पाण्डेय	100
व्यक्ति, परिवार और समाज *अपना राज : अपने आदमी : रामकृष्ण; जिन्दगी के अनुभव : नमिता लुम्बा; संघर्ष के बाद : विष्णु प्रभाकर; चार के चार : कमल जोशी*	अजित कुमार	102
'चाँद-सूरज के बीरन' *: देवेन्द्र सत्यार्थी*	गंगाप्रसाद मिश्र	109
भारतीय साहित्य का परिचय (तमिल) *तमिल और उसका साहित्य : पूर्ण सोमसुन्दरम्; सं. : क्षेमचन्द्र 'सुमन'*	ति. शेषाद्रि	111
प्रगतिशील चिन्तन और साहित्य *प्रगतिशील साहित्य के मानदंड : रांगेय राघव*	राजेन्द्रप्रसाद सिंह	114
काव्य और जीवन पर श्री सुमित्रानन्दन पन्त के विचार *गद्य-पथ : सुमित्रानन्दन पन्त*	भारतभूषण अग्रवाल	121

परिचय (पुस्तकें)

'नये नगर की कहानी' *: रावी*	ओंकारनाथ श्रीवास्तव	128
'भारतीय शिक्षा' *: डॉ. राजेन्द्र प्रसाद*	डॉ. सुबोध अग्रवाल	129

अंक-13 : अक्टूबर, 1954

उपन्यास विशेषांक

सम्पादकीय

समकालीन उपन्यास : सीमाएँ और सम्भावनाएँ	डॉ. धर्मवीर भारती, डॉ. रघुवंश, डॉ. व्रजेश्वर वर्मा, श्री विजयदेवनारायण साही	1

निबन्ध

प्रबन्ध-काव्य, रोमांस और उपन्यास	देवराज उपाध्याय	9
उपन्यास की विकास-यात्रा : रोमांस से सामाजिक यथार्थ तक	अजित कुमार	17
उपन्यास के उपकरण	डॉ. रामअवध द्विवेदी	31
उपन्यास और यथार्थ चित्रण	मोहन राकेश	37
उपन्यास और नीति	गुलाबराय	42
उपन्यास के दायित्व	रामस्वरूप चतुर्वेदी	46

हिन्दी-उपन्यास की विकास-रेखा : उपलब्धियाँ और अभाव	नन्ददुलारे वाजपेयी	55
उदय-काल : प्रेमचन्द के आगमन तक	विजयशंकर मल्ल	64
प्रेमचन्द-युग : आदर्शोन्मुख यथार्थ	डॉ. रामरतन भटनागर	81
प्रेमचन्दोत्तर काल : नये धरातल	लक्ष्मीकान्त वर्मा	91
प्रेमचन्दोत्तर : उपन्यास-1	विश्वम्भर 'मानव'	98
प्रेमचन्दोत्तर : उपन्यास-2	शिवनाथ	108
प्रेमचन्दोत्तर : उपन्यास-3	यदुपति सहाय	117
मध्यवर्गीय वस्तु-तत्त्व का विकास	बच्चन सिंह	125
पात्रों का निर्माण और विकास : होरी, बलचनमा और भुवन	डॉ. रामखेलावन पाण्डेय	140
हिन्दी-उपन्यास-शिल्प का विकास	डॉ. लक्ष्मीनारायण लाल	153
हिन्दी-उपन्यास का धरातल	डॉ. देवराज	161
लघु उपन्यास	डॉ. प्रेमशंकर	165
ऐतिहासिक उपन्यास	राहुल सांकृत्यायन	170
इतिहास और ऐतिहासिक उपन्यासकार	डॉ. जगदीश गुप्त	174
वैज्ञानिक कथा-साहित्य	डॉ. सम्पूर्णानन्द	184
फुटपाथ के उपन्यास	नरोत्तम नागर	190
साम्यवादी उपन्यास	मोती सिंह	203
समकालीन भारतीय उपन्यास	प्रभाकर माचवे	213
समकालीन विश्व-उपन्यास : स्तर और आयाम	आई.ए. एक्स्ट्रास	222
उपन्यास का भविष्य?	ज्योतिस्वरूप सक्सेना	230

अंक-14 : जनवरी, 1955

सम्पादकीय

'जनवादी' साहित्य (1)	डॉ. धर्मवीर भारती, डॉ. रघुवंश, डॉ. व्रजेश्वर वर्मा, श्री विजयदेवनारायण साही	1

निबन्ध

साहित्य का स्थायी मूल्य	डॉ. रांगेय राघव	9
हिन्दी का अपना समीक्षा-शास्त्र (सम्भावनाएँ)	डॉ. नागेन्द्र	17
हिन्दी का अपना समीक्षा-शास्त्र (आवश्यकता)	डॉ. भगीरथ मिश्र	22
हिन्दी के सामाजिक कथा-नायकों का विकास	राजेन्द्र यादव	27

प्रस्तुत प्रश्न

हिन्दी का भावी रूप — डॉ. धीरेन्द्र वर्मा 52

हिन्दी का भावी रूप — डॉ. सुनीतिकुमार चाटुर्ज्या 56

हिन्दी का भावी रूप — सुमित्रानन्दन पन्त 58

अनुशीलन

दृश्य-काव्य में हास्य तत्त्व — डॉ. रामकुमार वर्मा 64

'कान्हड़ दे प्रबन्ध' और उसका पाठ — डॉ. माताप्रसाद गुप्त 68

मूल्यांकन

'नयी कविता' *प्रगतिशील साहित्य के मानदंड : रांगेय राघव* — बालकृष्ण राव 77

तीन नये काव्य-संग्रह : 'बावरा अहेरी', 'रात बीती', 'धरती और स्वर्ग' *बावरा अहेरी : अज्ञेय; रात बीती : बालकृष्ण राव; धरती और स्वर्ग : डॉ. देवराज* — डॉ. जगदीश गुप्त 85

'अंचल' के नये गीत *वर्षान्त के बादल : रामेश्वर शुक्ल 'अंचल'* — गंगाप्रसाद मिश्र 95

हिन्दी कहानियाँ : शिल्प और शैली *हिन्दी कहानियों की शिल्पविधि का विकास : डॉ. लक्ष्मीनारायण लाल* — डॉ. देवराज उपाध्याय 98

छोटी-बड़ी कहानियाँ *खेल-खिलौने : राजेन्द्र यादव; जिन्दगी मुस्कराई : कन्हैयालाल मिश्र 'प्रभाकर'* — वीरेन्द्र कृष्ण माथुर 101

दो कहानी-संग्रह *तुमने क्यों कहा मैं सुन्दर हूँ : यशपाल; पान-फूल : मार्कण्डेय* — मोहन राकेश 103

'टूटे काँटे' *: वृन्दावनलाल वर्मा* — उदयशंकर भट्ट 107

'चाँदनी के खण्डहर' *: गिरिधर गोपाल* — डॉ. शैल कुमारी 109

'कठपुतली' *: देवेन्द्र सत्यार्थी* — जनार्दन मुक्तिदूत 112

'ओ मेरे सपने' *: जगदीशचन्द्र माथुर* — विजयेन्द्र स्नातक 115

'परिव्राजक की प्रजा' *: शान्तिप्रिया द्विवेदी* — विश्वम्भर 'मानव' 118

'तेलगू साहित्य का इतिहास' *: हनुमाच्छास्त्री; सं. : क्षेमचन्द्र 'सुमन'* — बालशौरि रेड्डी 121

'द्विवेदी-पत्रावली' *संकलनकर्ता : बैजनाथ सिंह 'विनोद'* — लक्ष्मीसागर वार्ष्णेय 125

'रजवाड़ा' *: देवेशदास* — महावीर अधिकारी 126

प्राप्ति स्वीकार

समीक्षार्थ पुस्तकें — सम्पादकीय विभाग 129

अंक-15 : अप्रैल, 1955

सम्पादकीय

जनवादी साहित्य (2)	डॉ. धर्मवीर भारती, डॉ. रघुवंश, डॉ. व्रजेश्वर वर्मा, श्री विजयदेवनारायण साही	1

निबन्ध

अनुकृति, अन्विति और काव्यगत आनन्द	रमाशंकर तिवारी	9
सन्त साहित्य और जैन हिन्दी कवि	परशुराम चतुर्वेदी	26
जापानी साहित्य : 1925-1955	के. दोई	37

प्रस्तुत प्रश्न

साहित्यकार का वैयक्तिक स्वातंत्र्य और सामाजिक दायित्व	सम्पादकीय विभाग	45
वैयक्तिक स्वातंत्र्य : सांस्कृतिक जीवन की पहली शर्त	हर्षनारायण	48
भारतीय साहित्यकार की स्वातंत्र्य धारणा का मूल उत्स	प्रभाकर माचवे	52
साहित्य-सृजन की प्रक्रिया और लेखक व्यक्तित्व	डॉ. रामअवध द्विवेदी	56
वैयक्तिक स्वातंत्र्य और सामाजिक दायित्व की अन्योन्याश्रित स्थिति	बालकृष्ण राव	57
कलाभिव्यक्ति का ध्येय : जीवन की पूर्ण स्वतंत्रता	उदयशंकर भट्ट	60
स्वातंत्र्य बनाम शहादत	जैनेन्द्र कुमार	63
बौद्धिक स्वातंत्र्य, बौद्धिक अराजकता नहीं!	भगवतीचरण वर्मा	65
सम्मतियाँ	मन्मथनाथ गुप्त	66
सम्मतियाँ	यशपाल	67
सम्मतियाँ	विजयशंकर मल्ल	67
सम्मतियाँ	डॉ. नगेन्द्र	68
सम्मतियाँ	नलिन विलोचन शर्मा	68
सम्मतियाँ	सुमित्रानन्दन पन्त	68
सम्मतियाँ	विनयमोहन शर्मा	69
सम्मतियाँ	डॉ. धीरेन्द्र वर्मा	69

मूल्यांकन

हिन्दी-साहित्य के नये यात्री *आखिरी चट्टान तक : मोहन राकेश; बदलते दृश्य : राजवल्लभ ओझा*	रघुवंश	71
तीन लघु उपन्यास *बाहर-भीतर : डॉ. देवराज; बाबा बटेसरनाथ : नागार्जुन; बहता तिनका : कमल जोशी*	व्रजेश्वर वर्मा	77

'कविताएँ : 1954' *संचयन-सम्पादन : अजित कुमार, देवीशंकर अवस्थी*	प्रभाकर माचवे	83
'हिन्दी कथा-साहित्य' *: पदुमलाल पुन्नालाल बख़्शी*	अनन्तकुमार पाषाण	91
प्रेमचन्द : समीक्षकों की दृष्टि में *प्रेमचन्द : चिन्तन और कला : डॉ. इन्द्रनाथ मदान*	डॉ. प्रेमशंकर	95
'बाजत आवे ढोल' *: देवेन्द्र सत्यार्थी*	डॉ. रांगेय राघव	100
'अमरबेल' *: वृन्दावनलाल वर्मा*	ब्रजविलास	102
'मैला आँचल' (1) *: फणीश्वरनाथ रेणु*	नलिन विलोचन शर्मा	105
'मैला आँचल' (2) *: फणीश्वरनाथ रेणु*	उपेन्द्रनाथ 'अश्क'	108
दिनकर की नई काव्य-कृतियाँ *नील कुसुम, रेती के फूल, दिल्ली, नीम के पत्ते : रामधारी सिंह 'दिनकर'*	डॉ. रामखेलावन पाण्डेय	110
'नवीना' *: गंगाप्रसाद पाण्डेय*	सिद्धनाथ कुमार	113
'कबीर साहित्य की परख' *: परशुराम चतुर्वेदी*	बद्रीनारायण श्रीवास्तव	116
'सृष्टि की साँझ और अन्य काव्य-नाटक' *: सिद्धनाथ कुमार*	डॉ. लक्ष्मीनारायण लाल	120
'कविता में प्रकृति-चित्रण' *: रामेश्वरलाल खंडेलवाल 'तरुण'*	उदयशंकर भट्ट	121
'काव्यधारा' *सम्पादक : शिवदानसिंह चौहान*	विजयदेवनारायण साही	123

अंक-16 : नवम्बर, 1955

सम्पादकीय

दायित्व और स्वातंत्र्य : अविच्छिन्न मूल्य	डॉ. धर्मवीर भारती, डॉ. रघुवंश, डॉ. व्रजेश्वर वर्मा, श्री विजयदेवनारायण साही	1

निबन्ध

संस्कृतियों का विकास और साहित्य	हर्षनारायण	9
मनोविश्लेषण और आधुनिक काव्य की सम्भावनाएँ	डॉ. रामरतन भटनागर	27
'पद्मावत' की कथा का लोक-रूप	रवीन्द्र 'भ्रमर'	38

प्रस्तुत प्रश्न

व्यक्ति-स्वातंत्र्य और जनहित	डॉ. रांगेय राघव	45
साहित्य-सृजन : नियतिवाद के विरुद्ध उद्घोष	डॉ. जगदीश गुप्त	55
सामाजिक विकास के नये चरण	अमृतलाल नागर	60
व्यष्टि और समष्टि की सन्धि	विद्यानिवास मिश्र	63

सम्मतियाँ	डॉ. हरिवंशराय 'बच्चन'	65
सम्मतियाँ	शिवचन्द्र शर्मा	65
सम्मतियाँ	बच्चन सिंह	66
अनुशीलन		
'छिताई-वार्ता' रचयिता और रचना-काल	डॉ. माताप्रसाद गुप्त	67
मूल्यांकन		
'हिन्दी नाटक : उद्भव और विकास' : *डॉ. दशरथ ओझा*	बच्चन सिंह	74
निर्गुण की कहानियाँ *प्यार के भूखे, जिन्दगी, टूटे सपने : निर्गुण*	ओंकारनाथ श्रीवास्तव	77
'धूप के धान' : *गिरिजाकुमार माथुर*	अजित कुमार	82
'छितवन की छाँव' : *विद्यानिवास मिश्र*	देवेन्द्र सत्यार्थी	87
छायावाद पर एक नई समीक्षा-कृति *छायावाद की काव्य-साधना : प्रो. क्षेम*	आनन्दप्रकाश दीक्षित	92
'लोमड़ी का माँस' : *केशवचन्द्र वर्मा*	अमृतलाल नागर	95
'हिन्दी-काव्य पर आंग्ल प्रभाव' : *डॉ. रवीन्द्र सहाय वर्मा*	अनन्तकुमार 'पाषाण'	96
'बंगला और उसका साहित्य' : *हंसकुमार तिवारी; सं. : क्षेमचन्द्र 'सुमन'*	केशवचन्द्र सिनहा	100
इतिहास के स्थान पर परम्परा *प्राचीन भारतीय परम्परा और इतिहास : डॉ. रांगेय राघव*	डॉ. भगवतशरण उपाध्याय	103
सामयिकी		
अनुशीलन का दृष्टिकोण	रघुवंश	110
हिन्दी रंगमंच के पिता!!	डॉ. लक्ष्मीनारायण लाल	112
सरकारी पारितोषिक	व्रजेश्वर वर्मा	114
परिचय (पुस्तकें)		
तीन उपन्यास *राग और त्याग, मौलश्री, काले नगर में : कमल शुक्ल*	गिरिजादत्त शुक्ल 'गिरीश'	116
पाँच गीत-संग्रह *प्रकृति सन्देश : मुरारीलाल शर्मा 'सुरस'; धूल के फूल : परमेश्वरलाल द्विरेफ; शिंजिनी : शिवबहादुर सिंह; जिन्दगी के गीत : विनोद रस्तोगी; भावना के फूल : नीलकंठ तिवारी*	117	
प्राप्ति स्वीकार		
समीक्षार्थ पुस्तकें	सम्पादकीय विभाग	123

अंक-17 : जनवरी, 1956

सम्पादकीय

दायित्व और स्वातंत्र्य : अविच्छिन्न मूल्य	डॉ. धर्मवीर भारती, डॉ. रघुवंश, डॉ. व्रजेश्वर वर्मा, श्री विजयदेवनारायण साही	1

निबन्ध

साधारणीकरण का नवीन स्तर	रमाशंकर तिवारी	7
प्रयोग, प्रगति और परम्परा	लक्ष्मीकान्त वर्मा	14
हिन्दी उपन्यास में नये प्रयोग	व्रजविलास श्रीवास्तव	32
यूगोस्लावियन साहित्य की वर्तमान समस्या	स्वेतोज़ार पेत्रोविच	50

प्रस्तुत प्रश्न

लेखक का उद्देश्य महत्त्वपूर्ण है	डॉ. शम्भूनाथ सिंह	59
साहित्यिक 'अश्लीलता' का प्रश्न	विजयदेवनारायण साही	65
व्रीडाजुगुप्सामंगलव्यंजकत्वात्	डॉ. हरदेव बाहरी	73

अनुशीलन

रामानन्द सम्प्रदाय में योग	डॉ. बदरीनारायण श्रीवास्तव	79

मूल्यांकन

'नया साहित्य : नये प्रश्न' *: नन्ददुलारे वाजपेयी*	बच्चन सिंह	82
'अतिमा' : आधुनिक और पुरातन का सन्तुलन *: सुमित्रानन्दन पन्त*	बालकृष्ण राव	89
वर्तमान कविता में नये गीति-स्वर *दिवालोक : शम्भूनाथ सिंह*	डॉ. रामरतन भटनागर	96
रीति, गीति और नई कविता *नाव के पाँव : जगदीश गुप्त*	प्रयागनारायण त्रिपाठी	101
'मानस की (रूसी) भूमिका' *: ए.पी. वरान्नीकोव*	डॉ. कामिल बुल्के; अनु. : केसरीनारायण शुक्ल	104
संत्रस्त पात्रों की घटनाहीन कथा *बड़ी-बड़ी आँखें : उपेन्द्रनाथ 'अश्क'*	लक्ष्मीकान्त वर्मा	109
'एंटन चेख़व : एक इंटरव्यू' *: राजेन्द्र यादव*	मोहन राकेश	116
संस्कृति-संघर्ष और वैयक्तिक सम्बन्ध *काले फूल का पौधा : डॉ. लक्ष्मीनारायण लाल*	रामस्वरूप चतुर्वेदी	118
संवेदनात्मक तत्त्वों की एकसूत्रता *पत्थर की आँख, गूँगा यौवन : कमल जोशी*	शिवप्रसाद सिंह	124
नये समाज का उदय *नया समाज : उदयशंकर भट्ट*	डॉ. लक्ष्मीनारायण लाल	128
'निकष' : नवीन दृष्टिकोण का प्रतीक *सं. : धर्मवीर भारती*	गिरिजाकुमार माथुर	130

परिचय (पुस्तकें)

'सन्तुलन' *: प्रभाकर माचवे*	श्याम मोहन	140
'बंगला की आधुनिक प्रेम कहानियाँ' *सं. : मृदुला देवी*	मन्मथनाथ गुप्त	141
'अभियान', 'बदलता युग' और 'अन्तराल' *: महेन्द्र भटनागर*	हरिमोहन	142
'पुनरुद्धार' *: कंचनलता सब्बरवाल*	शिवनाथ	143
'अवधी और उसका साहित्य' *: डॉ. त्रिलोकीनारायण दीक्षित*	कृष्णदेव उपाध्याय	144
'मीठी कसक' *: उमाशंकर शुक्ल*	शिवनाथ	145
'हिन्दी के आलोचक' *सं. : शचीरानी गुर्टू*	विजयेन्द्र स्नातक	145

प्राप्ति स्वीकार

समीक्षार्थ पुस्तकें	सम्पादकीय विभाग	148

अंक-18 : अप्रैल, 1956
नाटक विशेषांक (1)

सम्पादकीय

सम्पादकीय वक्तव्य	नन्ददुलारे वाजपेयी	1

निबन्ध

कालिदास : साहित्य के स्थायी मूल्यों की समस्या	रामविलास शर्मा	9
प्रतीकवाद	रामरतन भटनागर	27

समस्या और चिन्तन

कवि-प्रेरणा का स्वरूप और काव्य-प्रक्रिया	श्रीनारायण मिश्र	44

अध्ययन : भारतीय लेखक

साधारणीकरण तथा आचार्य शुक्ल	रामलाल सिंह	53
इलाचन्द्र जोशी की औपन्यासिक प्रवृत्तियाँ	अनन्त चतुर्वेदी	63

अध्ययन : विदेशी लेखक

दस्तोएवस्की की कतिपय आधुनिक समीक्षाएँ	गंगाधर झा	78

मूल्यांकन

'जहाज का पंछी' *: इलाचन्द्र जोशी*	प्रकाशचन्द्र गुप्त	93
हिन्दी-साहित्य में राम-कथा का अध्ययन *राम-कथा : उद्गम और विकास : डॉ. कामिल बुल्के; मानस में राम-कथा : डॉ. बलदेव प्रसाद मिश्र; मानस की राम-कथा : परशुराम चतुर्वेदी*	रामचन्द्र तिवारी	96
'भारतीय काव्य-शास्त्र की परम्परा' *सं. : डॉ. नगेन्द्र*	रामलाल सिंह	99

'आधुनिक हिन्दी-कथा-साहित्य और मनोविज्ञान' : *डॉ. देवराज उपाध्याय* | रामरतन भटनागर | 101
'पर आँखें नहीं भरीं' : *डॉ. शिवमंगलसिंह 'सुमन'* | कमलाकान्त पाठक | 105
'पद्मावत' (मूल और संजीवनी व्याख्या) : *वासुदेवशरण अग्रवाल* | कमलाकान्त पाठक | 108
'हिन्दी-अलंकार-साहित्य' : *डॉ. ओम् प्रकाश* | डॉ. भगीरथ मिश्र | 114
'लोक-साहित्य का अध्ययन' : *श्याम परमार* | डॉ. सत्येन्द्र | 116
'साहित्य-वार्ता' और 'आलोचना के सिद्धान्त' *साहित्य-वार्ता : गिरिजादत्त शुक्ल 'गिरीश'; आलोचना के सिद्धान्त : व्यौहार राजेन्द्र सिंह* | डॉ. शम्भूनाथ सिंह | 120
'हिन्दी-साहित्य पर सूफ़ीमत का प्रभाव' : *डॉ. विमल कुमार जैन* | रामपूजन तिवारी | 127
'भागवत सम्प्रदाय' : *पं. बलदेव उपाध्याय* | दत्तात्रेय पाण्डेय | 131
'भारतीय संस्कृति' : *डॉ. मंगलदेव शास्त्री* | डॉ. राजबली पाण्डेय | 133
'भगवान् बुद्ध' : *धर्मानन्द कोसम्बी; अनु. : श्रीपाद जोशी* | डॉ. राजबली पाण्डेय; अनु. : श्रीपाद जोशी | 136

अंक-19 : जुलाई, 1956

नाटक विशेषांक (2)

सम्पादकीय | नन्ददुलारे वाजपेयी | 1

निबन्ध

संस्कृत नाटक | आचार्य बलदेव उपाध्याय | 9
संस्कृत नाट्य-शास्त्र : आरम्भ और विकास | शिवप्रसाद सिंह | 19
यूनानी नाट्य-शास्त्र में ट्रेजेडी का स्वरूप | डॉ. रामअवध द्विवेदी | 32
शेक्सपियर के दु:खान्त नाटक : नैतिक मूल्यों की समस्या | रामविलास शर्मा | 41
भारतेन्दु-युगीन नाटकों का रूपविधान | भानुदेव शुक्ल | 53
आधुनिक हिन्दी नाटक | डॉ. प्रेमशंकर | 61
प्रसाद के नाटकों की अभिनेयता | डॉ. दशरथ ओझा | 72
गद्य-नाटक की विशेषता | डॉ. रघुवंश | 85
हिन्दी के गीति-नाट्य | डॉ. बच्चन सिंह | 89
हिन्दी में रूपक कथात्मक नाट्य-परम्परा | जितेन्द्रनाथ पाठक | 105
हिन्दी-नाटकों में मध्यवर्गीय वस्तुतत्त्व का विकास | डॉ. शम्भूनाथ सिंह | 113
हिन्दी नाटक पर पाश्चात्य प्रभाव | विश्वनाथ मिश्र | 134

रंग-शिल्प : साधन और सिद्धान्त	सुरेश अवस्थी	149
हिन्दी एकांकी का विकास	प्रो. रामचरण महेन्द्र	155
रेडियो-नाटक और हिन्दी में उसका विकास	सिद्धनाथ कुमार	161
हिन्दी लोक-नाट्य	रवीन्द्र 'भ्रमर'	171
पश्चिमी नाटक : इब्सन और शॉ के पश्चात्	रामरतन भटनागर	180
बंगला साहित्य के नाट्य तथा रंगमंच	सुन्दरलाल त्रिपाठी	201
प्रादेशिक भाषायों का नाट्य और मंच	प्रभाकर माचवे	210

अंक-20 : अक्टूबर, 1956

सम्पादकीय

'नई कविता'	नन्ददुलारे वाजपेयी	1

निबन्ध

साहित्यिक सौष्ठव और सामाजिक तत्त्व	डॉ. भगीरथ मिश्र	9
रस, सौन्दर्य और आनन्द	प्रो. विष्णुप्रसाद र. त्रिवेदी	18
आदर्श और यथार्थ : हिन्दी कथाकार	अनन्त	25
अध्ययन : भारतीय लेखक		
भगवतीचरण वर्मा के सामाजिक उपन्यास	अनन्त चतुर्वेदी	35
अध्ययन : विदेशी लेखक		
मैक्सिम गोर्की	गंगाधर झा	52

प्रस्तुत प्रश्न

'नई कविता'–दो समीक्षाएँ	व्रजलाल वर्मा, प्रतापसिंह चौहान	64

मूल्यांकन

'बूँद और समुद्र' : आस्था की समस्या : *अमृतलाल नागर*	रामविलास शर्मा	81
'हाथी के दाँत' : *अमृतराय*	प्रकाशचन्द्र गुप्त	93
'राह बीती' : *यशपाल*	प्रकाशचन्द्र गुप्त	95
'कौड़ियों का नाच' : *स्वरूप कुमारी बख्शी*	शिवकुमार मिश्र	96
'हिन्दी-रीति-साहित्य' : *डॉ. भगीरथ मिश्र*	रामचन्द्र तिवारी	99
'पद्मसिंह शर्मा के पत्र' *सं. : पं. बनारसीदास चतुर्वेदी, पं. हरिशंकर शर्मा*	लक्ष्मीसागर वार्ष्णेय	102
'पुरानी राजस्थानी' : *डॉ. एल.पी. तेस्सितोरी*	भोलानाथ तिवारी; अनु. : डॉ. नामवर सिंह	104
'बेकसी का मज़ार' : *प्रतापनारायण श्रीवास्तव*	शिवकुमार मिश्र	107
'कला-दर्शन' : *शचीरानी गुर्टू*	सतीशचन्द्र काला	115

'प्रतिमा-विज्ञान' : *डॉ. द्विजेन्द्रनाथ शुक्ल* — कृष्णदत्त वाजपेयी 116
'अन्धा युग' : *धर्मवीर भारती* — मनोहर वर्मा 117

अंक-21 : जनवरी, 1957

सम्पादकीय
सामयिक परिवेश — नन्ददुलारे वाजपेयी 1
निबन्ध
'नई कविता' : प्रवादों की परीक्षा — गंगाधर झा 9
आधुनिक पश्चिमी काव्य — रामरतन भटनागर 22
प्रतिबिम्बवाद — मनोहर वर्मा 42
संस्कृत काव्य-शास्त्र और शृंगार रस — डॉ. सत्यदेव चौधरी शास्त्री 50
कवि की विशेषता — रमाशंकर तिवारी 59
चरित्र-चित्रण — देवेन्द्र इस्सर 71
प्रौढ़ता के स्तर — डॉ. देवराज 78
अध्ययन : भारतीय लेखक
यशपाल के उपन्यास — प्रकाशचन्द्र गुप्त 83
मूल्यांकन
'अपभ्रंश साहित्य' : *डॉ. हरवंश कोछड़* — रामसिंह तोमर 89
'उखड़े हुए लोग' : *राजेन्द्र यादव* — भानुदेव शुक्ल 91
'गीत-फ़रोश', 'नई चेतना' और 'सूर्य का स्वागत' — त्रिलोचन 95
गीत-फ़रोश : भवानीप्रसाद मिश्र; नई चेतना : महेन्द्र भटनागर; सूर्य का स्वागत : दुष्यन्त कुमार
'बाँसुरी बज रही' : *जगदीश त्रिगुणायत* — देवेन्द्र सत्यार्थी 101
'राजनीति और दर्शन' : *विश्वनाथप्रसाद वर्मा* — महादेवप्रसाद शर्मा 111
'राजकीय व्यय-प्रबन्ध के सिद्धान्त' : *गोरखनाथ सिंह* — महादेवप्रसाद शर्मा 114
'भारतीय कविता : 1953' *प्रस्तुति : साहित्य अकादेमी* — प्रेमशंकर 115
'काव्य निर्णय' और 'आचार्य भिखारीदास' — डॉ. भगीरथ मिश्र 125
काव्य निर्णय : सं. : जवाहरलाल चतुर्वेदी; आचार्य भिखारीदास : डॉ. नारायणदास खन्ना

अंक-22 : अप्रैल, 1957

सम्पादकीय
समाज और साहित्य — नन्ददुलारे वाजपेयी 1
निबन्ध
नई कविता : प्रयोग की समस्या — डॉ. शम्भूनाथ सिंह 9

नवीन विकास-बोध के चार आयाम | राजेन्द्रप्रसाद सिंह | 25
काव्य-शास्त्र का मूल और औचित्य | डॉ. सूर्यकान्त | 37
साहित्य-सृजन और आलोचना-सिद्धान्त | डॉ. रमेश कुन्तल मेघ | 55
नया उपन्यास | डॉ. रामरतन भटनागर | 62
अध्ययन : भारतीय लेखक
नागार्जुन : जीवन और कृतित्व | प्रो. बेचन एम.ए. | 76

प्रस्तुत प्रश्न
कवि और सामाजिक दायित्व | मालार विन्दम् चतुर्वेदी | 84
कवि और सामाजिक दायित्व | डॉ. प्रेमशंकर | 88

मूल्यांकन
'बौद्ध-धर्म-दर्शन' और 'शैव मत' *बौद्ध-धर्म-दर्शन : आचार्य नरेन्द्र देव; शैव मत : डॉ. यदुवंशी* | डॉ. राजबली पाण्डेय | 98
सूफ़ी मत एवं सूफ़ी साहित्य का अध्ययन *पद्मावत का काव्य-सौन्दर्य : शिव सहाय पाठक; जायसी के परवर्ती हिन्दी सूफ़ी-कवि और काव्य : डॉ. सरला शुक्ल; सूफ़ीमत : साधना और साहित्य : रामपूजन तिवारी* | परशुराम चतुर्वेदी | 103
'जयवर्धन' *: जैनेन्द्र कुमार* | डॉ. रामरतन भटनागर | 112

अंक-23 : जुलाई, 1957

सम्पादकीय
प्रगति की ओर | नन्ददुलारे वाजपेयी | 1

निबन्ध
नाट्यशास्त्र की भारतीय परम्परा | डॉ. हजारीप्रसाद द्विवेदी | 9
काव्य में प्रतीक-विधान | डॉ. रामअवध द्विवेदी | 24
मार्क्सवाद और प्राचीन साहित्य का मूल्यांकन | डॉ. रामविलास शर्मा | 38
जैनेन्द्र कुमार का नया उपन्यास 'जयवर्धन' | यशपाल | 50
अध्ययन : एक विदेशी लेखक
एंटन चेख़व (1860-1904) | गंगाधर झा | 65
नीतिपरक हिन्दी-मुक्तक-काव्य | जितेन्द्रनाथ पाठक | 84
हिन्दी नाटक में प्रथम गद्य-प्रयोग | डॉ. दशरथ ओझा | 97

मूल्यांकन
'हिन्दी और प्रादेशिक भाषाओं का वैज्ञानिक इतिहास' *: शमशेर सिंह नरूला* | डॉ. भोलानाथ तिवारी | 109
'पथ के साथी' और 'क्षणादा' *: महादेवी वर्मा* | धनञ्जय वर्मा | 114

'ब्रह्मपुत्र' *: देवेन्द्र सत्यार्थी* | शिवकुमार मिश्र | 119
'वैदिक साहित्य और संस्कृति' *: पं. बलदेव उपाध्याय* | डॉ. कृष्णदेव उपाध्याय | 125
'संस्कृत आलोचना' *: बलदेव उपाध्याय* | जगन्नाथ राय शर्मा | 131
'ब्रह्म और माया' तथा 'राजा निरबंसिया' *ब्रह्म और माया : कमल जोशी; राजा निरबंसिया : कमलेश्वर* | डॉ. भानुदेव शुक्ल | 132

अंक-24 : अक्टूबर 1957

सम्पादकीय

नये उपन्यास | नन्ददुलारे वाजपेयी | 1

निबन्ध

नाट्यशास्त्र की भारतीय परम्परा | डॉ. हजारीप्रसाद द्विवेदी | 9
राष्ट्र-निर्माण में लेखक का सहयोग | फणीश्वरनाथ रेणु | 19
प्रगति और परम्परा | प्रकाशचन्द्र गुप्त | 23
'दिव्या' का वितर्क पक्ष | जगन्नाथप्रसाद शर्मा | 27
राष्ट्र-निर्माण और लेखक | बालकृष्ण राव | 34
नई कविता : एक प्रश्न | प्रो. ब्रजलाल वर्मा | 40
सौन्दर्य का रूप, भाव और तत्त्व | डॉ. रामानन्द तिवारी | 52
उमापति-कृत 'पारिजात हरण' के गीत | कृष्णानन्दन तिवारी 'पीयूष' | 59

प्रस्तुत प्रश्न

'परती : परिकथा' | डॉ. प्रेमशंकर | 65
रेणु और 'परती : परिकथा' | प्रो. गोपीकृष्ण प्रसाद | 74
'परती : परिकथा' : एक स्वतंत्र कलाकृति | धनञ्जय वर्मा | 80

मूल्यांकन

'शिवपूजन रचनावली' *: शिवपूजन सहाय* | रामखेलावन पाण्डेय | 86
'मध्य एशिया का इतिहास' (खण्ड 1) *: राहुल सांकृत्यायन* | डॉ. हीरालाल गुप्त | 89
'दुखमोचन' *: नागार्जुन* | डॉ. ब्रजमोहन गुप्त | 99
'कला-दर्शन' *: शचीरानी गुर्टू* | क्षत्रज्ञ | 104
'दूर के ढोल' और 'चाँद रानी' *दूर के ढोल : आरिगपूडि; चाँद रानी : सत्यप्रकाश संगर* | जितेन्द्रनाथ पाठक | 110
दो ऐतिहासिक उपन्यास *नाना फड़नवीस : उमाशंकर; पत्र लता : गुरुदत्त* | शिवकुमार मिश्र | 115
'समुहत' *: केशवप्रसाद मिश्र* | कृष्णबिहारी मिश्र | 122

अंक-25 : जनवरी, 1959
काव्यालोचन विशेषांक (1)

सम्पादकीय

आधुनिक काव्य-चिन्तन	नन्ददुलारे वाजपेयी	1

विश्व काव्य

निबन्ध

वैदिक काव्यधारा	डॉ. रामजी उपाध्याय	17
वाल्मीकि	आचार्य बलदेव उपाध्याय	33
कालिदास	डॉ. विश्वनाथ भट्टाचार्य	40
सूरदास	डॉ. विजयेन्द्र स्नातक	54
तुलसीदास	आचार्य विश्वनाथ प्रसाद मिश्र	65
वड्र्सवर्थ	प्रकाशचन्द्र गुप्त	80
शेली	सत्यनारायण त्रिवेदी	87
गेटे	भोलानाथ शर्मा	94
रवीन्द्रनाथ	मनोहर वर्मा	112

आधुनिक हिन्दी काव्य

प्रसाद की साहित्य-साधना	डॉ. सूर्यकान्त	138
निराला की कविता	बच्चन सिंह	152
कवि पन्त	विजयशंकर मल्ल	161
महादेवी वर्मा	धनञ्जय वर्मा	173
कवि बच्चन	रामस्वरूप चतुर्वेदी	189
रामधारी सिंह दिनकर	राजदेव सिंह	200
अंचल का काव्य	कृष्णानन्दन दीक्षित 'पीयूष'	208
अज्ञेय	जितेन्द्रनाथ पाठक	223

समीक्षात्मक पीठिका

आधुनिक राष्ट्रीय चेतना का विकास	गंगाधर झा	251
काव्य की आधुनिक प्रवृत्तियाँ	डॉ. प्रेमशंकर	268
आधुनिक हिन्दी-काव्य-समीक्षा	डॉ. कमलाकान्त पाठक	291

अंक-26 : अप्रैल, 1959
काव्यालोचन विशेषांक (2)

सम्पादकीय

सिद्धान्तों की प्रगति	नन्ददुलारे वाजपेयी	1

निबन्ध

भारतीय सिद्धान्त रस-सिद्धान्त का क्रमिक विकास	डॉ. रामलाल सिंह	9

अलंकार और अलंकार्य के सम्प्रदाय	शंकरदेव अवतरे	25
व्यावहारिक समीक्षा-सम्बन्धी सिद्धान्त	डॉ. भगीरथ मिश्र	31
काव्य-चिन्तन का अप्रतिम ध्वनि-सिद्धान्त	डॉ. भोलाशंकर व्यास	38
पाश्चात्य सिद्धान्त स्वच्छन्दतावाद का परवर्ती काव्य-चिन्तन	डॉ. रामअवध द्विवेदी	54
मार्क्सवाद की काव्य-विषयक प्रतिपत्तियाँ	राजेन्द्रप्रसाद सिंह	62
मनोवैज्ञानिक सिद्धान्त और काव्य	गंगाधर झा	78
उपयोगितावाद : मानवतावादी और मनोवैज्ञानिक *ताल्स्ताय और रिचर्ड्स*	डॉ. रामरतन भटनागर	94
पश्चिमी साहित्य के आदर्शवादी समीक्षा सिद्धान्त	डॉ. सिद्धार्थ	107
अस्तित्ववाद	मनोहर वर्मा	122
आधुनिक काव्य-प्रवृत्तियाँ आधुनिक बांग्ला-काव्य	धनञ्जय वर्मा	135
आधुनिक मराठी कविता का विकास : उसकी धाराएँ और प्रवृत्तियाँ	भवानीशंकर पंडित	144
आधुनिक तेलगू काव्य	डॉ. पी.एस. शास्त्री	152
आधुनिक फ्रांसीसी कविता	एण्ड्रे पाडाक्स; अनु. : बलभद्र तिवारी	156
बीसवीं सदी की अमरीकी कविता	डॉ. फिलिप यंग; अनु. : बलभद्र तिवारी	158
आधुनिक अंग्रेजी कविता : एक मूल्यांकन	डॉ. अमरेश दत्त; अनु. : विश्वनाथ भट्टाचार्य	171

अंक-27 : जुलाई, 1963

सम्पादकीय

सहयोगी लेखकों और पाठकों से कुछ प्रश्न	शिवदानसिंह चौहान	1

सिद्धान्त-विवेचन

कलाकार की सिसृक्षा और सृजन-सीमा	आचार्य हजारीप्रसाद द्विवेदी	5
भट्टलोल्लट का रस-सिद्धान्त	डॉ. नगेन्द्र	19
ध्वनि-सिद्धान्त का सामयिक मूल्य	डॉ. हरद्वारीलाल शर्मा	30

हिन्दी साहित्य

निराला काव्य : एक मूल्यांकन	डॉ. इन्द्रनाथ मदान	35

भारतीय साहित्य

उर्दू शायरी की कुछ समस्याएँ	सज्जाद ज़हीर	39

विश्व साहित्य

अंग्रेजी साहित्य में भारत सम्बन्धी उपन्यास	डॉ. मुल्कराज आनन्द	51

पुनर्मूल्यांकन
'मृच्छकटिक' | डॉ. भगवतशरण उपाध्याय | 64
'अभिज्ञानशाकुन्तलम्' और 'ओथेलो' : एक तुलनात्मक अध्ययन | वीरेन्द्र नारायण | 74
प्रस्तुत प्रश्न
आज का परिवेश और हमारा साहित्यिक दायित्व | अमृतराय | 79
परिचर्चा
प्रयोगवादी कविता और मानववाद | डॉ. जगदीश गुप्त | 84
प्रयोगवादी कविता और मानववाद | डॉ. प्रभाकर माचवे | 90
कविता, विशेषकर प्रयोगवादी कविता और 'मानववाद' : एक प्रोटेस्ट | शमशेर बहादुर सिंह | 91
प्रयोगवादी कविता और मानवमूल्य | गोपालकृष्ण कौल | 95
कला और साहित्य
हिन्दी के रंगमंच के विकास की समस्या | उपेन्द्रनाथ 'अश्क' | 98
कला और व्यक्ति | ग्रिगोरी चुखराई | 105
मूल्यांकन
'उर्वशी' *: रामधारी सिंह 'दिनकर'* | गजानन माधव मुक्तिबोध | 116
'झूठा सच' *: यशपाल* | प्रकाशचन्द्र गुप्त | 116
'झूठा सच' : एक विश्लेषण *: यशपाल* | डॉ. रमेश कुन्तल मेघ | 120
चार बांग्ला उपन्यास *साहब, बीबी, गुलाम : विमल मित्र; कलकत्ता के नजदीक ही : गजेन्द्र कुमार मित्र; जोड़ी : वनफूल; हुस्न बानू : प्रबोध कुमार सान्याल* | मन्मथनाथ गुप्त | 127
'प्रेमचन्द : क़लम का सिपाही' *: अमृतराय* | बनारसीदास चतुर्वेदी | 135
प्रेमचन्द : जीवनी और पत्र *क़लम का सिपाही : प्रेमचन्द (खंड-1 एवं 2; चिट्ठी-पत्री)* | रामदीन गुप्त | 138

अंक-28 : अक्टूबर, 1963

सम्पादकीय
आलोचक और लेखक | शिवदानसिंह चौहान | 1
सिद्धान्त-विवेचन
सिसृक्षा का स्वरूप | हजारीप्रसाद द्विवेदी | 5
समाजवादी यथार्थवाद | डॉ. शिवकुमार मिश्र | 20
हिन्दी साहित्य
निराला का काव्य | नन्ददुलारे वाजपेयी | 44
आज की कहानी | इन्द्रनाथ मदान | 61

विश्व साहित्य

सार्त्र की कला	प्रकाशचन्द्र गुप्त	66
लैटिन अमरीका में साहित्य और कला का विकास	लाजपत राय	71

प्रस्तुत प्रश्न

लेखक और पाठक	जूडिथ टॉर्ड	82

परिचर्चा

मैं क्यों लिखता हूँ?	यशपाल	85
मैं क्यों लिखता हूँ?	अमृतलाल नागर	85

साहित्य और कला

अमेरिकन फ़िल्मों में नीग्रो	कार्लटन मॉस	91

पुनर्मूल्यांकन

'प्रेमचन्द : क़लम का सिपाही' तथा प्रेमचन्द के उपन्यासों की प्रकाशन-तिथियाँ	गोपालराय	95
'झूठा सच' का कला-पक्ष	हंसराज रहबर	100

मूल्यांकन

'बाणभट्ट की आत्मकथा' का गठनात्मक विश्लेषण (क्रमशः) *बाणभट्ट : हजारीप्रसाद द्विवेदी*	डॉ. रमेश कुन्तल मेघ	104
मुल्कराज आनन्द के तीन उपन्यास *सात साल, गाँव, सात समुन्दर पार : मुल्कराज आनन्द*	मन्मथनाथ गुप्त	124
बारह घण्टे *बारह घण्टे : यशपाल*	मधुरेश	127
हीरक जयन्ती *हीरक जयन्ती : नागार्जुन*	रामगोपालसिंह चौहान	129
'एक इंच मुस्कान' : एक कथा प्रयोग *एक इंच मुस्कान : राजेन्द्र यादव, मन्नू भंडारी*	कृष्णनन्दन 'पीयूष'	132
चार नये उपन्यास *शहर में घूमता आईना : उपेन्द्रनाथ 'अश्क'; सुमन : रज़िया सज्जाद ज़हिर; चन्दन चाँदनी : चन्द्रकिरण सौनरेक्सा; चुटकी-भर चाँदनी : केशनी प्रसाद चौरसिया*	श्रीमती विजय चौहान	136
नाट्यशास्त्र की भारतीय परम्परा और दशरूपक *मूल लेखक : धनंजय, धनिक--भूमिका, लेखक तथा अनुवादक : हजारीप्रसाद द्विवेदी, पृथ्वीनाथ द्विवेदी*	डॉ. विजयेन्द्र स्नातक	141

अंक-29 : जनवरी, 1964

सम्पादकीय

इतिहास का परिप्रेक्ष्य	शिवदानसिंह चौहान	1

सिद्धान्त-विवेचन

रचना-प्रक्रिया का प्रश्न	परमानन्द श्रीवास्तव	5

साहित्य की प्रगतिशीलता और प्रगतिशील साहित्य | देवीप्रसाद गुप्त | 10
अस्तित्ववाद : एक विश्लेषण | सकलदीप सिंह | 16
रसवाद : एक परिक्षण | डॉ. रमाशंकर तिवारी | 25
आधुनिक कविता और व्यंजना : एक विवेचन | रसिक बिहारी | 36

विश्व साहित्य

हेमिंग्वे की कला | प्रकाशचन्द्र गुप्त | 41

हिन्दी साहित्य

हिन्दी-काव्य में रंगतत्त्व (कलर एलीमेंट) : कुछ विचार | डॉ. श्याम परमार | 45
इलियट और हिन्दी की नई कविता | गोविन्द रजनीश | 64
आधुनिक हिन्दी काव्य पर उर्दू का प्रभाव | महताब अली | 68
यशपाल की कहानी-कला | इन्द्रनाथ मदान | 75

पुनर्मूल्यांकन

'मृच्छकटिक' : एक और निबन्ध | जयकुमार 'जलज' | 84

साहित्य और कला

एण्टी थियेटर | पीटर नाश | 98

पत्र-परिपत्र

शिवदानसिंह चौहान के नाम पत्र | बनारसीदास चतुर्वेदी | 106

मूल्यांकन

'बाणभट्ट की आत्मकथा' का गठनात्मक विश्लेषण *: हजारीप्रसाद द्विवेदी* | डॉ. रमेश कुन्तल मेघ | 107
मरण-ज्वार *: माखनलाल चतुर्वेदी* | महेन्द्र भटनागर | 129
छ: कविता-पुस्तकें *पुरवैया के नूपुर, जीवन और जवानी, भारत माँ की लोरी : देवराज दिनेश; जिजीविषा : डॉ. महेन्द्र भटनागर; स्वर तथा अन्य कविताएँ : श्रीमती विजय चौहान; आवाज़ों के घेरे : दुष्यन्त कुमार* | डॉ. शिवकुमार मिश्र | 132

अंक-30 : अप्रैल, 1964

सम्पादकीय

लेखक की 'स्वतंत्रता' और 'परिसम्बद्धता' | शिवदानसिंह चौहान | 1

सिद्धान्त-विवेचन

सिसृक्षा का स्वरुप : छंद | हजारीप्रसाद द्विवेदी | 7
आधुनिकता और लोकचेतना | डा. बच्चन | 14
'पाश्चात्य और हिन्दी की नई कविता में सांस्कृतिक विघटन' | गोविन्द रजनीश | 21

सामाजिक कथा-नायिकाओं का विकास-क्रम	डॉ. सुरेश सिन्हा	30
नई कविता की भाषा : शब्द-प्रयोगों पर एक विहंगम दृष्टि	डॉ. सियाराम तिवारी	53
आचार्य वाजपेयी का निराला-विषयक विवेचन	प्रो. धनञ्जय वर्मा	66
विश्व साहित्य		
कामू की कला (1913-60)	प्रकाशचन्द्र गुप्त	76
पुनर्मूल्यांकन		
मानस का समाज-दर्शन : कुछ तत्त्व	कृष्णबिहारी मिश्र	82
प्रस्तुत प्रश्न		
विश्वविद्यालय और समकालीन साहित्य	गोपालकृष्ण कौल, डॉ. आनन्दप्रकाश दीक्षित, डॉ. लक्ष्मीधर मालवीय	102
साहित्य और कला		
ब्रेख़्त का थियेटर	बलवन्त गार्गी	114
मूल्यांकन		
'चारु चन्द्रलेख' : *हजारीप्रसाद द्विवेदी*	डॉ. रमेश कुन्तल मेघ	120
चार नये उपन्यास *शुभदा : आचार्य चतुरसेन शास्त्री; हम तिनके : रमेश बक्षी; भागते किनारे : उदयराज सिंह; एक और अजनबी : सुनेश सिन्हा*	डॉ. राजगोपालसिंह चौहान	138
'अर्ध-शती' : *बालकृष्ण राव*	देवप्रकाश गुप्त	143
'कविसमय-मीमांसा' : *विष्णुस्वरूप*	डॉ. विजयेन्द्र स्नातक	145

अंक-31 : जुलाई, 1964

सम्पादकीय		
आज की कहानी : आन्दोलन की उपलब्धियाँ	शिवदानसिंह चौहान	1
सिद्धान्त-विवेचन		
सिसृक्षा का स्वरूप : आत्मदान की व्याकुलता	हजारीप्रसाद द्विवेदी	5
साधारणीकरण	डॉ. नगेन्द्र	15
हिन्दी साहित्य		
रांगेय राघव के उपन्यास	मधुरेश	34
आधुनिकता : शमशेर और नागार्जुन	डॉ. बेचन	49
विश्व साहित्य		
शेक्सपियर और मानव-प्रकृति	एग्नेस हेलर	56

पुनर्मूल्यांकन
भवभूति | जयकुमार 'जलज' | 65

साहित्य और कला
रंगमंच : एक माध्यम | कुँवरजी अग्रवाल | 79
साहित्य-सर्जन और पाठक-वर्ग की रुचि का पारस्परिक सम्बन्ध | डॉ. गोपाल राय | 92
नये साहित्य में दुरूहता की समस्या : कुछ विचार | डॉ. परमानन्द श्रीवास्तव | 112

मूल्यांकन
तीन उपन्यास *दीर्घतपा : फणीश्वरनाथ रेणु; एक म्यान दो तलवारें : नानकसिंह; लोकलाज खोई : सुरेन्द्र पाल* | मन्मथनाथ गुप्त | 120
'ब्रजभाषा और ब्रजवुलि साहित्य' *: डॉ. श्रीमती कणिका तोमर* | डॉ. विजयेन्द्र स्नातक | 124
'साहित्य-सिद्धान्त' *: डॉ. रामअवध द्विवेदी* | डॉ. शिवकुमार मिश्र | 128
'दिनकर : सृष्टि और दृष्टि' *: गोपालकृष्ण कौल, हरप्रसाद शास्त्री* | डॉ. आनन्दप्रकाश दीक्षित | 133
'हिन्दी उपन्यास साहित्य का अध्ययन' *: डॉ. एस.एन. गणेशन* | मधुरेश | 136
'नया हिन्दी काव्य' *: डॉ. शिवकुमार मिश्र* | डॉ. चन्द्रभूषण तिवारी | 140
'काव्य का देवता : निराला' *: विश्वम्भर मानव* | डॉ. महेन्द्र भटनागर | 143

अंक-32 : अक्टूबर, 1964

सम्पादकीय
स्वातंत्रोत्तर हिन्दी साहित्य विशेषांक | शिवदानसिंह चौहान | 1

सिद्धान्त-विवेचन
मार्क्सवादी कलादृष्टि और समाजवादी यथार्थवाद | नवल किशोर | 5
कला का जीवशास्त्र | ब्लादिमीर वाइद्ले; अनु. : रमेश कुन्तल मेघ | 21
आधुनिक कविता और रस-सिद्धान्त | डॉ. सावित्री सिन्हा | 36
आधुनिकता और नवीन कथा-चरित्र | डॉ. बेचन | 42

हिन्दी साहित्य
यौन परिकल्पनाएँ और हिन्दी की नयी कविता | गोविन्द रजनीश | 48
आस्था और नयी कविता | डॉ. छोटेलाल दीक्षित | 54

भारतीय साहित्य
अपभ्रंश कथाकाव्य | डॉ. देवेन्द्रकुमार शास्त्री | 62
'कामायनी' की अतिलौकिक अन्तर्योजना | डॉ. रमाशंकर तिवारी | 75

विश्व साहित्य

एक महान अमरीकी कवि राबर्ट फ्रास्ट	सलाम मछली शहरी	86
अंग्रेजी कविता : एक दिशा-संकेत	सकलदीप सिंह	91
जेम्स जॉयस कृत 'युलिसिस' : एक कथा प्रयोग	रामसेवक सिंह	98

प्रस्तुत प्रश्न

आज का बालसाहित्य	हरिकृष्ण देवसरे	108
आधुनिक हिन्दी कविता में 'विराट्' तत्त्व	रणजीत	112

साहित्य और कला

संस्कृत नाटकों में संगीत की परम्परा	डॉ. श्रीमती गिरीश रस्तोगी	118

मूल्यांकन

परशुराम की प्रतीक्षा, कोयला और कवित्व *: रामधारी सिंह 'दिनकर'*	डॉ. बेचन	125
दो नई कविता-पुस्तकें *प्यासा निर्झर : नरेन्द्र शर्मा; प्रत्यूष की भटकी किरण यायावरी : रामेश्वर शुक्ल 'अंचल'*	डॉ. शिवकुमार मिश्र	131
'चारु चन्द्रलेख' : प्रथम वाचन की एक प्रतिक्रिया *: हजारीप्रसाद द्विवेदी*	डॉ. गोपाल राय	136
'रेखा' *: भगवतीचरण वर्मा*	श्रीमती विजय चौहान	139
दो नये उपन्यास *वे दिन : निर्मल वर्मा; छोटे-छोटे सवाल : दुष्यन्त कुमार*	महेन्द्र भटनागर	141
'लौटती लहरों की बाँसुरी' *: भारतभूषण अग्रवाल*	मधुरेश	142
'हिन्दी साहित्य और बिहार' (द्वितीय खंड) *: सं. : आचार्य शिवपूजन सहाय*	डॉ. कुमार विमल	145
'तांत्रिक वाङ्मय में शाक्त-दृष्टि' *: डॉ. गोपीनाथ कविराज*	प्रो. कैलाशचन्द्र मिश्र	147

अंक-33 : जून, 1965
स्वातंत्र्योत्तर हिन्दी साहित्य विशेषांक (1)

सम्पादकीय

स्वातंत्र्योत्तर हिन्दी साहित्य : नया परिवेश—नए प्रश्न—नयी उपलब्धियाँ	शिवदानसिंह चौहान	1

स्वातंत्र्योत्तर सिद्धान्त-चर्चा

वाक् तत्त्व और विनायक धर्म	डॉ. हजारीप्रसाद द्विवेदी	9
लेखक और व्यक्ति-स्वातंत्र्य	डॉ. रामविलास शर्मा	14
परम्परा और प्रयोग	अमृतराय	21
विश्व साहित्य में भारतीय साहित्य का स्थान : अनुवाद की समस्या	डॉ. रघुवंश	31

विश्व साहित्य में हिन्दी तथा भारतीय साहित्य के प्रवेश की समस्या	प्रकाशचन्द्र गुप्त	39
सौन्दर्यशास्त्र के नये आधार	डॉ. कुमार विमल	45
सौन्दर्यबोधशास्त्र के नये आयाम	डॉ. रमेश कुन्तल मेघ	56
स्वातंत्र्योत्तर हिन्दी कविता		
हिन्दी कविता : प्रवृत्यात्मक विवेचन और मूल्यांकन	डॉ. जगदीश गुप्त	65
हिन्दी कविता : प्रगतिशील	डॉ. शिवकुमार मिश्र	72
हिन्दी कविता : प्रयोगशील	डॉ. रमाशंकर मिश्र	83
हिन्दी : गीत-कविता	ठाकुरप्रसाद सिंह	98
हिन्दी कविता : प्रबन्ध-काव्य	डॉ. रामदरस मिश्र	108
स्वातंत्र्योत्तर हिन्दी आलोचना		
प्रगतिवादी समीक्षा : सीमा और सम्भावना	डॉ. चन्द्रभूषण तिवारी	123
नयी समीक्षा : सीमा और सम्भावना	विश्वम्भर 'मानव'	133
हिन्दी क्षेत्र की प्रमुख भाषाओं का स्वातंत्र्योत्तर साहित्य		
सन् 1947 के बाद का ब्रज-साहित्य	डॉ. कैलाशचन्द्र भाटिया	148
सन् 1947 के अनन्तर अवधी साहित्य	डॉ. त्रिलोकीनारायण दीक्षित	151
हिन्दी में भारतीय साहित्य		
हिन्दी में तमिल साहित्य	डॉ. न.वि. राजगोपालन	156
मलयालम साहित्य–हिन्दी में	वेल्लार्थाण अर्जुनन्	160
व्यक्तित्व और कृतित्व		
सूर्यकान्त त्रिपाठी 'निराला' का काव्य	डॉ. भगीरथ मिश्र	163
मैथिलीशरण गुप्त : कृतित्व और व्यक्तित्व	डॉ. विनयमोहन शर्मा	168
स्वराज्योत्तर दिनकर-साहित्य	डॉ. लक्ष्मीनारायण सुधांशु	174
स्वातंत्र्योत्तर काल की श्रेष्ठ कृतियों का पुनर्मूल्यांकन		
'लोकायतन' : *सुमित्रानन्दन पन्त*	इलाचन्द्र जोशी	185
'चाँद का मुँह टेढ़ा है' : *गजानन माधव मुक्तिबोध*	विष्णुचन्द्र शर्मा	198
'हम विषपायी जनम के' : *बालकृष्ण शर्मा 'नवीन'*	डॉ. रवीन्द्र 'भ्रमर'	210
अज्ञेय के दो काव्य-संग्रह : 'हरि घास पर क्षण भर' और 'अरी ओ करुणा प्रभामय'	डॉ. बेचन	215
'प्यासा निर्झर' : *नरेन्द्र शर्मा*	डॉ. सियाराम तिवारी	221
'अंधा-युग' : *धर्मवीर भारती*	डॉ. परमानन्द श्रीवास्तव	228
'चारु चन्द्रलेख' : *हजारीप्रसाद द्विवेदी*	डॉ. शिवनाथ	232

'रस-सिद्धान्त' : एक अभिनव पुनराख्यान : *डॉ. नगेन्द्र*	डॉ. मनोहर काले	239
'क़लम का सिपाही' : *अमृतराय*	नवल किशोर	248

अंक-34 : जुलाई, 1965
स्वातंत्र्योत्तर हिन्दी साहित्य विशेषांक (2)

सम्पादकीय		
भाषा का प्रश्न और भारत की एकता	शिवदानसिंह चौहान	1
स्वातंत्र्योत्तर सिद्धान्त-चर्चा		
आधुनिकता का प्रश्न : साहित्य के सन्दर्भ में	डॉ. नगेन्द्र	9
आधुनिक	डॉ. रमेश कुन्तल मेघ	15
स्वातंत्र्योत्तर हिन्दी कथा-साहित्य		
जीवन यथार्थ और युग के केन्द्रीय प्रश्नों का रूपायन	डॉ. रामगोपालसिंह चौहान	33
हिन्दी उपन्यास और स्वप्न-विश्लेषण	डॉ. रणवीर रांग्रा	45
हिन्दी कहानी : नई प्रवृत्तियाँ और उपलब्धियाँ	डॉ. बच्चन सिंह	55
हिन्दी की चौदह श्रेष्ठ कहानियाँ : पुरानी पीढ़ी का योगदान	मधुरेश	68
नयी पीढ़ी की उपलब्धियाँ : बारह नयी कहानियाँ	प्रो. धनंजय वर्मा	98
हिन्दी क्षेत्र की प्रमुख भाषाओं का स्वातंत्र्योत्तर साहित्य		
राजस्थानी का नया साहित्य	डॉ. नरेन्द्र भानावत	119
मालवी का नया साहित्य	डॉ. श्याम परमार	125
हिन्दी में भारतीय साहित्य		
हिन्दी में बांग्ला कथा-साहित्य	सकलदीप सिंह	128
व्यक्तित्व और कृतित्व		
महादेवी वर्मा	डॉ. शम्भुनाथ सिंह	145
डॉ. रांगेय राघव	डॉ. पद्मसिंह शर्मा 'कमलेश'	157
आचार्य नन्ददुलारे वाजपेयी	डॉ. शिवकुमार मिश्र	162
डॉ. नगेन्द्र	डॉ. कुमार विमल	170
अमृतराय	प्रकाशचन्द्र गुप्त	181
स्वातंत्र्योत्तर काल की श्रेष्ठ कृतियों का पुनर्मूल्यांकन		
'सुखदा' : *जैनेन्द्र कुमार*	डॉ. गोपाल राय	185
'जहाज का पंछी' : *इलाचन्द्र जोशी*	डॉ. गंगाप्रसाद पाण्डेय	190
'बलचनमा' : *नागार्जुन*	कृष्णनन्दन 'पीयूष'	198
'रूपान्तर' : *राधाकृष्ण*	महताबअली	202

अंक-35 : जनवरी, 1966

स्वातंत्र्योत्तर हिन्दी साहित्य विशेषांक (3)

सम्पादकीय

लेखक और युद्ध	शिवदानसिंह चौहान	1

स्वातंत्र्योत्तर सिद्धान्त-चर्चा

युद्ध और कविता	रामधारी सिंह 'दिनकर'	9

स्वातंत्र्योत्तर नाटक, एकांकी, रंगमंच

स्वतंत्रता के पश्चात् हिन्दी नाटक : विकास की भूमिका	डॉ. सुरेश अवस्थी	15
स्वातंत्र्योत्तर हिन्दी एकांकी तथा रेडियो नाटक	चिरंजीत	24
हिन्दी रंगमंच : राष्ट्रीय रंगमंच का सूत्रपात	वीरेन्द्र नारायण	35

स्वातंत्र्योत्तर निबन्ध साहित्य

हिन्दी निबन्ध : प्रेरणा, प्रयास और उपलब्धि	डॉ. रामखेलावन पाण्डेय	46

स्वातंत्र्योत्तर बाल-साहित्य

स्वतंत्रता के बाद का हिन्दी बाल-साहित्य	मन्मथनाथ गुप्त	59

स्वातंत्र्योत्तर कथा साहित्य

हिन्दी में आंचलिक उपन्यास	मधुकर गंगाधर	73
स्वातंत्र्योत्तर कथा साहित्य और चरित्र-विकास	डॉ. बेचन	87

विश्व साहित्य में हिन्दी

विदेशों में हिन्दी साहित्य	डॉ. प्रभाकर माचवे	95

हिन्दी क्षेत्र की प्रमुख भाषाओं का नया साहित्य

भोजपुरी लोक-साहित्य	डॉ. कृष्णदेव उपाध्याय	116
मगही का स्वातंत्र्योत्तर साहित्य	प्रो. कृष्णनारायण प्रसाद मागध	120
सन् सैंतालीस के बाद का छत्तीसगढ़ी साहित्य	डॉ. सावित्री शुक्ल	126

हिन्दी में भारतीय साहित्य

हिन्दी में असमिया साहित्य	नवारुण	133

परिचर्चा

भाषा का प्रश्न और भारत की एकता : कुछ प्रश्न एवं दिशाबोध	डॉ. महावीर सरन जैन	137

पुनर्मूल्यांकन

'शतरंज के मोहरे' : 'बूँद और समुद्र' : *अमृतलाल नागर*	डॉ. विश्वम्भरनाथ उपाध्याय	142

'सागर, लहरें और मनुष्य' : एक पुनर्मूल्यांकन : *उदयशंकर भट्ट* | लक्ष्मीकान्त शर्मा | 150
'शहर में घूमता आईना' *: उपेन्द्रनाथ 'अश्क'* | डॉ. मक्खनलाल शर्मा | 156
'कब तक पुकारूँ' *: रांगेय राघव* | गोविन्द रजनीश | 164
'यह पथ बंधु था' *: श्रीनरेश मेहता* | डॉ. लक्ष्मीधर मालवीय | 170
'आषाढ़ का एक दिन' *: मोहन राकेश* | महेन्द्र भटनागर | 179

अंक-36 : अप्रैल, 1966

स्वातंत्र्योत्तर हिन्दी साहित्य विशेषांक (4)

सम्पादकीय
स्वातंत्र्योत्तर हिन्दी साहित्य : नया मोड़–नये सन्दर्भ–नये प्रश्न | शिवदानसिंह चौहान | 1

स्वातंत्र्योत्तर सिद्धान्त-चर्चा
साहित्येतिहास : विधा एवं स्वरूप | विजयकुमार शुक्ल | 9
मानवतावादी चिन्तनधारा और नया साहित्य | देवीप्रसाद गुप्त | 24

स्वातंत्र्योत्तर हिन्दी साहित्य
अस्तित्वाद और नयी कविता | डॉ. रामगोपाल शर्मा 'दिनेश' | 30
नई कविता : क्षणवाद के सन्दर्भ में | डॉ. छोटेलाल दीक्षित | 38
नये कवि का दृष्टिकोण | विजय बहादुर सिंह | 44
नयी कविता और सामाजिक चेतना | डॉ. रामगोपाल शर्मा 'दिनेश' | 50
स्वातंत्र्योत्तर हिन्दी नाटक : एक विश्लेषणात्मक सर्वेक्षण | डॉ. सिद्धनाथ कुमार | 56
आंचलिक उपन्यास : स्वातंत्र्योत्तर हिन्दी-साहित्य की नवीन उपलब्धि | विश्वनाथप्रसाद तिवारी | 70
हिन्दी में रेखाचित्र और रिपोर्ताज | डॉ. विश्वम्भरनाथ उपाध्याय | 77
स्वातंत्र्योत्तर हिन्दी-अनुसन्धान : सीमाएँ और सम्भावनाएँ | डॉ. विजयेन्द्र स्नातक | 86

हिन्दी में भारतीय साहित्य
हिन्दी में मराठी साहित्य | डॉ. प्रभाकर माचवे | 98

हिन्दी क्षेत्र की प्रमुख भाषाओं का स्वातंत्र्योत्तर साहित्य
निमाड़ी का प्राचीन तथा आधुनिक साहित्य | रामनारायण उपाध्याय | 103

व्यक्तित्व और कृतित्व
बाबू गुलाबराय | डॉ. सत्येन्द्र | 111
माखनलाल चतुर्वेदी : एक राष्ट्रीय कवि | डॉ. रामाधार शर्मा | 133

सियारामशरण गुप्त के उपन्यास : एक समाजशास्त्रीय अध्ययन	डॉ. सियारामशरण प्रसाद	143
डॉ. रामकुमार वर्मा	डॉ. केदारनाथ लाभ	149
इलाचन्द जोशी 'घृणामयी' से 'जहाज़ का पंछी' तक	नवल किशोर	155
डॉ. रामविलास शर्मा–कवि-आलोचक	कृष्णबिहारी मिश्र	163
गिरिजाकुमार माथुर और नयी कविता	राजकुमार शर्मा	171
मुक्तिबोध का आलोचना-दर्शन	डॉ. नरेन्द्रदेव वर्मा	176
भारती का काव्य	चन्द्रदेव सिंह	180
उपन्यासकार फणीश्वरनाथ रेणु	विजेन्द्र नारायण सिंह	188
पुनर्मूल्यांकन		
'लोकायतन' : *सुमित्रानन्दन पन्त*	शान्तिप्रिय द्विवेदी	196
'झूठा-सच' : यशपाल की नवीन कृति	डॉ. त्रिलोकी नारायण 'दीक्षित'	200
'भूले बिसरे चित्र' : *भगवतीचरण वर्मा*	डॉ. आनन्दप्रकाश दीक्षित	205
'धूप के धान' : *गिरिजाकुमार माथुर*	कृष्ण कुमार शर्मा	209
'कोणार्क' : शिल्प और मूल्य : *जगदीशचन्द्र माथुर*	कुँवरजी अग्रवाल	216

अंक-37 : दिसम्बर, 1966

स्वातंत्र्योत्तर हिन्दी साहित्य विशेषांक (5)

सम्पादकीय		
आधुनिक समाज में 'अलगाव' (Alienation) की समस्या	शिवदानसिंह चौहान	1
स्वातंत्र्योत्तर सिद्धान्त-चर्चा		
समकालीन लेखन में प्रतिबद्धता का प्रश्न	परमानन्द श्रीवास्तव	9
स्वातंत्र्योत्तर हिन्दी आलोचना		
स्वातंत्र्योत्तर हिन्दी समीक्षा की समस्याएँ	वियजशंकर त्रिवेदी	13
हिन्दी साहित्य		
सातवाँ दशक : कविता की दिशा	डॉ. माहेश्वरी	30
दिनकर के काव्य में नारी	डॉ. मधुरमालती सिंह	41
नया भाव-बोध और धर्मवीर भारती	बैजनाथ सिंहल	59
सन् 1947 के बाद के उपन्यास के साहित्य में नारी समस्याएँ	डॉ. दागमार अन्सारी	68
महादेवी का संस्मरणात्मक गद्य : उपलब्धियाँ और मूल्यांकन	लक्ष्मीकान्त शर्मा	75

भारतीय साहित्य

रवीन्द्रनाथ की कहानियों में नारी : एक विवेचन — रसिक बिहारी 94

राष्ट्र कवि सुब्रह्मण्य भारती — ना. रामसुब्रमण्यन् 99

मगही का नया साहित्य — आचार्य रामनरेश मिश्र 103

विश्व साहित्य

ब्रेख़्त : आधुनिक यूरोपीय साहित्य का एक महान व्यक्तित्व — सुधा माहेश्वरी 109

पुनर्मूल्यांकन

तुलसीदास के सौन्दर्य-बोध में प्रगतिवादी तत्त्व — छोटेलाल दीक्षित 116

राहुल की उपन्यास कला–एक मूल्यांकन — डॉ. सुबोध चन्द्र 124

'चित्रलेखा' : एक पुनर्मूल्यांकन — चन्द्रकान्त बांदिवडेकर 132

साहित्य और कला

बांग्ला का रंगमंच : एक आरोप एवं निराकरण — प्रतिभा अग्रवाल 146

मूल्यांकन

विकासशील मानव-चेतना का महाकाव्य : 'लोकायतन' *: सुमित्रानन्दन पन्त* — डॉ. रणवीर रांग्रा 153

यशपाल : दो नवीन कथा-कृतियाँ *अप्सरा का श्राप, खच्चर और आदमी : यशपाल* — मधुरेश 160

'चौरंगी' : एक आधुनिक उपन्यास *: रांगेय राघव* — भगवतीशरण सिंह 168

नवांक-1 : अप्रैल-जून, 1967

सम्पादकीय — नामवर सिंह 1

संवाद : चुनाव के बाद का भारत

फ़ासिस्ट तानाशाही का ख़तरा : वामपक्ष का दायित्व — रामविलास शर्मा 4

संकट, संक्रमण और नवजागरण की त्रयी — रमेश कुन्तल मेघ 13

राजनीति संत्रास, मोहभंग और नई प्रतिबद्धताएँ — शिवप्रसाद सिंह 23

तटस्थता की अब गुंजाइश नहीं — विद्यानिवास मिश्र 26

अप्रत्याशित कुछ भी नहीं — राजकमल चौधरी 27

उर्जा के साथ विवेक — विष्णु प्रभाकर 29

विनाश की ओर — भगवतीचरण वर्मा 30

चार दिन की चाँदनी — अमृतलाल नागर 34

चुनाव केवल एक चेतावनी — मन्मथनाथ गुप्त 35

क्रान्ति अवश्यम्भावी — राजेन्द्र अवस्थी 37

स्वत:स्फूर्त क्रान्ति : एक नए विकल्प की सम्भावना — ओमप्रकाश दीपक 38
निकटे जागर्ति जाह्नवी — हजारीप्रसाद द्विवेदी 41

तीन कविताएँ

चुनाव की पूर्व संध्या पर — केदारनाथ सिंह 44
बीस साल बाद — धूमिल 45
अन्वेषण — भारतभूषण अग्रवाल 46

निबन्ध

नवलेखन में राजनीतिक रुझान — ओमप्रकाश दीपक 50
आज के साहित्य में आक्रामकता — अशोक वाजपेयी 61
स्वतंत्रता के बाद का संकट और मैं — रघुवीर सहाय 65
साहित्य-विश्लेषण का संघटनात्मक दृष्टिकोण — रवीन्द्रनाथ श्रीवास्तव 69
कविता में अर्थ और मूल्य : एक विश्लेषण — मलयज 81

अनुसंधान

आधुनिक हिन्दी की प्रथम गद्यकृति : योगवासिष्ठ-भाषा? — गोविन्दनाथ राजगुरु 86

विश्व-सन्दर्भ

परम्परा, परायापन और प्रतिबद्धता — निर्मल वर्मा 96

मूल्यांकन

हिन्दी साहित्य का धुँधला परिदृश्य *हिन्दी साहित्य : एक आधुनिक परिदृश्य : सच्चिदानन्द वात्स्यायन* — नेमिचन्द्र जैन 106
आज़ाद कल्पना की साहसिकता *मछलीघर : विजयदेवनारायण साही* — कमलेश 111
आत्मरति से आत्मसाक्षात्कार तक *एक सूनी नाव : सर्वेश्वरदयाल सक्सेना; आत्मनिर्वासन तथा अन्य कविताएँ : राजीव सक्सेना; शहर अब भी सम्भावना है : अशोक वाजपेयी* — अजित कुमार 114
'मुक्ति-प्रसंग' : एक और देह गाथा *: राजकमल चौधरी* — सुरेन्द्र चौधरी 118
अनुभव और एहसास के बीच *एक पति के नोट्स : महेन्द्र भल्ला* — प्रयाग शुक्ल 120
घटित का मर्म *मित्रो मरजानी : कृष्णा सोबती* — प्रयाग शुक्ल 123
नई कहानी का सर्वेक्षण *एक दुनिया समानान्तर : सं. : राजेन्द्र यादव; नई कहानी की भूमिका : कमलेश्वर* — विजयमोहन सिंह 125
समीक्षा पुनर्विचार : सन्दर्भ 'प्रतिक्रियाएँ' *प्रतिक्रियाएँ : डॉ. देवराज* — मुद्राराक्षस 128

कवि-आलोचक की सीमाएँ और सम्भावनाएँ *नई कविता : उपलब्धियाँ और सम्भावनाएँ : गिरिजाकुमार माथुर* — विष्णुचन्द्र शर्मा 135
मेरी जीवन-यात्रा *मेरी जीवन-यात्रा–3, 4, 5 : राहुल सांकृत्यायन* — शिवचन्द्र शर्मा 136
प्रासंगिकी
अस्वीकृति की दिशाएँ — विश्वनाथ त्रिपाठी 141

नवांक-2 : जुलाई-सितम्बर, 1967
आचार्य हजारीप्रसाद द्विवेदी को समर्पित

सम्पादकीय — नामवर सिंह 1
संवाद : आलोचना की भाषा
अर्थ-प्रक्रिया का विश्लेषण और संवर्धन — रामस्वरूप चतुर्वेदी 9
स्पष्टता और संगति का आग्रह — कृष्णनारायण कक्कड़ 13
मूल्यान्वेषण और अर्थ-विवेक — यशदेव शल्य 23
सामान्य भाषा और मूल्यांकन — सुरेन्द्र बारलिंगे 28
नाट्य-समीक्षा की भाषा — सुरेश अवस्थी 32
सार्थकता, प्रसंगानुकूलता और प्रामाणिकता — अशोक वाजपेयी 37
विशेष
आचार्य हजारीप्रसाद द्विवेदी से एक भेंट — मनोहर श्याम जोशी 42
निबन्ध
संस्कृत काव्यशास्त्र और संरचनात्मक समीक्षा-पद्धति — रघुवंश 54
भाषा वैज्ञानिक दृष्टि और आलोचना की नई भूमिका — रवीन्द्रनाथ श्रीवास्तव 60
नई काव्य-समीक्षा की सम्भावना — परमानन्द श्रीवास्तव 69
आक्रोश की भाषा और भाषा का आक्रोश — सुरेन्द्र चौधरी 74
कविता
गिरीश की मृत्यु — राघुवीर सहाय 81
नाट्य-रंग
आधुनिक हिन्दी नाटक : प्रतिमान का अन्वेषण — नेमिचन्द्र जैन 83
कविता
छूट — श्रीकान्त वर्मा 102
समकालीन समीक्षा
नये प्रतिमान : पुराने निकष — मलयज 103
विवेक के रंग — मुरली मनोहर प्रसाद सिंह 109
अधूरे साक्षात्कार — कुँवर नारायण 116

प्रगतिवाद और प्रगतिवाद	रामदरश मिश्र	119
पुनर्मूल्यांकन		
'तारसप्तक' : ऐतिहासिकता और प्रासंगिकता	केदारनाथ सिंह	122
मूल्यांकन		
'फूल नहीं रंग बोलते हैं' *: केदारनाथ अग्रवाल*	शमशेर बहादुर सिंह	127
सौ राहों के यात्री *काठ का सपना : गजानन माधव मुक्तिबोध*	प्रयाग शुक्ल	139
समय की सलवटें और 'आधा गाँव' *: राही मासूम रज़ा*	भगवान सिंह	143
विनिमय		
देहवाद और विद्रोह	राजेन्द्र यादव	149
सौ और सिफ़र	महेन्द्र भल्ला	152
एक शुभचिन्तक की चिन्ता	बनारसीदास चतुर्वेदी	156

नवांक-3 : अक्टूबर-दिसम्बर, 1967

सम्पादकीय	नामवर सिंह	1
संवाद		
रोमांटिक बनाम आधुनिक	रामविलास शर्मा	4
रोमांटिक बनाम आधुनिक	मुद्राराक्षस	6
रोमांटिक बनाम आधुनिक	श्रीकान्त वर्मा	7
रोमांटिक बनाम आधुनिक	प्रेमप्रकाश डोभाल	7
रोमांटिक बनाम आधुनिक	भारतभूषण अग्रवाल	10
रोमांटिक बनाम आधुनिक	अजित कुमार	10
रोमांटिक बनाम आधुनिक	मुरली मनोहर प्रसाद सिंह	12
रोमांटिक बनाम आधुनिक	नरेश सक्सेना	13
रोमांटिक बनाम आधुनिक	शमशेर बहादुर सिंह	13
रोमांटिक बनाम आधुनिक	गिरिजा कुमार माथुर	14
रोमांटिक बनाम आधुनिक	नामवर सिंह	16
प्रत्युत्तर	रामविलास शर्मा	18
पूरक संवाद		
रोमांटिसिज़्म, समकालीन कविता और समाजवाद	गेब्रिएल पियर्सन	20
रोमांटिसिज़्म, समकालीन कविता और समाजवाद	डेविड क्रेग	21
रोमांटिसिज़्म, समकालीन कविता और समाजवाद	स्टैनली मिचेल	22

दस कविताएँ
कला, कविता, आस्था और सपने — रामविलास शर्मा 25
हीरा, धूप, साँझ का झुटपुटा, रास्ता — रामविलास शर्मा 26
फ़ुर्सत नहीं है, वियतनाम, गलियाँ — रामविलास शर्मा 27

विशेष निबन्ध
लालित्य-सर्जना और विविक्तवर्ण भाषा — हजारीप्रसाद द्विवेदी 28

मार्क्सवादी आलोचना की नई दिशाएँ
कला और सैद्धान्तिक बाह्य संरचना — अर्न्स्ट फिशर; अनु. : प्रेमेन्द्र 36
कला में प्रत्यक्षीकरण एवं मार्क्सीय 'रफ़ेलीकरण' और 'रेम्ब्राँकरण' — रमेश कुन्तल मेघ 45

विश्व-सन्दर्भ
ब्रेख़्त-रंगमंच : संस्कृत नाटकों पर एक नई दृष्टि — लोठार लुट्से 53

निबन्ध
वर्तमान सर्जन और दायित्वबोध — नित्यानंद तिवारी 60
मूल्य-परिवर्तन : मानविकी के सन्दर्भ में — कुमार विमल 64
पौराणिक प्रसंग और आधुनिक संदेवना — सिद्धनाथ कुमार 68
रचना और आलोचना — कमलाकान्त पाठक 72

कविता
असल बात — कुँवर नारायण 78

प्रासंगिकी
अक्टूबर-क्रान्ति और प्रेमचन्द — श्रीनारायण पाण्डेय 79
अक्तूबर क्रान्ति और हिन्दी जगत — संकलित 82
दुशानबे की यात्रा — वृन्दावनलाल वर्मा 86

नाट्य-रंग
'होरी' का नाटकीय गोदान — प्रतिभा अग्रवाल 88

मूल्यांकन
'अमृत और विष' : समाज का सप्त-आयामी दर्पण *: अमृतलाल नागर* — भारतभूषण अग्रवाल 91
दुनिया के घेरे में *पिछली गर्मियों में : निर्मल वर्मा* — प्रयाग शुक्ल 96
एक ख़ानाबदोश कवि की कविताएँ *मेपल : प्रभाकर माचवे* — मलयज 98
'काव्य-बिम्ब' *: नगेन्द्र* — जगदीश शर्मा 103
'हिन्दी के आदि मुद्रित ग्रन्थ' *: कृष्णाचार्य* — विश्वनाथ त्रिपाठी 106

विनिमय

आधुनिकतावाद : सन्दर्भ मुद्राराक्षस की प्रतिक्रियाएँ	यशदेव शल्य	110
आधुनिकता और समीक्षा : इतिहास का चीरहरण	गिरिजाशंकर प्रसाद मिश्र	115
प्रतिक्रियाएँ और प्रतिक्रियाएँ	मुद्राराक्षस	118
नाट्य-समीक्षा : एक शिकायत	उपेन्द्रनाथ 'अश्क'	121

नवांक-4 : जनवरी-मार्च, 1968

सम्पादकीय	नामवर सिंह	1
कविता		
पटकथा	धूमिल	5
संवाद : युवा लेखन पर एक बहस		
बहस का प्रारूप	नामवर सिंह	18
तथाकथित साठोत्तरी पीढ़ी : एक ऐतिहासिक सन्दर्भ	लक्ष्मीकान्त वर्मा	25
युवा एनार्की और समय का ग़ुस्सा	मुद्राराक्षस	36
युवा लेखन : रचना-दृष्टि पर एक बहस	सुरेन्द्र चौधरी	42
वक्तव्यों और वक्तव्यों की कड़ाई	विजयमोहन सिंह	46
युवा लेखन : प्रतिपक्ष का साहित्य	केदारनाथ सिंह	51
युवा पीढ़ी : प्रतिबद्धता पर पुनर्विचार	जगदीश चतुर्वेदी	53
भारतीय युवजन : सामाजिक विश्लेषण	डॉ. पूरनचन्द्र जोशी	56
पाँच कविताएँ		
जलसाघर	श्रीकान्त वर्मा	61
भाषा-2	प्रयाग शुक्ल	63
जनमत के मौन अंधकार में	दूधनाथ सिंह	64
केवल एहसास और दिमाग़	प्रभात	66
एक युवा कवि की आत्म-स्वीकृति	देवेन्द्र कुमार	67
विश्व-सन्दर्भ		
गोर्की और यथार्थवाद	भीष्म साहनी	68
मैक्सिम गोर्की और हिन्दी साहित्य	भारतभूषण अग्रवाल	73
कविताएँ		
गोया, पहला पाला	आन्द्रेई वोज़्नेसेंस्की; अनु. : कैलाश वाजपेयी	83
निश्चल निःस्तब्ध	आन्द्रेई वोज़्नेसेंस्की; अनु. : भारतभूषण अग्रवाल	84

तुम अपनी चाची के यहाँ रहती हो	आन्द्रेई वोज़्नेसेंस्की; अनु. : भारतभूषण अग्रवाल	85
प्रासंगिकी		
अमरीका छोड़ने पर : एक कवि का पत्र	हान्स माग्नुस एन्त्सन्सबर्गर	86
लेखक की पराजय	यशदेव शल्य	89
मूल्यांकन		
नये सिरे से आहत होने की प्रतीक्षा *अपनी शताब्दी के नाम : दूधनाथ सिंह*	परमानन्द श्रीवास्तव	92
आपसी-वापसी *दूसरी बार : श्रीकान्त वर्मा*	प्रयाग शुक्ल	96
टूटता तिलिस्म *पेपरवेट : गिरिराज किशोर*	श्रवण कुमार	98
कहानी बनाम आदमी *अकहानी : श्याम मोहन श्रीवास्तव, सुरेन्द्र अरोड़ा*	श्रवण कुमार	99
सूखे सरोवर के आर-पार की यात्रा *कितनी नावों में कितनी बार : अज्ञेय*	गंगाप्रसाद विमल	101
विनिमय		
रोमांटिक बनाम आधुनिक! या सर्वकालीन बनाम समकालीन!	परमानन्द श्रीवास्तव	108

नवांक-5 : अप्रैल-जून, 1968

लेख		
काव्य की रचना-प्रक्रिया	गजानन माधव मुक्तिबोध	1
काव्य-भाषा और शैली-विज्ञान	रवीन्द्रनाथ श्रीवास्तव	11
सम्प्रेषणीयता : कुछ कथन	धर्मेन्द्र गोयल	21
'साधारणीकरण' का द्वन्द्ध न्याय	रमेश कुंतल मेघ	25
कविता		
पहले ये, बस, फैलाव	कान्ता	30
लेख		
नैतिक मूल्य	यशदेव शल्य	32
भारतीय परिप्रेक्ष्य		
मराठी नवलेखन और विद्रोह	डॉ. प्रभाकर माचवे	41
तेलगू की दिगम्बर पीढ़ी : एक ऐतिहासिक आवश्यकता	निखिलेश्वर	50
'50 के लेखक, एस्टाब्लिशमेंट और ख़ाली नाव (बंगला)	सन्दीपन चट्टोपाध्याय; अनु. : कंचनकुमार	53

तीन कविताएँ

शुद्धि-पत्र	कैलाश वाजपेयी	57
अनैतिक	लीलाधर जगूड़ी	59
साल की सहयोगी कविता	श्रीराम तिवारी	60

प्रासंगिकी

पुनर्जीवन में महानता : मार्क्स की 150वीं वर्षगाँठ पर	मोहित सेन	63

विशेष

सुर्जकुमार तेवारी	रामविलास शर्मा	67

नाट्य-रंग

हिन्दी का नया नाटक साहित्य	विष्णुकान्त शास्त्री	89

मूल्यांकन

कविता और राजनीति का तनाव *आत्महत्या के विरुद्ध : रघुवीर सहाय*	नेमिचन्द्र जैन	97
"मेरे सामने समस्या है–" *दिनारम्भ, माया दर्पण : श्रीकान्त वर्मा*	विष्णु खरे	101
जोड़ते हुए... *आदिम रात्रि की महक : फणीश्वरनाथ रेणु*	प्रयाग शुक्ल	110
समुद्र : स्वीकार के साथ *: रामकुमार*	प्रयाग शुक्ल	111

नवांक-6 : जुलाई-सितम्बर, 1968

गजानन माधव मुक्तिबोध पर विशेष

सम्पादकीय	नामवर सिंह	3

संवाद

कविता और राजनीति	अशोक वाजपेयी	9
कविता और राजनीति	श्रीकान्त वर्मा	14
कविता और राजनीति	नेमिचन्द्र जैन	18
कविता और राजनीति	रघुवीर सहाय	24
कविता और राजनीति	कृष्णनारायण कक्कड़	25
कविता और राजनीति	सच्चिदानन्द हीरानन्द वात्स्यायन 'अज्ञेय'	26

संवाद-पूरक

आवश्यक निर्णय : इस विभाजित विश्व में लेखक के लिए दस कर्म-सूत्र	पीटर वाइस	27
तानाशाही के विरुद्ध : एक वक्तव्य	रघुवीर सहाय	31

कविता

विक्षुब्ध बुद्धि के मारक स्वर	गजानन माधव मुक्तिबोध	33

संवाद-पूरक

मुक्तिबोध के कुछ पत्र	नेमिचन्द्र जैन	36
मुक्तिबोध : एक संस्मरण	हरिशंकर परसाई	50
मुक्तिबोध की सार्थकता	श्रीकान्त वर्मा	56
कहानीकार मुक्तिबोध : 'कौन मनु?'	अग्न्येश्का सोनी	60
'अँधेरे में' तथा मुक्तिबोध की अन्य कविताएँ–एक अन्तर्सूत्र	विष्णु खरे	67
मुक्तिबोध और अज्ञेय के काव्य-बिम्ब	रणजीत, रशाद अब्दुल वाजिद	72

कविता

इस व्यवस्था में	लीलाधर जगूड़ी	82

संवाद-पूरक

आज की कविता का व्याकरण : कुछ संकेत सूत्र	काशीनाथ सिंह	92
विरोध की वास्तविकता और विद्रोह की कविता	विष्णुचन्द्र शर्मा	100
अच्छे गद्य की पहचान	रामविलास शर्मा	105

कविता

देखो न हक़ीक़त हमारे समय की	विश्वनाथ त्रिपाठी	114

संवाद-पूरक

कलात्मक प्रतिज्ञा	दि.के. बेडेकर	115
स्वतंत्रता का स्वरूप	यशदेव शल्य	118

हंगेरियन कविता

ज़िन्दगी के शिखरों से	ऑत्तिला योझेफ़; अनु. : गिरधर राठी	123

मूल्यांकन

'रंगदर्शन' : एक विवेचन *: नेमिचन्द्र जैन*	वीरेन्द्र नारायण	126
कामायनी और आधुनिक समीक्षा-दृष्टि *मिथक और स्वप्न : कामायनी की मनस्सौन्दर्य सामाजिक भूमिका*	जगदीश शर्मा	129

विनिमय

साहित्यिक कलाकृति का स्थान निर्धारण	लोठार लुट्से	133
लेखकों द्वारा बलात्कार	यशदेव शल्य	135
एक गुमराह बोध की अयोग्यपूर्ण दिशा	रमेश कुंतल मेघ	137

नवांक-7 : अक्टूबर-दिसम्बर, 1968

लेख

काव्य भाषा और काव्येतर भाषा | विद्यानिवास मिश्र | 1

कविता

चीर-फाड़ | भारतभूषण अग्रवाल | 5

लेख

'संत्रास' का आतंक | भीष्म साहनी | 9

कविता

दीवार | परमानन्द श्रीवास्तव | 16

पुनर्मूल्यांकन

'कामायनी' : एक असफल कृति | इन्द्रनाथ मदान | 18

शुक्लोत्तर आलोचना : एक विश्लेषण | नित्यानन्द तिवारी | 37

पाश्चात्य आलोचना की नई प्रवृत्तियाँ

टी.एस. इलियट और 'नई आलोचना' | रामसेवक सिंह | 42

शिकागो समीक्षक | डॉ. राजनाथ | 61

नॉर्थ्रप फ्राई के मूलरूपकीय आलोचना-सिद्धान्त | शिवमूर्ति पाण्डेय | 68

कविता

तलधर | प्रमोद सिनहा | 77

प्रासंगिकी

युवा पीढ़ी : आहत होते जाने और किए जाने की प्रतिषिद्ध जिजीविषा का नामांकन | हृषीकेश | 83

हंगेरियन कविता

मिक्लोश रॉद्नोति की दो कविताएँ | मिक्लोश रॉद्नोति; अनु. : गिरधर राठी | 89

कविता

कब्रगाह की जमीन में | देवेन्द्रकुमार | 91

नाट्य-रंग

अभिनय की शैली | वीरेन्द्र नारायण | 93

मूल्यांकन

'राग दरबारी' : कला-रूपों की नैतिकता का सवाल : *श्रीलाल शुक्ल* | कमलेश | 98

चीज़ें लगातार मेरे हाथ से फिसल रही हैं *कविता सम्भव : प्रयाग शुक्ल* | विष्णु खरे | 103

भाषा की दीवार के आस-पास *यारों के यार, तिन-पहाड़ : कृष्णा सोबती* — प्रयाग शुक्ल 106

तीन कहानी-संग्रह *एक प्लेट सैलाब : मन्नू भंडारी; अपने पार : राजेन्द्र यादव; एक समर्पित महिला : श्रीनरेश मेहता* — रत्नलाल शर्मा 108

विनिमय

अव्यापारेषु व्यापार — यशदेव शल्य 113

नवांक-8 : जनवरी-मार्च, 1969

ग़ालिब की याद में : विशेषांक

ग़ालिब की याद में

एक ख़त, ग़ालिब के नाम — कैलाश वाजपेयी 3

ग़ालिब : मेरी दृष्टि में — शमशेर बहादुर सिंह 4

ग़ालिब की महत्ता — ख़्वाजा अहमद फ़ारूक़ी; अनु. : शमशेर बहादुर सिंह 6

ग़ालिब की आधुनिकता — अहमद हुसेन 11

ग़ालिब और सन् सत्तावन की राज्य-क्रान्ति — कुँवर मोहम्मद अशरफ़ 26

मिर्ज़ा ग़ालिब—अन्तर्विरोधों के बीच — नईम अहमद; अनु. : असग़र वजाहत, सुहेला नश्तर 31

जटिल भावाभिव्यक्ति के कवि ग़ालिब — विश्वनाथ त्रिपाठी 39

ग़ालिब की फ़ारसी कविता — नूरुलहसन अन्सारी; लिप्यन्तर : मुहम्मद याक़ूब 44

ग़ालिब का व्यंग्य और हास्य — क़मर रईस; अनु. : शमशेर बहादुर सिंह 47

ग़ालिब के गद्य के नये आयाम — क़ाज़ी अब्दुल सत्तार; अनु. : कैसर जहाँ सिद्दक़ी 54

ग़ालिब और सर सैयद — फ़र्रुख़ जलाली 57

तुम्हें हम वली समझते — रियाज़ पंजाबी; अनु. : असग़र 61

ग़ालिब : हिन्दी में — राजेन्द्र शर्मा 64

दो कविताएँ

अगले झूठ के लिए — मंगलेश डबराल 67

लोकतंत्र के लिहाफ़ में — त्रिनेत्र जोशी 69

समकालीन कविता

समकालीन कविता : अँधेरे से साक्षात्कार — सुरेन्द्र चौधरी 70

सर्जनात्मक तनाव और अन्तर्निष्ठा — मलयज 81

कविता की भाषा — परमानन्द श्रीवास्तव 88

मूल्यांकन

समझदारी का व्यंग्यपूर्ण एहसास और विडम्बना की नाटकीयता *फेंस के इधर और उधर : ज्ञानरंजन; लोग बिस्तरों पर : काशीनाथ सिंह* — विजयमोहन सिंह 91

चीख़ की भाषा भी हुल्लड़ हो गई *देहान्त से हटकर : कैलाश वाजपेयी* — विष्णु खरे 95

सम्यक् शोक की छाया में चमकता लोक *विकल्प : विनोदचन्द्र पांडेय* — कमलेश 98

विनिमय

कविता और राजनीति — मुरली मनोहर प्रसाद सिंह 102

नवांक-9 : अप्रैल-जून, 1969

चार अफ्रीकी कविताएँ

एक दिन — प्रस्तुतकर्ता : विद्यानिवास मिश्र 1

अफ्रीका की विनती, प्रणयगीत — प्रस्तुतकर्ता : विद्यानिवास मिश्र

खोज — प्रस्तुतकर्ता : विद्यानिवास मिश्र

लेख

शब्द-अर्थ : भारतीय भाषाशास्त्रीय दृष्टि — विद्यानिवास मिश्र 4

अस्तित्ववाद और नई कविता — रामविलास शर्मा 7

अस्तित्ववादी सौन्दर्यशास्त्र — कुमार विमल 24

आज की कविता : कुछ मौलिक सवाल — रामदेव आचार्य 34

दो कविताएँ

लिपि–1; 2 — शिवकुटी लाल वर्मा 41

पुनर्मूल्यांकन

विश्वविद्यालयों का कवि : प्रसाद : मुख्यत: 'लहर' की छोटी कविताओं के अध्ययन-प्रसंग में — रमेशचन्द्र शाह 42

तीन कविताएँ

1. रुचियों की भिन्नता; 2. जवाब के लिए — मायकोव्स्की; अनु. : रणजीत, नरेश कुमार 61

3. टैक्स इन्स्पेक्टर से कविता के बारे में बातचीत — मायकोव्स्की; अनु. : रणजीत, नरेश कुमार 62

भारतीय परिप्रेक्ष्य

बंगला के आधुनिक शास्त्र-मुक्त आलोचक — इन्द्रनाथ चौधुरी 65

बंगला कहानी : विभाजन के बाद	इन्दुमती ओझा	69
प्रासंगिकी		
समकालीन कविता : एक दृश्यालेख	अशोक वाजपेयी	76
मूल्यांकन		
'निराला की साहित्य साधना' : तीन समीक्षाएँ		
औपन्यासिक प्रतिभा का नया परिचय	अमृतलाल नागर	82
निराला का अर्थ है हिन्दी...	विष्णुकान्त शास्त्री	89
अन्तर्विरोधों का सरलीकरण	नेमिचन्द्र जैन	95
सलीके से किस्सा कहने की दुर्लभ कला *अगल-अलग वैतरणी : शिवप्रसाद सिंह*	विजयदेव नारायण साही	102
'अतुकान्त' और निरर्थकता का कवि *: लक्ष्मीकान्त वर्मा*	प्रमोद सिनहा	109
आदतन लिखते रहने की नियति *जो बँध नहीं सका : गिरिजाकुमार माथुर*	विष्णु खरे	116

नवांक-10 : जुलाई-सितम्बर, 1969

लेख		
लेनिन : एक साहित्यिक सिद्धान्तकार के रूप में	स्तेफ़ान मोराव्स्की	1
चार कविताएँ		
व्यक्तिगत विरोध-पत्र : 1. अपने जनतंत्र में; 2. न्यायिक जाँच की रिपोर्ट; 3. अभिनन्दन-पत्र	विष्णुचन्द्र शर्मा	17
4. माँ के सामने	विष्णुचन्द्र शर्मा	18
लेख		
भारतीय काव्यशास्त्र की नई व्याख्या	राममूर्ति त्रिपाठी	19
कविकर्म : सौन्दर्य का उत्स	विजेन्द्र नारायण सिंह	26
कविता		
चौराहे पर ग्रीनविच का एकालाप	श्रीराम वर्मा	38
लेख		
'चिति की लीला में प्रतीक का प्रकार्य'	रमेश कुन्तल मेघ	40
कविता		
एक चीज़ के लिए	विष्णु खरे	54
पुनर्मूल्यांकन		
स्वच्छन्दतावादी समीक्षक नन्ददुलारे वाजपेयी	विष्णुकान्त शास्त्री	56

कविता

पहचान (लीलाधर जगूड़ी के लिए) | नीलाभ | 70

लेख

परिवेश : संस्कार और संवेदना (हिन्दी कहानी के सन्दर्भ में) | रमेशचन्द्र शाह | 73

प्रासंगिकी

युवा-कविता की भाषा | प्रभातकुमार त्रिपाठी | 79

मूल्यांकन

नयी कविता : शोधक, बोधक, अवरोधक? *नयी कविता : स्वरूप और समस्याएँ : डॉ. जगदीश गुप्त* | प्रेमकान्त टंडन | 86

हिन्दुस्तान की कहानी : शवयात्रा *टोपी शुक्ला : राही मासूम रज़ा* | विष्णुचन्द्र शर्मा | 90

देह की ढाल : 'रेडीमेड' माल *रिश्ता और अन्य कहानियाँ : गिरिराज किशोर* | विष्णुचन्द्र शर्मा | 92

समय कम, बेचैनी ज़्यादा, या एक छोटे 'रचना संसार' का अन्त *नौ साल छोटी पत्नी : रवीन्द्र कालिया* | विष्णुचन्द्र शर्मा | 97

कोरी बातों का सिलसिला *अँधेरे की आँखें : श्रवणकुमार* | विष्णुचन्द्र शर्मा | 101

नवांक-11 : अक्टूबर-दिसम्बर, 1969

सम्पादकीय | नामवर सिंह | 1

कविता

अब वक्त आ गया है | अशोक वाजपेयी | 7

संवाद : विश्वविद्यालय और साहित्य-शिक्षा

'सम्पूर्ण साहित्य' के भाव का विकास | रामस्वरूप चतुर्वेदी | 9

शिक्षण के उद्देश्य में परिवर्तन | देवेन्द्रनाथ शर्मा | 13

वैज्ञानिक दृष्टिकोण की आवश्यकता | विश्वनाथ त्रिपाठी | 17

कविता के अध्यापन की रूढ़ियाँ | परमानन्द श्रीवास्तव | 21

परिप्रेक्ष्य का विस्तार | रमेश कुन्तल मेघ | 25

कविता

पिता के लिए एक कविता | मंगलेश डबराल | 43

पंचशती श्रद्धांजलि

गुरु नानक देव | हजारीप्रसाद द्विवेदी | 45

गुरु नानक देव : एक समसामयिक मूल्यांकन | अत्तर सिंह | 55

कविता

बाज़ार में	रमेशचन्द्र शाह	58

लेख

मुद्राओं की भाषा तथा विद्रोह की व्यावसायिकता	विजयमोहन सिंह	59
मार्क्सवाद और समकालीन बूर्ज्वा विचारधाराएँ (1) : इतिहास : संयोग और सार्थकता	सुरेन्द्र चौधरी	63
साहित्यिक द्वन्द्व : गुप्त-द्विवेदी संघर्ष के सन्दर्भ में	विष्णुकान्त शास्त्री	72
श्वेतवाद के अँधेरे में नीग्रो चेतना	जॉन एल. कूपर; अनु. : गंगाप्रसाद विमल	80

पाँच कविताएँ

दो बूँद; चीज़ें; काठ का पाँसा	ज़्विग्निएव; अनु. : गिरिधर राठी	87
मुर्ग़ी; सम्राट	ज़्विग्निएव; अनु. : गिरिधर राठी	88

मूल्यांकन

ख़त्म नहीं होती हरी दूब *अँधेरी कविताएँ : भवानीप्रसाद मिश्र*	विष्णु खरे	89
चुसे हुए शब्दों का एक विराट् मलबा *पक गई है धूप : रामदरश मिश्र*	विष्णु खरे	92
शेक्सपियर बरक्स बच्चन *हैमलेट : अनु. : बच्चन*	विष्णु खरे	95
उत्कर्ष और पराजय के बीच *संवाद : श्रीकान्त वर्मा*	विष्णु खरे	99

नवांक-12 : जनवरी-मार्च, 1970

लेख

विचारों से विदाई पर एक अभिभाषण	अशोक वाजपेयी	1

पाँच कविताएँ

1; 2; 3	मलयज	8
4; 5	मलयज	9

लेख

बिम्ब-प्रक्रिया	रामस्वरूप चतुर्वेदी	10
एक तरह से देखो तो	विपिन कुमार अग्रवाल	22
साहित्य क्यों?	नित्यानन्द तिवारी	27
लेखक और आलोचक : विकासमानता का प्रश्न	देवराज	31

भाषा और सृजनशीलता रमेशचन्द्र शाह 38

कविता

बिलकुल वही *रघुवीर सहाय की कविताएँ पढ़कर* प्रभात कुमार त्रिपाठी 47

लेख

आधुनिक त्रासदी : बलिदान और क्रान्ति रमेश कुन्तल मेघ 49

एब्सर्डिटी : सम्प्रत्ययात्मक विश्लेषण देवकीनन्दन द्विवेदी 62

पाँच कविताएँ

टिप्पणी : कमलेश 68

एक ओसिप मेंदलस्तम; अनु. : कमलेश 69

दो; तीन; चार ओसिप मेंदलस्तम; अनु. : कमलेश 70

पाँच ओसिप मेंदलस्तम; अनु. : कमलेश 71

लेख

परिवर्तित नैतिक मूल्य और साहित्यकार की स्थिति यशदेव शल्य 72

वक्रोक्ति सिद्धान्त : आधुनिक परिप्रेक्ष्य विजेन्द्र नारायण सिंह 79

अमूर्त ज्यामिति से बाहर मलयज 87

कविता

विजय सोनी की चित्र प्रदर्शनी पर शमशेर बहादुर सिंह 91

मूल्यांकन

अप्रासंगिकता के कगार पर *गर्म हवाएँ : सर्वेश्वरदयाल सक्सेना* विष्णु खरे 92

अधुनातन का प्राध्यापकीकरण *हिन्दी साहित्य की अधुनातन प्रवृत्तियाँ : रामस्वरूप चतुर्वेदी* विष्णु खरे 97

'मध्यकालीन रसदर्शन और समकालीन सौन्दर्यबोध' *: रमेश कुन्तल मेघ* आनन्दप्रकाश दीक्षित 100

आधुनिकता के संदर्भ में एक सार्थक 'सोच' *मैं, वे और आप : देवराज* विजयमोहन सिंह 106

भावुकता के बावजूद *जल टूटता हुआ : रामदरश मिश्र* नित्यानन्द तिवारी 108

विनिमय

विश्वविद्यालय और साहित्य-शिक्षा कर्णसिंह चौहान 112

ऊँची शिक्षा के ताजमहल नरेन्द्र प्रताप सिंह 117

नवांक-13 : अप्रैल-जून, 1970

लेनिन जन्तशती पर विशेष

सम्पादकीय	नामवर सिंह	1
कविता		
लेनिन के बारे में	बर्टोल्ट ब्रेश्ट; अनु. : विष्णु खरे	9
लेख		
लेनिन और साहित्य	भीष्म साहनी	11
भारतीय साहित्य में लेनिन	ई. चेलिशेव	17
कविता		
जो शब्दों को घटनाओं से सुलगाता था	विश्वनाथ त्रिपाठी	22
पत्र		
लेनिन के दो पत्र गोर्की के नाम	लेनिन; अनु. : प्रतापसिंह नेगी	23
समीक्षा		
लेनिन की एक समीक्षा	लेनिन	28
लेख		
काडवेल और साहित्य की सामाजिक वृत्ति	डेविड एन. मार्गोलीज़; अनु. : विश्वनाथ त्रिपाठी	30
यथार्थवाद, मिथक और सृजनशीलता	रोजर गारोदी; अनु. : विनोद खुराना	38
पार्टी, साहित्य और समाजवाद	अर्न्स्ट फिशर; अनु. : मुरली मनोहर प्रसाद सिंह	42
जार्ज लूकाच के साथ एक इंटरव्यू	इस्तवान साइमन, इर्विन जित्यनि; अनु. : प्रेमेन्द्र	50
दो युवा रूसी कवि		
पाँच कविताएँ		
1; 2; 3	अलेक्सांदेर सेंकोविच; अनु. : गिरधर राठी	61
4; 5	अलेक्सांदेर सेंकोविच; अनु. : गिरधर राठी	62
तीन कविताएँ		
माँ, संतरे और मैं	निकोलाई ज़िनोव्येव; अनु. : विष्णु खरे	63

सफ़ेद ईश्वर का गीत | निकोलाई ज़िनोव्येव; अनु. : विष्णु खरे | 64
एक अजीब प्रार्थना | निकोलाई ज़िनोव्येव; अनु. : विष्णु खरे | 65

लेख
मार्क श्चेग्लोव : एक प्रतिभाशाली रूसी समालोचक | व. लक्शिन; अनु. : सुरेन्द्र शर्मा | 66

चार कविताएँ
जन्म-शताब्दियों वाला वर्ष, एक छोटी-सी लड़ाई | कुमार विमल | 78
मुक्ति के दस्तावेज़ | कुमार विमल | 79

लेख
हिन्दी साहित्य पर समाजवादी विचारधारा का प्रभाव : दो महायुद्धों (1919-39) के बीच | शिवदानसिंह चौहान | 80
इंसान की विमुक्ति तथा कला की अनिवार्यता : मार्क्सवादी-लेनिनवादी संस्कृति-विज्ञान तथा सौन्दर्यदर्शन की चिरन्तन आधुनिकता | रमेश कुन्तल मेघ | 89

समकालीन बूर्ज्वा विचारधाराएँ
अस्तित्ववाद और मार्क्सवाद | सुरेन्द्र चौधरी | 108
रेज़ी देब्रे और सशस्त्र क्रान्ति की समस्याएँ | जोआ कारतीम; अनु. : प्रेमेन्द्र | 114

प्रासंगिकी
साम्प्रदायिकता और साम्प्रदायिक दंगे | प्रभात कुमार त्रिपाठी | 124

मूल्यांकन
लेनिन-जन्मशती का एक आलोचनात्मक उपहार *सुमित्रानन्दन पन्त तथा आधुनिक हिन्दी कविता में परम्परा और नवीनता : ई. चेलिशेव* | नामवर सिंह | 127
अराजकतावाद से लेनिनवाद की ओर *नीलकंठ गोर्की : बनारसीदास चतुर्वेदी* | विश्वनाथ त्रिपाठी | 135

नवांक-14 : जुलाई-सितम्बर, 1970

लेख
मुक्तिबोध : मूल्यांकन-परिचर्चा *एक अधूरी कविता जो...* | इन्द्रनाथ मदान | 1

चार कविताएँ
साक्षात्कार–1 | केदारनाथ सिंह | 30

दुश्मन–2	केदारनाथ सिंह	31
दुश्मन–3; रोटी का स्वाद–4	केदारनाथ सिंह	32
लेख		
मुक्तिबोध का आत्मसंघर्ष : अपर पक्ष	जगदीश शर्मा	33
कविता		
टेबिल	विष्णु खरे	37
लेख		
मुक्तिबोध शुद्ध प्रगतिवादी थे	जगदीश कुमार	41
साक्षात्कार		
जार्ज लूकाच से एक भेंट	जार्ज लूकाच; अनु. : प्रज्ञ	46
दो कविताएँ		
पुश्किन चौराहा	नाज़िम हिकमत; अनु. : सोमदत्त	57
सबसे मज़ेदार प्राणी	नाज़िम हिकमत; अनु. : सोमदत्त	58
लेख		
शास्त्रीयतावादी समीक्षक पंडित विश्वनाथ प्रसाद मिश्र	विष्णुकान्त शास्त्री	59
दो कविताएँ		
जलते हुए जंगल के पास, और मैं पाल हो जाता हूँ	विजयदेव नारायण साही	75
लेख		
काव्य भाषा का स्वरूप	विजेन्द्र नारायण सिंह	76
कविता		
एक-आध बार	कृष्ण कुमार	96
लेख		
लेखक और मानवीय दायित्व	नवल किशोर	100
मूल्यांकन		
दो दशकों का छठा महत्त्वपूर्ण उपन्यास : 'धूपछाँही रंग' *: गिरीश अस्थाना*	राजेन्द्र यादव	110
'संस्कृति, मानव कर्तृत्व की व्याख्या' *: यशदेव शल्य*	संगमलाल पाण्डेय	115
युग कविता की 'समृद्ध मिज़ाजी' और नये तेवर	गोविन्द प्रसाद बहुगुणा	117
स्वीकारोक्ति का रंग-रोगन *क्या भूलूँ क्या याद करूँ : बच्चन*	विष्णु खरे	120
नये संग्रहों में पुराने निबन्ध *पश्यंती : धर्मवीर भारती*	विष्णु खरे	126

नवांक-15 : अक्टूबर-दिसम्बर, 1970

लेख

मार्क्स और एंगेल्स के सौन्दर्यशास्त्रीय विचार — स्तेफ़ान मोराव्स्की; अनु. : प्रेमेन्द्र — 1

कविता

घर सँभालते हुए — लीलाधर जगूड़ी — 17

लेख

भाषा की काव्यमुक्ति : निराला से धूमिल तक — रमेशचन्द्र शाह — 23

कविता : सही भाषा की तलाश — विजेन्द्र — 34

कविता

वापसी — कुमार विकल — 43

संवाद

बेकेट के साथ एक शाम — कैलाश वाजपेयी — 44

बर्तोल्त ब्रॅख्त की दो कविताएँ

बिचारे ब्रॅख्त के बारे में — बर्तोल्त ब्रॅख्त; अनु. : रणजीत — 48

आने वाली पीढ़ी के नाम — बर्तोल्त ब्रॅख्त; अनु. : रणजीत — 49

लेख

हिन्दी पत्रकारिता की पृष्ठभूमि — बटरोही — 51

दो कविताएँ

परिवार-नियोजन — श्रीराम वर्मा — 64

पतझर — श्रीराम वर्मा — 65

लेख

अफ्रीकी कथा-साहित्य की आधुनिक प्रवृत्तियाँ — आनन्दस्वरूप वर्मा — 66

क्रान्तिकारी स्वच्छन्दतावाद — विली थामसन; अनु. : सुधीश पचौरी — 76

कविता

मतदान से पहले — त्रिनेत्र जोशी — 87

लेख

साहित्य और सहृदय — सरनामसिंह शर्मा 'अरुण' — 89

मूल्यांकन

मध्यकाल के संस्कृत काव्य पर कुछ बातचीत — धर्मेन्द्र गोयल — 108
मध्यकालीन बोध का स्वरूप : आचार्य हजारीप्रसाद द्विवेदी

समकालीन चेतना—एक परिशीलन *आधुनिकता बोध और आधुनिकीकरण : रमेश कुन्तल मेघ*	धर्मेन्द्र गोयल	111
'साहित्य-सिद्धान्त' *: रेनी वेलेक एवं आस्टिन वारेन; अनु. : पालीवाल*	राजनाथ	116
उत्तरछायावादी तलछट का अन्त *सागर मुद्रा, क्योंकि मैं उसे जानता हूँ : अज्ञेय*	विष्णु खरे	123
ज़िन्दगी का बॉस और कविता की कटी पतंग *एक उठा हुआ हाथ : भारतभूषण अग्रवाल*	विष्णु खरे	131

नवांक-16 : जनवरी-मार्च, 1971

चार कविताएँ

1; 2; 3	कमलेश	1
4	कमलेश	2

लेख

आधुनिक भारतीय लेखन का संकट	श्रीकान्त वर्मा	3

लुई अल्तुसेर के साथ एक भेंटवार्ता

दर्शन : एक क्रान्तिकारी शस्त्र के रूप में	लुई अल्तुसेर; अनु. : गोपाल भारद्वाज	8

निकानोर पारा की कविताएँ

सिर्फ़ पियानो पर	निकानोर पारा; प्रस्तुतकर्ता : विष्णु खरे	14
खटारा; युवा कवि; नाम-परिवर्तन	निकानोर पारा; प्रस्तुतकर्ता : विष्णु खरे	15
यात्री; इबारत	निकानोर पारा; प्रस्तुतकर्ता : विष्णु खरे	16
कोई नहीं; छोले-पटूरे	निकानोर पारा; प्रस्तुतकर्ता : विष्णु खरे	17
कविता मुझसे ख़त्म होती है; मैं वापस लेता हूँ	निकानोर पारा; प्रस्तुतकर्ता : विष्णु खरे	18

लेख

मानववादी सौन्दर्यशास्त्र की परिकल्पना	नवल किशोर, सुरेन्द्र शर्मा	19
नाट्यशास्त्र एवं सांख्यदर्शन में भाव	दि.के. बेडेकर; अनु. : सुरेन्द्र शर्मा	26
सिद्धों का रस-सौन्दर्य-योगाचार : पारद रस और वीभत्स सौन्दर्य का विभिन्न तंत्र	रमेश कुन्तल मेघ	36

भारतीय काव्यशास्त्र की नई व्याख्या

रचनात्मक समीक्षा और भारतीय काव्यशास्त्र	राममूर्ति त्रिपाठी	46

दो कविताएँ

रंग-भेद, कविता का होना	श्याम किशोर सिंह	53

लेख

नाट्यकला : काव्यकला : संरचनात्मक दृष्टि	मनोहर काले	54
कारावास से कविता तक एक अन्तर्यात्रा	ग्रेगरी कोर्सो; अनु. : गोविन्द प्रसाद बहुगुणा	64
प्रकाशचन्द्र गुप्त : एक शरीफ इन्सान और इन्सानपरस्त लेखक	शिवदानसिंह चौहान	71

मूल्यांकन

अशोक वाजपेयी का 'फ़िलहाल' *: अशोक वाजपेयी*	रमेशचन्द्र शाह	73
मुकम्मिल क्लासिक की परम्परा *बन्द गली का आखिरी मकान : धर्मवीर भारती*	विजयमोहन सिंह	81
कौमार्य का मिथक और एक अनाथ परम्परा *बेघर : ममता कालिया*	विजयमोहन सिंह	84
समकालीन लेखन की 'पहचान' *सं. : अशोक वाजपेयी*	विजयमोहन सिंह	87
एक दायित्व-सजग कलाकार की साहित्य-चिन्ता *नये साहित्य का सौन्दर्यशास्त्र : गजानन माधव मुक्तिबोध*	जगदीश शर्मा	89
समझौतों का चेहरा *वह अपना चेहरा : गोविन्द मिश्र*	विजयमोहन सिंह	94

'आपका बंटी' पर दो समीक्षाएँ

सहज होते हुए भी असाधारण	विष्णुकान्त शास्त्री	96
सहज और जटिल के बीच अवस्था और सोच के विषम स्तर	परमानन्द श्रीवास्तव	99

नवांक-17 : अप्रैल-जून, 1971

सम्पादकीय	नामवर सिंह	1

कविता

1. परदेशी	शम्सुर्रहमान; प्रस्तुतकर्ता : विष्णुकान्त शास्त्री	3
2. नहीं; मैं जाऊँगा नहीं	शम्सुर्रहमान; प्रस्तुतकर्ता : विष्णुकान्त शास्त्री	5
3. बन्दी शिविर में	शम्सुर्रहमान; प्रस्तुतकर्ता : विष्णुकान्त शास्त्री	7

लेख

लेखक, उत्पादक के रूप में	वाल्टर बेंजामिन; अनु. : कमलेश	9
पाँच कविताएँ	टिप्पणी : मंगलेश डबराल	16
1. ऐतिहासिक प्रक्रिया; 2. आत्मकथा	हांस माग्नुस एंज़ेंसबर्गर; प्रस्तुतकर्ता : मंगलेश डबराल	17
3. किनारा; 4. मध्यवर्गीय विलाप	हांस माग्नुस एंज़ेंसबर्गर; प्रस्तुतकर्ता : मंगलेश डबराल	18
5. भविष्य के बारे में एक कविता	हांस माग्नुस एंज़ेंसबर्गर; प्रस्तुतकर्ता : मंगलेश डबराल	19

लेख

प्लॉट का मोर्चा : शमशेर की एक उपेक्षित कृति का मूल्यांकन	विजेन्द्र	20
मुक्तिबोध का मानवतावाद	ओमप्रकाश अग्रवाल	30
काव्य की रचना-प्रक्रिया और मुक्तिबोध	आनन्दप्रकाश दीक्षित	44
आधुनिक अफ्रीकी कविता	टिप्पणी : डॉ. विश्वनाथप्रसाद तिवारी	55
कैसी तूफ़ानी रात में	लिओपोल्ड सीडार सेंघर (सेनेगल); प्रस्तुतकर्ता : डॉ. विश्वनाथप्रसाद तिवारी	62
गिद्ध	डेविड ड्याय (सेनेगल); प्रस्तुतकर्ता : डॉ. विश्वनाथप्रसाद तिवारी	62
विदा के क्षण	अगोस्टिन्हो नेटो (अंगोला); प्रस्तुतकर्ता : डॉ. विश्वनाथप्रसाद तिवारी	63
टेलीफ़ोन वार्ता	वोले शोयिंका (नाइजीरिया); प्रस्तुतकर्ता : डॉ. विश्वनाथप्रसाद तिवारी	63
इस लूट को ग़लत न समझा जाए	डेनिस ब्रूटस (दक्षिण अफ्रीका); प्रस्तुतकर्ता : डॉ. विश्वनाथप्रसाद तिवारी	64
अलविदा	मैजिली कुनेने (दक्षिण अफ्रीका); प्रस्तुतकर्ता : डॉ. विश्वनाथप्रसाद तिवारी	65

तिरस्कारकर्ता	शिकाया उ टाम'सी (कांगो–ब्राजविल); प्रस्तुतकर्ता : डॉ. विश्वनाथप्रसाद तिवारी	65
धरती और आकाश	जोजफ मेजन बोगनीनी (आइवरी कोस्ट); प्रस्तुतकर्ता : डॉ. विश्वनाथप्रसाद तिवारी	65
बया पक्षी	जार्ज अऊनर-विलियम्स (घाना); प्रस्तुतकर्ता : डॉ. विश्वनाथप्रसाद तिवारी	66
पास आओ मेरे प्यार	जोजफ करीउकी (केन्या); प्रस्तुतकर्ता : डॉ. विश्वनाथप्रसाद तिवारी	66
भावी नागरिक की कविता	जोज क्रैवीरिन्हा (मोज़ाम्बिक); प्रस्तुतकर्ता : डॉ. विश्वनाथप्रसाद तिवारी	67
पुकार	नोमिया डी सोसा (मोज़ाम्बिक); प्रस्तुतकर्ता : डॉ. विश्वनाथप्रसाद तिवारी	67
लेख		
हिन्दी कवित्व और हिन्दी गद्य : सही परिप्रेक्ष्य का सवाल	रमेशचन्द्र शाह	69
चार कविताएँ		
1.	चन्द्रकान्त देवताले	91
2.	चन्द्रकान्त देवताले	92
3; 4. फिजूल है	चन्द्रकान्त देवताले	93
लेख		
आचार्य शुक्ल और क्रोचे का अभिव्यंजनावाद	रामकृपाल पाण्डेय	95
कविता		
विरोध में	परमानन्द श्रीवास्तव	106
लेख		
समीक्षा और सृजन	प्रेमशंकर	109
काव्य के सन्दर्भ में कुछ प्रश्न और कुछ अनुमान	दिलीप चित्रे, अनु. : विजय बापट	117

एक हंगेरियाई कविता

लावारिस चीज़ें	लायोश कॉश्शॉक; अनु. : मूल हंगेरियाई से अंग्रेज़ी में : एडविन मार्गैन; अंग्रेज़ी से हिन्दी में : गिरधर राठी	121

लेख

आधुनिकता और समकालीन कविता	इन्द्रनाथ मदान	126

मूल्यांकन

यात्राएँ-निष्कर्षहीन अनुभव की उपलब्धि *यात्राएँ : गिरिराज किशोर*	बटरोही	139
'कथा' : मौन-भंग का संकेत (सं. : मार्कण्डेय)	विश्वनाथ त्रिपाठी	144

नवांक-18 : जुलाई-सितम्बर, 1971

लूकाच स्मृति अंक

सम्पादकीय

जार्ज लूकाच	नामवर सिंह	1

लेख

जार्ज लूकाच के जीवन की प्रमुख घटनाएँ	सम्पादकीय विभाग	9
यथार्थता के परम आग्रही जार्ज लूकाच	इस्तवान् इरोसी	11
जार्ज लूकाच के साथ एक अन्तरंग वार्ता	अनु. : मैनेजर पाण्डेय	18
कला और वस्तुपरक सत्य	जार्ज लूकाच; अनु. : कमलेश	28

कविता

एक गली का अँधेरा *दिवंगत पिता के प्रति*	कुमार विकल	42

लेख

भारतीय लेखक की समस्या	शिवदानसिंह चौहान	44
शुद्ध साहित्यिक मूल्यों का प्रश्न	निर्मला जैन	50

पाँच कविताएँ

1. बाबर और समरकन्द	श्रीकान्त वर्मा	57
2. स्तालिन पर्दे में रहता है; 3. जो; 4. घुड़सवार, 5. जाल	श्रीकान्त वर्मा	58

लेख

नागार्जुन का काव्य	पवनकुमार मिश्र	59

कविताएँ

चारु मजूमदार–एक; दो	विष्णुचन्द्र शर्मा	65

चारु मजूमदार–तीन; चार | विष्णुचन्द्र शर्मा | 66

लेख

कला कालयजी क्यों? | जेरेमी हॉथर्न; अनु. : गिरधर राठी | 67

कविता

सूर्यास्त नहीं, आदमी | ज्ञानेन्द्रपति | 76

लेख

साहित्यानुशीलन में विचारधारा की स्थिति | फ्रेडरिक कूज़; अनु. : मैनेजर पाण्डेय | 78

दो कविताएँ

1. ढाल का रिक्त स्थान | कृष्णकुमार | 85
2. शौर्य और साहस की कथा | कृष्णकुमार | 87

मूल्यांकन

बिम्ब की सीमाएँ *आधुनिक हिन्दी कविता में बिम्बविधान : केदारनाथ सिंह* | कमलेश | 88

नियति का मुक़दमा *आकारों के आसपास : कुँवर नारायण* | कमलेश | 94

नवांक-19 : अक्टूबर-दिसम्बर, 1971

सम्पादकीय

पाब्लो नेरुदा | नामवर सिंह | 1

आठ कविताएँ

1. घूमते हुए | पाब्लो नेरुदा; अनु. : कमलेश | 4
2. कोई नहीं विस्मरण; 3. रहस्यमय प्रश्न | पाब्लो नेरुदा; अनु. : कमलेश | 5
4. और कितने दिन | पाब्लो नेरुदा; अनु. : कमलेश | 6
5. इतने सारे नाम; 6. मैं वापस आऊँगा | पाब्लो नेरुदा; अनु. : कमलेश | 7
7. कवि का दायित्व; 8. अकेलापन | पाब्लो नेरुदा; अनु. : कमलेश | 8

लेख

भाषा और साहित्य | अशोक रा. केलकर; मूल मराठी से अनुवाद : अन्नपूर्णा स्वामी | 9

रचना प्रक्रिया | बटरोही | 22

आँसू की प्रयोगशाला में प्रसाद | रमेशचन्द्र शाह | 30

माक्सिम गोर्की : अप्रासंगिक? : समकालीन लेखकों से एक बातचीत	गिरधर राठी	38
माक्सिम गोर्की : अप्रासंगिक? : समकालीन लेखकों से एक बातचीत	विजयमोहन सिंह	39
माक्सिम गोर्की : अप्रासंगिक? : समकालीन लेखकों से एक बातचीत	विष्णुचन्द्र शर्मा	40
माक्सिम गोर्की : अप्रासंगिक? : समकालीन लेखकों से एक बातचीत	शमशेर बहादुर सिंह	42
कविता		
प्रजापति	श्रीकान्त वर्मा	45
लेख		
ईवर विंटर्ज़ और नई आलोचना	शिवमूर्ति पाण्डेय	47
तेलगू कविता		
समुद्र	वी. नरसिंह रेड्डी; अनु. : क.प. सारथि	59
लेख		
अनुभूति और सहानुभूति	मैनेजर पाण्डेय	62
तीन कविताएँ		
प्रतिक्रिया–1; प्रतिक्रिया–2	सुधीर चन्द्र	69
प्रतिक्रिया–3	सुधीर चन्द्र	70
लेख		
आधुनिकता और समकालीन कहानी	इन्द्रनाथ मदान	71
हिन्दी कहानी पर गार्डन रोडारमल के विचार	काशीनाथ सिंह	95
मूल्यांकन		
समकालीन आदमी के बहिर्गमन का यथार्थ *यात्रा : ज्ञानरंजन*	विजयमोहन सिंह	101
टूटते मिथकों के पास परिवेश *सहारा और अन्य कहानियाँ : रामनारायण शुक्ल*	विजयमोहन सिंह	104
कहानी का 'पथहारा' रूप *मिजराब : विजय चौहान*	विजयमोहन सिंह	107
एक आदमी की कहानी *टट्टू सवार : विजयमोहन सिंह*	कृष्णकुमार	110
एलीगरी का पुनरावर्तन और अभावात्मक व्यंग्य-दृष्टि *एक चूहे की मौत : बदीउज़्ज़माँ*	कृष्णकुमार	113

नवांक-20 : जनवरी-मार्च, 1972

सम्पादकीय

लूसिएँ गोल्डमान	नामवर सिंह	1

लेख

साहित्य का समाजशास्त्र : इतिहास, वर्तमान स्थिति और पद्धति-मूलक समस्याएँ	लूसिएँ गोल्डमान; अनु. : कमलेश	4
क्रान्ति के पुष्प : तीन कविताएँ	टिप्पणी : देवेन्द्र मोहन	10
तुम्हें वचन देता हूँ, कविता, मक्खियाँ	हावियेर हेरोद; प्रस्तुति : देवेन्द्र मोहन	11

लेख

'सौन्दर्यशास्त्र : संज्ञा की उपयुक्तता का प्रश्न	जगदीश शर्मा	13
ब्राह्मण और शूद्र प्रज्ञा : कन्नड़ सन्दर्भ में	अनन्त मूर्ति	17

कविता

दोगले देशभक्त का गद्य गीत	लंकेश; अनु. : कमलेश	20
माँ	लंकेश; अनु. : कमलेश	22
कविता का संकट	लंकेश; अनु. : कमलेश	24
कम्बार की तीन कविताएँ	गंगा माई कम्बार; अनु. : कमलेश	26
ऋष्य-शृंग	कम्बार; अनु. : कमलेश	28
दादा	कम्बार; अनु. : कमलेश	30
कला सृजन में परम्परा और प्रतिभा	मैनेजर पाण्डेय	32

लेख

उपन्यास : मानवीय स्वतंत्रता का कथा-बिम्ब	नवल किशोर	38
भारतीय काव्यशास्त्र के प्रतिमानों का नई सम्भावनाओं में संचार	राममूर्ति त्रिपाठी	44
आचार्य शुक्ल पर विज्ञान का प्रभाव	रामकृपाल पाण्डेय	56
नयी कविता : भारतीय मनुष्य के सन्दर्भ में	गोविन्द द्विवेदी	65

कविता

अन्त	ज्ञानेन्द्रपति	76
एक कविता पूर्व महेन्द्रू-घाट-कैफीटरिया	ज्ञानेन्द्रपति	77
वंशज	ज्ञानेन्द्रपति	78
चोरी	ज्ञानेन्द्रपति	79

मूल्यांकन

अकेलेपन का अर्थ : विवादी स्वरों से छनता हुआ संवाद *भवन्ती : अज्ञेय* — रमेशचन्द्र शाह 81

'ज़ख़्म पर धूल' *सं. : मलयज* — कृष्णगोपाल वर्मा 92

नवांक-21 : अप्रैल-जून, 1972

कविता

मच्चू पिच्चू के शिखर — पाब्लो नेरुदा; प्रस्तुतकर्ता : कमलेश 1

लेख

प्रेषणीयता का प्रश्न — प्रेमशंकर 22

रीति विज्ञान की नयी-पुरानी भूमिका — विद्यानिवास मिश्र 25

संस्कृत वाङ्मय में अश्लीलता-विचार — अ.र. हर्डीकर 47

छायावाद-शक्ति काव्य — रामस्वरूप चतुर्वेदी 56

प्रतिबद्धता और अजनबीपन : कुछ दूसरी मुद्राएँ — परमानन्द श्रीवास्तव 63

इतिहास : चिन्ता और मुक्ति-मार्ग — कमलेश 68

कला और क्रान्ति — हरबर्ट मारकूस 74

आचार्य हजारीप्रसाद द्विवेदी की रचना-भूमि — विश्वनाथ त्रिपाठी 81

मिथक : अन्तर्मन का सृजनशील सांस्कृतिक द्वन्द्व — शम्भुनाथ 91

साहित्य की वर्तमान विधाओं का भविष्य — मिर्सिया मलिता 103

मुक्त छंद का उद्‌भावन और उसकी पहचान — शिवमंगल 107

मूल्यांकन

अधूरेपन की सार्थकता *अपना मोर्चा : काशीनाथ सिंह* — विजयमोहन सिंह 119

चौराहे पर बहस करते हुए आदमी की कविता। *संसद से सड़क तक : धूमिल* — रणजीत 122

दुनियादारी और ईमानदारी की विडम्बना *लक्षित मुक्तिबोध : मोतीराम वर्मा* — मैनेजर पाण्डेय 127

अंक-22 : जुलाई-सितम्बर, 1972

कविता

15 अगस्त, 1972 — ज्ञानेन्द्रपति 1

लेख

समकालीन कविता में आज़ादी की तस्वीर — भारतभूषण अग्रवाल 3

कॉडवेल की नई कृति : रोमांस एंड रियलिज़्म — मैनेजर पाण्डेय 9

कविता

कैंट	येवगेनी येवतुशेंको; अनु. : चिरन्तन कुलश्रेष्ठ, नवल किशोर	19

लेख

हिन्दी गद्य की जातीय प्रकृति : एक ऐतिहासिक विश्लेषण	रामचन्द्र तिवारी	23

कविता

दृश्य के बहुत भीतर	तेजसिंह जोधा	29

लेख

'सौन्दर्यशास्त्र' और समीक्षा	जगदीश शर्मा	33
आधुनिक कहानी	बटरोही	42
नागार्जुन के उपन्यास	मधुरेश	50
स्वातंत्र्योत्तर हिन्दी-उपन्यासों में व्यक्ति प्रतिष्ठा	हेमेन्द्र कुमार पानेरी	59
रक्तबीज	राजेन्द्र यादव	68
कथा साहित्य और निजता का सन्दर्भ	नित्यानन्द तिवारी	72

दो कविताएँ

1	जगमोहन चोपड़ा	77
2	जगमोहन चोपड़ा	78

लेख

'छायावाद' और पं. मुकुटधर पाण्डेय	नन्दकिशोर नवल	79
यथार्थ की पकड़ और काव्य-भाषा का गठन ('तोड़ती पत्थर' के सन्दर्भ में)	रेखा खरे	92
एक चर्चित नाटक : 'सखाराम बाइंडर'	डॉ. विजय बापट	98

मूल्यांकन

'सूरजमुखी अँधेरे के' *: कृष्णा सोबती*	कुमार विमल	102
रत्ती राजसिंह का वक्तव्य *सूरजमुखी अँधेरे के : कृष्णा सोबती*	श्रीकान्त वर्मा	105

नवांक-23 : अक्टूबर-दिसम्बर, 1972

लेख

काव्यभाषा का प्रश्न : पाश्चात्य प्रभावों के प्रसंग में	रमेशचन्द्र शाह	1
न ययौ न तस्थौ	हरद्वारीलाल शर्मा	5
लू-शुन : सामाजिक सन्दर्भों की वैज्ञानिक अभिव्यक्ति	सदाशिव द्विवेदी	10

समकालीन रचना में स्वतंत्रता का अर्थ	श्रीकान्त वर्मा	15
पाश्चात्य प्रभावों के सन्दर्भ में वर्तमान काव्यभाषा की समस्याएँ	विजयदेव नारायण साही	20
कविता		
चीख़ से उतरकर	मलयज	28
लेख		
भारतीय काव्यशास्त्र—नई व्याख्या	राममूर्ति त्रिपाठी	30
काव्य में बिम्बविधान *आधुनिक कविता के सन्दर्भ में*	टी. माचि रेड्डी	35
नयी कविता : स्त्री-पुरुष सम्बन्धों के सिलसिले में	गोविन्द द्विवेदी	39
दो कविताएँ		
1. चिड़ियाँ, घोंसला और दुर्ग	अतुलवीर अरोड़ा	52
2. शेष	अतुलवीर अरोड़ा	53
लेख		
हिन्दी की कहानी का सातवाँ दशक : नया जीवन-बोध, नई सोच तथा नई मानसिकता	डॉ. रमेश तिवारी	55
राजा राममोहन राय के जन्म का वर्ष	चित्तरंजन बन्द्योपाध्याय; अनु. : रामअधार सिंह	67
मूल्यांकन		
धरती के दुखियारों की दस्तावेज़ *धरती धन न अपना : जगदीश चन्द्र*	रमेश कुन्तल मेघ	74
टूटते सपनों की पहरेदारी *अन्तराल : मोहन राकेश*	विजयमोहन सिंह	83
अविश्वसनीय पहचान *फ़ैसले का दिन : आन्द्रे वोज़्नेसेंस्की; अनु. : श्रीकान्त वर्मा*	गिरधर राठी	86

नवांक-24 : जनवरी-मार्च, 1973

कविता		
नगई महरा	त्रिलोचन शास्त्री	1
संवाद		
संरचनात्मक मानवशास्त्र के जनक क्लोद लेवी-स्त्रोस के साथ एक अन्तरंग वार्ता	आन्द्रे आकूँ, फ्रांस्वा मोरें और ज़्याक मोसू; अनु. : पुष्पेन्द्र सुराणा	7
लेख		
भारतेन्दु-युग और उर्दू	रामविलास शर्मा	18
यशपाल : कुछ पत्र और	मधुरेश	27
स्वातंत्र्योत्तर पंजाबी कविता : एक दृष्टिकोण	अतरसिंह	39

परिसंवाद

सांस्कृतिक ह्रास के प्रश्न पर परिसंवाद | ज्याँ पाल सार्त्र, अर्न्स्ट फिशर, एडुअर्ड गोल्ड-स्टुइकेर, मीलाँ कुन्देरा; अनु. : पृथ्वीराज कालिया | 45

लेख

प्रतिबद्धता : सन्दर्भ के साथ | अरुण माहेश्वरी | 53

कविता

एक सामरिक चुप्पी | कुमार विकल | 58

लेख

भाषा-दर्शन और भारतीय चिन्तन | विद्यानिवास मिश्र | 62

वर्णगीत का मर्म : महादेवी | रमेशचन्द्र शाह | 73

पुनर्मूल्यांकन

एक अधूरे चरितनायक का अधूरा उपाख्यान : 'शेखर : एक जीवनी' *: स.ही. वात्स्यायन 'अज्ञेय'* | माहेश्वर | 81

मूल्यांकन

लेखक, परिवेश और भाषा *आलवाल : स.ही. वात्स्यायन 'अज्ञेय'* | प्रयाग शुक्ल | 94

नवांक-25 : अप्रैल-जून, 1973

लेख

साहित्य और आस्था | निर्मल वर्मा | 1

साहित्य के समाजशास्त्र पर तीन निबन्ध

साहित्य और समाजशास्त्र | मॉल्कम ब्रेडबरी; अनु. : जगदीश शर्मा | 7

साहित्य कल्पना और समाजशास्त्रीय कल्पना | रिचर्ड हॉगर्ट; अनु. : मैनेजर पाण्डेय | 16

साहित्य और समाजशास्त्र *लुसिएँ गोल्डमान की स्मृति में* | रेमंड विलियम्स; अनु. : रामकृपाल पाण्डेय | 26

कविता

दो डायरियाँ और अपनी कविता से एक संवाद | रामदेव आचार्य | 41

लेख

उपन्यास और समय-सन्दर्भ | राजेन्द्र यादव | 46

परिचित तथ्यों का आत्मीय और कलात्मक संयोजन | मधुरेश | 52

कविता

1. वापसी के विरुध	गोविन्द उपाध्याय	56
2. पैर नहीं उठते	गोविन्द उपाध्याय	57
3. फ़र्क़	गोविन्द उपाध्याय	58

लेख

भावुक समीक्षक शान्तिप्रिय द्विवेदी	विष्णुकान्त शास्त्री	59
सवाल जनभाषा का : काव्यभाषा का नहीं	सदाशिव द्विवेदी	74
समकालीन कविता का सही चेहरा	डॉ. नन्दकिशोर नन्दन	81
पिकासो : कला विषयों का संकट	प्रस्तुति : रमेश थानवी	87

मूल्यांकन

सामंती समझ और स्वायत्त अनुभव-खंड *जुगलबन्दी : गिरिराज किशोर*	नेमिचन्द्र जैन	89
उपन्यास की पारम्परिक अवधारणा की स्वीकृति के बावजूद *जुगलबन्दी : गिरिराज किशोर*	परमानन्द श्रीवास्तव	96
एक ऐतिहासिक विभीषिका का 'क्लोज़-अप' *तमस : भीष्म साहनी*	भारतभूषण अग्रवाल	100
पीड़ा और अस्तित्व का प्रमाण *बीच बहस में : निर्मल वर्मा*	गीता कपूर	107
कृतियों की राहों से आधुनिकता के पड़ाव तक *आधुनिकता और हिन्दी साहित्य : इन्द्रनाथ मदान*	बच्चन सिंह	112

नवांक-26 : जुलाई-सितम्बर, 1973

लेख

एक सांस्कृतिक नीति के आयाम	ज्योतिस्वरूप सक्सेना; अनु. : मैनेजर पाण्डेय	9
'सरोज-स्मृति' और निराला	मलयज	23

चार कविताएँ

एक ज़िन्दगी का ख़ाक़ा	गिरधर त्रिपाठी	30
काव्य-शास्त्र विनोद, बुद्धिजीवि-1, 2; क़द्दावर और नाटा	गिरधर त्रिपाठी	30

लेख

आचार्य शुक्ल की भाषा की पहचान	शम्भूनाथ त्रिपाठी	32
आधुनिकता और नाट्य-आलोचना	इन्द्रनाथ मदान	38

घर के बारे में दो कविताएँ

एक	मंगलेश डबराल	53

दो | मंगलेश डबराल | 54

लेख
समसामयिक मराठी कविता | चन्द्रकान्त पाटील | 56

आज की मराठी कविता : एक संचयन
दिए | अरुण कोलटकर; अनु. : चन्द्रकान्त पाटील | 61
... | दिलीप चित्रे; अनु. : चन्द्रकान्त पाटील | 61
अपने रास्ते गुज़रते हुए दिन | भालचन्द्र नेमाड़े; अनु. : चन्द्रकान्त पाटील | 62
जो दिया जाता है वह ले लो | मनोहर ओक; अनु. : चन्द्रकान्त पाटील | 62
एक लड़की और कौआ | गुरुनाथ धुरी; अनु. : चन्द्रकान्त पाटील | 62
मिट्टी का दर्शन | वसन्त आबाजी डहाके; अनु. : चन्द्रकान्त पाटील | 62
... | वसन्त दत्तात्रय गुर्जर; अनु. : चन्द्रकान्त पाटील | 63
ईश्वर के लिए शोकगीत | सतीश कालसेकर; अनु. : चन्द्रकान्त पाटील | 63
तेरह साल | तुलसी परब; अनु. : चन्द्रकान्त पाटील | 64
बेफ़िक्र घुमन्तू तारे के समान | चन्द्रकान्त पाटील; अनु. : चन्द्रकान्त पाटील | 64

लेख
भारतेन्दु और हिन्दी | रामअधार सिंह | 65
आज की दुनिया में फ़िल्म | विनोद भारद्वाज | 71

कविता
परिसंवाद | देवेन्द्र कुमार | 76

टिप्पणी
कलात्मक बिम्ब : कुछ विचार | माचि रेड्डी | 80

मूल्यांकन
'राजा निरबंसिया' से 'राजा निरबंसिया' तक | विजयमोहन सिंह | 82
बयान : कमलेश्वर

ख़त्म हो जाने का भय *इसके बाद : प्रयाग शुक्ल*	विजयमोहन सिंह	86
सार्थकता से परे *अलग-अलग अस्वीकार : से.रा. यात्री; छोटे शहर के लोग : हृदयेश; अश्वारोही : स्वदेश दीपक; सड़क दुर्घटना : सुदर्शन चोपड़ा*	देवेन्द्र मोहन	89
इतिहास के अजायबघर में *महादेवी के स्केचों का आलोचनात्मक यथार्थवाद : स्मृति चित्र : महादेवी वर्मा*	रेखा अवस्थी	94

नवांक-27 : अक्टूबर-दिसम्बर, 1973

सम्पादकीय	नामवर सिंह	1
गद्य की सत्ता	रामस्वरूप चतुर्वेदी	5
लेख		
साहित्य-सृजन और कुछ विचारधाराएँ	मधुसूदन बख्शी; अनु. : प्रभुलाल डी. वैश्य	9
समीक्षा के नये प्रतिमान	जगदीशप्रसाद श्रीवास्तव	30
भारत संक्रान्ति में : सन्दर्भ दार्शनिक परिस्थिति	यशदेव शल्य	40
छायावादी काव्यभाषा के अध्ययन की समस्याएँ	परमानन्द श्रीवास्तव	46
भुवनेश्वर : एक सर्वथा आधुनिक और सर्जनात्मक व्यक्तित्व	गिरीश रस्तोगी	53
तीन कविताएँ		
टिप्पणी	सुरेश सलिल	61
1. तुम विस्मित मत होना; 2. अपने दोनों हाथों के बीच	सेंघोर; अनु. : सुरेश सलिल	62
3. साइन की रात्रि	सेंघोर; अनु. : सुरेश सलिल	63
लेख		
समसामयिक सिन्धी कविता : कुछ नोट्स	मोतीलाल जोतवाणी	64
दो कविताएँ		
1. सामने	ज्ञानेन्द्रपति	69
2. दुर्घटना	ज्ञानेन्द्रपति	70
लेख		
संस्कृति-प्रसंग	विष्णु खरे	71
मूल्यांकन		
पहचान की कविताएँ : *पहचान–2, 3; सं. : अशोक वाजपेयी*	प्रयाग शुक्ल	77
केवल आभास *कोई शुरुआत : गंगाप्रसाद विमल*	गिरधर राठी	80

बुद्धि-विरेचक *हिन्दी के प्रगतिशील कवि : डॉ. रणजीत* गिरधर राठी 80
आचार्य शुक्ल की प्रासंगिकता *आचार्य रामचन्द्र शुक्ल और हिन्दी आलोचना : रामविलास शर्मा* नारायण कुँवर 85
सम्बन्धों का जाल *सीमाएँ टूटती हैं : श्रीलाल शुक्ल* विनोद भारद्वाज 89

नवांक-28 : जनवरी-मार्च, 1974

लेख
भारत का वर्तमान संकट और उसके सांस्कृतिक आयाम पूरनचन्द्र जोशी; अनु. : राजीव सक्सेना 1

कविता
बलदेव खटिक लीलाधर जगूड़ी 17

लेख
आज की सामाजिक स्थिति और लेखक की सत्ता गंगाप्रसाद विमल 23
कहानी का अतीत और वर्तमान परेश 28

पंजाबी कविता
सिपाही के नाम पाश; अनु. : फूलचन्द मानव 35

लेख
हिन्दी के निजी आलोचना-शास्त्र की सम्भावना : पुनर्विचार रामचन्द्र तिवारी 39
आलोचना : स्वरूप, भाषा और शैली सदाशिव द्विवेदी 46

कविता
पहचान रमेश गौड़ 53

लेख
गीतिनाट्यों की रंगमंचीय समस्याएँ प्रो. नरनारायण राय 58

कविता
जंगली मुर्ग़े से प्रभाती नौटियाल 64

लेख
हिन्दी साहित्य के पच्चीस वर्ष नामवर सिंह 66

मूल्यांकन
बाबा का ग्रन्थावतार *मानस का हंस : अमृतलाल नागर* विश्वनाथ त्रिपाठी 74
तीसरा अँधेरा : कितना घनेरा *तीसरा अँधेरा : कैलाश वाजपेयी* रमेश थानवी 85
पुनर्नवा : एक मूल्यांकन *पुनर्नवा : हजारीप्रसाद द्विवेदी* ऋषिकुमार चतुर्वेदी 88

नवांक-29 : अप्रैल-जून, 1974

प्रगतिवाद पर विशेष

सम्पादकीय — नामवर सिंह — 1

संवाद

आज की स्थिति में प्रगतिशीलता — सम्पादकीय विभाग — 8

प्रगतिवाद : मूल्य और आन्दोलन नए सन्दर्भ में — मुरली मनोहर प्रसाद सिंह — 9

प्रगतिशीलता का अर्थ : सर्वहारा से भावात्मक तादात्म्य — विश्वनाथ त्रिपाठी — 20

विघटनकारी बुद्धिविलास के बजाय क्रान्तिकारी एकता — शिवमंगल सिद्धान्तकर — 24

विभ्रमों और यांत्रिक चिन्ताओं का एक और दौर — माहेश्वर — 27

प्रगतिशील आन्दोलन : जातीय संस्कृति के तत्त्व — सुरेन्द्रनाथ तिवारी — 28

कट्टरपंथी मनोवृत्ति के ख़तरे — भीष्म साहनी — 30

क्रान्तिकारी नकाब में प्रतिक्रान्तिवादी चेहरे — गंगाप्रसाद विमल — 31

वामपंथ और साहित्य में संयुक्त मोर्चा — सुरेन्द्र चौधरी — 33

अवाम के साथ अनुभवों की साझेदारी और नया प्रोग्रेसिविज़्म — डॉ. मुहम्मद हसन — 39

प्रगतिवादी लेखन की भूमिका — सुधीश पचौरी — 41

प्रगतिशील कविता का फार्म — शमशेर बहादुर सिंह — 43

क्रान्तिकारी साहित्य के सृजन में मध्य-वर्ग की भूमिका — राजीव सक्सेना — 44

प्रगतिवाद : युगव्याप्ति तथा अन्तर्विरोध — रेखा अवस्थी — 45

कविता

व्यक्तिगत उड़ान — लीलाधर जगूड़ी — 60

संवाद

भाषा, गणितात्मक भाषा, सूत्रात्मक भाषा और काव्यभाषा — विद्यानिवास मिश्र — 65

कविता

चेहरे का चौराहा — श्रीराम वर्मा — 69

मूल्यांकन

भाषा से परे *लाल टीन की छत : निर्मल वर्मा* — कुँवर नारायण — 74

'आवारा मसीहा' : अन्तरमन की खोज *: विष्णु प्रभाकर* — गिरिराज किशोर — 78

निष्कर्षों की यांत्रिकता से मुक्त पुर्वाग्रह रहित उदार दृष्टि *मानववाद और साहित्य : नवलकिशोर* — मधुरेश — 84

नवांक-30 : जुलाई-सितम्बर, 1974

सम्पादकीय	नामवर सिंह	1
लेख		
शैलीविज्ञान और आलोचना	बच्चन सिंह	5
जार्ज लूकाच : समकालीन यथार्थ, प्रतिफलन के तत्त्व और परिदृश्य बोध	अलखनारायण	11
तुलसी की 'कवितावली' : सामाजिक इतिहास-लेखन की एक प्रामाणिक काव्य-दस्तावेज़	रमेश कुन्तल मेघ	25
तुलसी साहित्य में सामाजिक परिवेश : एक मूल्यांकन	सावित्री चन्द्र	31
मानस-प्रसंग	परेश	46
लेखक का रचना-दायित्व और जन-संघर्ष में उसकी सक्रिय भूमिका	डॉ. विश्वनाथप्रसाद तिवारी	50
आज का साहित्य और प्रेषणीयता	विश्वनाथ त्रिपाठी	56
दो कविताएँ		
थकान	मंगलेश डबराल	61
अकेला आदमी	मंगलेश डबराल	62
लेख		
नई समीक्षा की भाषावादी चेतना	रवीन्द्रनाथ श्रीवास्तव	64
कविता		
एक इन्तज़ार और दूसरे इन्तज़ार के बीच	पंकज सिंह	75
लेख		
आज की कविता का चरित्र	शिवमंगल सिद्धान्तकर	79
मूल्यांकन		
व्यासपर्व : महाभारत का ललिताख्यान *व्यास पर्व : दुर्गा भागवत*	रमेश थानवी	84
संकल्प-विकल्प *जलसाघर : श्रीकान्त वर्मा*	गिरधर राठी	86
'एक बजबजाई हुई चीज़' के बारे में *मुरदाघर : जगदम्बाप्रसाद दीक्षित*	विजयमोहन सिंह	90

नवांक-31 : अक्टूबर-दिसम्बर, 1974

सम्पादकीय	नामवर सिंह	1
लेख		
संस्कृति के मार्क्सीय सिद्धान्त में आधार और ऊपरी ढाँचे की सार्थकता	रेमंड विलियम्स; अनु. : मैनेजर पाण्डेय, दिनेशचन्द्र शर्मा	5

दो कविताएँ

पत्नी	विश्वनाथ त्रिपाठी	18
धोबी-धोबिन	विश्वनाथ त्रिपाठी	18

लेख

सर्जनात्मक आलोचना	परमानन्द श्रीवास्तव	21

कविता

त्रिभुजाकार ढाँचा	राजेन्द्रप्रसाद सिंह	27

लेख

समकालीन लेखन : प्रेषणीयता का सन्दर्भ	नन्द भारद्वाज	32
राही का 'आधा गाँव' और भारतीय मुसलमानों का धर्म-संकट	इन्दुप्रकाश पाण्डेय	39
शैली-विज्ञान और काव्य का अध्ययन	कृपाशंकर सिंह	51

कविता

"मैं आ रहा हूँ तुम्हारी आँखों की छाँह में"	महमूद दरवेश; अनु. : मोहन थपलियाल	59

मूल्यांकन

भोथरी संवेदना पहटने का चमड़ा? *कुआनो नदी : सर्वेश्वरदयाल सक्सेना*	वागीश शुक्ल	64
विषाद-रोग *विषाद-योग : कुबेरनाथ राय*	विश्वनाथ त्रिपाठी	69
चेतन की कहानी के कुछ और पहलू *बाँधो न नाव इस ठाँव : उपेन्द्रनाथ 'अश्क'*	राजेन्द्रकुमार 'साहिल'	73

पत्र-प्रतिक्रिया

'शैली-विज्ञान और आलोचना' पर नुक़्ताचीनी	वागीश शुक्ल	77
डॉ. बच्चन सिंह का समाधान	डॉ. बच्चन सिंह	79

नवांक-32 : जनवरी-मार्च, 1975

कविता

ज़मीन	केदारनाथ सिंह	3

लेख

जार्ज लूकाच के विरोध में	बर्तोल्त ब्रेष्ट	5
आत्मसजग भाषा का रचना में स्वीकार और अतिक्रमण	परमानन्द श्रीवास्तव	20
कहानी पस्त-दर-पस्त	पवनकुमार मिश्र	26
राजनीति और समकालीन कविता	नन्दकिशोर नवल	32

मानव-स्वातंत्र्य एवं अस्तित्व का प्रश्न : मार्क्सवादी विश्लेषण	श्रीराम पाठक	40
वर्तमान सांस्कृतिक-साहित्यिक स्थिति	रामबक्ष	46
सौन्दर्यशास्त्र का वैज्ञानिक दृष्टिकोण	सदाशिव द्विवेदी	51
असौन्दर्य-संवेदनशास्त्र की परिकल्पना	गुरुचरणसिंह मोंगिया	60
कविता		
उसका सवाल	प्रभातकुमार त्रिपाठी	68
लेख		
नाट्याध्यापन : परम्परा से प्रयोग की ओर	सत्येन्द्र कुमार तनेजा	70
मूल्यांकन		
आदिम और आधुनिक की मरीचिका *मरीचिका : गंगाप्रसाद विमल*	रामेश कुन्तल मेघ	73
एक टुकड़ा यथार्थ *दो : गिरिराज किशोर*	डॉ. निर्मला जैन	76
मूल्य-मूढ़ता के बीच मूल्यों की तलाश की एक खुली उदार यात्रा *टूटते-बिखरते लोग : योगेशकुमार*	मधुरेश	79
अपराध-बोध की मानसिकता का विरेचन *नावें : शशिप्रभा शास्त्री*	मधुरेश	83

नवांक-33 : अप्रैल-जून, 1975
धूमिल स्मृति अंक

सात अप्रकाशित कविताएँ		
1. कविता के द्वारा हस्तक्षेप	धूमिल	2
2. सिलसिला	धूमिल	3
3. प्रजातंत्र के विरुद्ध; 4. अपनी हड्डियों में	धूमिल	4
5. अपनी टाँगों में झूल रहा हूँ; 6. भेंट	धूमिल	5
7. खेवली	धूमिल	6
लेख		
विपक्ष का कवि : धूमिल	काशीनाथ सिंह	7
कविता		
हत्या	लीलाधर जगूड़ी	22
पत्र		
धूमिल के पत्र	विनोद भारद्वाज	35
कविता		
स्व. धूमिल के गाँव में	विष्णुचन्द्र शर्मा	48

लेख

अनुज की श्रद्धांजली	कन्हैया पाण्डेय	51
भाषा की रात से जूझता कवि : धूमिल	विश्वनाथ त्रिपाठी	57
धूमिल : कवि-कर्म का विकास-क्रम तथा कुछ संस्मरण	गोविन्द उपाध्याय	63
सार्थकतावादी कवि धूमिल का काव्यालोक	रामकृपाल पाण्डेय	70
धूमिल : व्यवस्था से विद्रोह और विद्रोह की व्यवस्था	रामबक्ष	82
समझ और साझेदारी की प्रतीति	मधुरेश	86

नवांक-34-35 : जुलाई-दिसम्बर, 1975

छह कविताएँ

1. बोलने से पहले; 2. दृश्य	लीलाधर जगूड़ी	1
3. रामलीला; 4. पाटा	लीलाधर जगूड़ी	3
5. डेढ़ रुपए की ताक़त	लीलाधर जगूड़ी	4
6. भेद	लीलाधर जगूड़ी	5

लेख

काव्य-भाषा का वामपक्ष	कुमारेन्द्र पारसनाथ सिंह	7

मूल्यांकन

स्वत्व की पक्षधरता का आग्रह *उसके हिस्से की धूप : मृदुला गर्ग*	मधुरेश	45

लेख

भारतीय लेखक : अस्मिता की खोज	उ.रा. अनन्तमूर्ति; अनु. : रमेश थानवी	48
रघुवीर सहाय की कविताएँ	रामस्वरूप चतुर्वेदी	57
नग्नकुमारिता वाले भीने आवरण : महादेवी की नारी-रहस्यवत्ता	रमेश कुन्तल मेघ	68
महादेवी का अनन्वय	श्रीराम वर्मा	91
तीन कविताएँ	पंकज सिंह	104

लेख

प्रेमचन्द का यथार्थ	गिरिराज किशोर	107
सार्त्र–सर्जक और चिन्तक	मधुसूदन बख्शी; मूल गुजराती से अनुवाद : प्रो. प्रभुलाल डी. वैश्य	113
समकालीन हिन्दी कविता और जनभाषा का सवाल	नन्दकिशोर नन्दन	132

नवांक-36 : जनवरी-मार्च, 1976

पाँच कविताएँ

रास्ता; जड़ें	सर्वेश्वरदयाल सक्सेना	1
भेड़िया-1; भेड़िया-2	सर्वेश्वरदयाल सक्सेना	2
भेड़िया-3	सर्वेश्वरदयाल सक्सेना	3

लेख

साहित्य का इतिहास क्या है?	मैनेजर पाण्डेय	4

कविता

विपथगामी	कुमार विकल	19

लेख

'जासु काल कोदंड' : तुलसी की सामाजिक चेतना	रमेश कुन्तल मेघ	21

कविता

मुझसे मत पूछ	सोमदत्त	32

लेख

कविता और मनुष्य के प्रति रुख *सन्दर्भ समकालीन कविता*	परमानन्द श्रीवास्तव	35
चालू भूगोल से हटकर	वागीश शुक्ल	39
विपात्र	चन्द्रकान्त बांदिवडेकर	44
सृजन और यथार्थ-बोध *एक साइबरनैटिक अध्ययन*	त्रिलोक तुलसी	50

गोष्ठी-प्रसंग

प्रगतिशील लेखक सम्मलेन, साहिबाबाद	प्रस्तुतकर्ता : रमेश उपाध्याय	71

मूल्यांकन

'मेरी तेरी उसकी बात' : अपनी ही परम्परा का अतिक्रमण *: यशपाल*	मधुरेश	81
गहरी आस्था से पैदा हुई रचनात्मक कोशिश *मार्क्सवादी साहित्य-चिन्तन : इतिहास तथा सिद्धान्त : शिवकुमार मिश्र*	मधुरेश	90
'छाको की वापसी' : रूपान्तर और विस्तार की सार्थकता? *: बदी उज़्ज़माँ*	मधुरेश	96

नवांक-37 : अप्रैल-जून, 1976

लेख

समकालीन इतिहास-विरोधी साहित्य-चिन्तन	मैनेजर पाण्डेय	1
द्वन्द्वात्मक भौतिकवाद और साहित्यिक इतिहास	लूसिएँ गोल्डमान; अनु. : कुलदीप कुमार	11

दो कविताएँ

1. एक प्राध्यापकीय अनुभूति	विश्वनाथ त्रिपाठी	24
2. डॉ. रामविलास शर्मा के प्रति	विश्वनाथ त्रिपाठी	25

लेख

समकालीन कविता और सामाजिक यथार्थ	विजेन्द्र	27
श्रीकान्त वर्मा की कविता	विश्वनाथप्रसाद तिवारी	35
कामायनी : अभिप्रायों की परतें	जगदीश शर्मा	42

कविता

आवाज़	सुखचैन मिस्त्री	52

लेख

हिन्दी-गद्य में युगान्तर और भगवतशरण उपाध्याय	जयशंकर त्रिपाठी	54
लेखक का दायित्व	आरिगपूडि	59
प्रासंगिकता का प्रश्न	गंगाप्रसाद विमल	65
रोशनी की तलाश में हिन्दी रंगमंच	चन्द्र मोहन	69
आधुनिक नाट्यालोचन	नरनारायण राय	72

मूल्यांकन

एक ऐतिहासिक दौर का दु:स्वप्न *दूसरी तरफ़ : महेन्द्र भल्ला*	विजयमोहन सिंह	80
कविकर्म और काव्यभाषा *कविकर्म और काव्यभाषा : डॉ. परमानन्द श्रीवास्तव*	डॉ. रामदेव शुक्ल	84

नवांक-38 : जुलाई-सितम्बर, 1976

लेख

संरचनावाद और साहित्य का इतिहास	मैनेजर पाण्डेय	1
प्रगतिशील साहित्य और रूप की समस्या	नन्दकिशोर नवल	14
आलोचना–एक साक्षी भोक्ता	अशोक रा. केलकर; अनु. : निर्मला जैन	18
संस्कृति-बोध : एक और स्पष्टीकरण	देवराज	28

माँ : दो कविताएँ

1.	कुलदीप कुमार	34
2.	कुलदीप कुमार	36

संवाद

कविता की कला : पाब्लो नेरुदा से एक बातचीत	अनु. : मंगलेश डबराल	38

चार कविताएँ

1. कवि का क़र्ज़	पाब्लो नेरुदा; अनु. : विष्णु खरे	48
2. हर एक के लिए	पाब्लो नेरुदा; अनु. : विष्णु खरे	49
3. व्यतीत	पाब्लो नेरुदा; अनु. : विष्णु खरे	50
4. मरे हुए ग़रीब के लिए	पाब्लो नेरुदा; अनु. : विष्णु खरे	52

लेख

मुक्तिबोध की समीक्षा-दृष्टि : वस्तु और रूप के सन्दर्भ में	लल्लन राय	55

दो कविताएँ

1. चुप्पी	पंकज सिंह	68
2. पानी का बर्तन	पंकज सिंह	69

लेख

'नयी कहानी' का सांस्कृतिक परिवेश	रामबक्ष	70
समकालीन कहानी : समानान्तर दुनिया से मुक्ति का संघर्ष	उदय प्रकाश	77
आज की हिन्दी कहानी	इन्द्रनाथ मदान	90

गोष्ठी-प्रसंग

'रचना' की हिन्दी कहानी-पुनर्मूल्यांकन संगोष्ठी	प्रस्तुतकर्ता : रमेश उपाध्याय	98

नवांक-39 : अक्टूबर-दिसम्बर, 1976

कविता

चित्रा जाम्बोरकर	त्रिलोचन	1

लेख

हिन्दी आलोचना का आरम्भ	नन्दकिशोर नवल	4

समकालीन हिन्दी उपन्यास : दशा और दिशा

'वे दिन' से 'मुरदाघर' तक	इन्द्रनाथ मदान	19
तीन कविताएँ	मलयज	42
मुक्तिबोध-मण्डल के कवि	कान्तिकुमार	44
साहित्य में यथार्थवाद	रामकृपाल पाण्डेय	55

दो कविताएँ

1. बच्चे के खो जाने के बाद	चन्द्रकान्त देवताले	67
2. कीचड़ में कमल जैसा कुछ नहीं था	चन्द्रकान्त देवताले	69

लेख

एब्सर्ड नाट्य-आन्दोलन	डी. प्रेमपति	71

मूल्यांकन

वैचारिक तेजस्विता का रचनात्मक उपयोग *बीच के लोग : मार्कण्डेय*	मधुरेश	83
निजी अनुभव-संसार का अतिक्रमण : कैसा और कितना? *अन्त:पुर : गोविन्द मिश्र*	मधुरेश	87
सपनों और संस्कारों का तनाव *भ्रमभंग : देवेश ठाकुर*	मधुरेश	92
शैलीविज्ञान बनाम रीतिविज्ञान *शैलीविज्ञान और आलोचना की नयी भूमिका : रवीन्द्रनाथ श्रीवास्तव; रीतिविज्ञान : विद्यानिवास मिश्र*	कृपाशंकर सिंह	96
वैचारिक तथा रचनात्मक उपलब्धियों का 'यथार्थवाद' *: शिवकुमार मिश्र*	सदाशिव द्विवेदी	104

नवांक-40 : जनवरी-मार्च, 1977

दो कविताएँ

मुझसे अब देखी नहीं जाती तुम्हारी यह ऐक्टिंग–1; 2	नागार्जुन	1

लेख

महावीरप्रसाद द्विवेदी और हिन्दी नवजागरण	रामविलास शर्मा	5

दो कविताएँ

1. पहचान; 2. अन्तर्देशीय	लीलाधर जगूड़ी	25

लेख

हिन्दी आलोचना : दो धाराएँ	नन्दकिशोर नवल	27
आलोचना और इतिहास	मैनेजर पाण्डेय	53
काव्य-बिम्ब	सुरेन्द्र बारलिंगे	64

कविता

बर्तोल्त ब्रेख्त की कविताएँ	बर्तोल्त ब्रेख्त; प्रस्तुतकर्ता : मोहन थपलियाल	69
1. विजय-द्वार के नीचे से अनजान सैनिकों की कविता; 2. विजय-द्वार के नीचे से अनजान सैनिकों की दूसरी कविता	बर्तोल्त ब्रेख्त; प्रस्तुतकर्ता : मोहन थपलियाल	70
3. शहरों के बारे में; 4. भूखों की रोटी हड़प ली गई है	बर्तोल्त ब्रेख्त; प्रस्तुतकर्ता : मोहन थपलियाल	71
5. लड़ाई का कारोबार; 6. कमज़ोरियाँ; 7. अनुभूति; 8. पौदघर; 9. मैं कोई समाधि लेख नहीं चाहता; 10. जब मैं अस्पताल के एक सफ़ेद कमरे में था; 11. चीज़ें कैसे बदलती हैं	बर्तोल्त ब्रेख्त; प्रस्तुतकर्ता : मोहन थपलियाल	72

लेख

नानकधारा की ऐतिहासिक मूल्यवत्ताएँ	गुरुचरनसिंह सेंहसरा; अनु. : गुरुचरनसिंह मोंगिया	73
मध्यकालीन परिवेश और भक्तिकाव्य के चरितनायक	प्रेमशंकर	93
लू शुन की नातिदीर्घ टिप्पणियाँ	लू शुन; प्रस्तुतकर्ता : अलखनारायण	100

मूल्यांकन

परम्परा की रचनात्मकता *अनामदास का पोथा : हजारीप्रसाद द्विवेदी*	मधुरेश	104
तुलसी पर सन्तुलित नयी दृष्टि *लोकवादी तुलसीदास : विश्वनाथ त्रिपाठी*	विष्णुकान्त शास्त्री	107
एक अच्छी शुरुआत *आचार्य शुक्ल विचार कोश : सं. : अजितकुमार*	विष्णुकान्त शास्त्री	110

नवांक-41 : अप्रैल-जून, 1977

लेख

हिन्दी की जातीय पत्रिका 'सरस्वती'	रामविलास शर्मा	1
अछूत की शिकायत	हीरा डोम; प्रस्तुतकर्ता : रामविलास शर्मा	20

पाँच चेक कविताएँ

1. चुनौती	यिरी ताउफ़ेर; प्रस्तुतकर्ता : ओदोलेन स्मेकेल	22
2. प्रतिबिम्ब	व्लादीमिर ब्रंदैस; प्रस्तुतकर्ता : ओदोलेन स्मेकेल	22
3. काँपती हुई पत्ती	यन पिलर; प्रस्तुतकर्ता : ओदोलेन स्मेकेल	23
4. किरणें	इल्या बार्त; प्रस्तुतकर्ता : ओदोलेन स्मेकेल	23
5. दरवाज़ा	इल्या बार्त; प्रस्तुतकर्ता : ओदोलेन स्मेकेल	24

लेख

आचार्य रामचन्द्र शुक्ल	नन्दकिशोर नवल	25
काव्यसंसार और शैलीविज्ञान	रवीन्द्रनाथ श्रीवास्तव	49
शैलीवैज्ञानिक अध्ययन की अवधारणा	कृपाशंकर सिंह	55
टी.एस. एलियट का संवेदना-पृथक्करण सिद्धान्त	राजनाथ	60

जगदीश चन्द्र के उपन्यास | भगवान सिंह | 72

चार कविताएँ

हम इतिहास के बेटे है–1 | पंकज सिंह | 78
हम इतिहास के बेटे है–2 | पंकज सिंह | 79
हम इतिहास के बेटे है–3 | पंकज सिंह | 80
हम इतिहास के बेटे है–4 | पंकज सिंह | 81

लेख

रस : पुनर्दृष्टि की प्रासंगिकता | प्रभाकर श्रोत्रिय | 83
समकालीन कहानी : संरचना | श्रीमती जगत सिंह | 91

मूल्यांकन

अमरकान्त की कहानियाँ *मौत का नगर : अमरकान्त* | विजयमोहन सिंह | 101
अमरकान्त के बहाने हिन्दी कहानी पर बातचीत | मधुरेश | 104
पीड़ा की मोर्चेबन्दी *पतझड़ : निरुपमा सेवती* | मधुरेश | 112
वैचारिक प्रखरता के अवरोध *अश्लील : समरेश वसु* | मधुरेश | 115
'द्यूत' : एक आलोचना *: प्रभाकर माचवे* | कृष्णा रैण | 118

नवांक-42 : जुलाई-सितम्बर, 1977

लेख

राष्ट्रीय विकास के सांस्कृतिक आयाम | पूरनचन्द्र जोशी | 1

कविता

1. विपाशा | कुमार विकल | 17
2. विपाशा की पराजय | कुमार विकल | 19

लेख

संसर्गगत काव्य-संसार | रवीन्द्रनाथ श्रीवास्तव | 21
काव्यशास्त्र और साहित्य-चिन्तन : पुराने उत्तरों के नए प्रश्न | रामस्वरूप चतुर्वेदी | 33

कविता

बेकार नौजवान | विश्वनाथ त्रिपाठी | 7
जंगल क़ैद *कमलेश के नाम* | विश्वनाथ त्रिपाठी | 38

लेख

'सरस्वती' में संस्कृति (सन् 1900-1920 ई.) | रामबक्ष | 40
शमशेर : भावसाध्य पावनता | प्रभाकर श्रोत्रिय | 51
डॉ. रामविलास शर्मा की कविताएँ | अलखनारायण | 56

कविता

मेरा विद्यापीठ — नारायण सुर्वे; अनु. : मनोज सोनकर — 62

लेख

गुजराती के स्वप्न-भंग के कवि : निरंजन भगत — महावीरसिंह चौहान — 67
नाट्य-समीक्षा : नये क्षितिज की खोज — नरनारायण राय — 73
मार्क्सवादी समीक्षा : समसामयिक परिदृश्य पर कुछ टिप्पणियाँ — मोतीलाल रैना — 83

कविता

बच्चा घड़ी बनाता है — इब्बार रब्बी — 92

मूल्यांकन

अहं और परिवेश का टकराव *उनका फ़ैसला : योगेश गुप्त* — विश्वनाथ त्रिपाठी — 95
अन्याय ही अन्याय *काला घोड़ा-सफ़ेद सवार : हृदयेश* — हरदयाल — 101
बँधी मुट्ठियों की कसमसाहट *इतिहास दुबारा लिखो : रमेश रंजक* — मोहन श्रोत्रिय — 105

नवांक-43 : अक्टूबर-दिसम्बर, 1977

सुमित्रानन्दन पन्त पर विशेष

उपन्यासांश

देखता जो हूँ — सुमित्रानन्दन पन्त — 1

अप्रकाशित कविताएँ

1; 2 — सुमित्रानंदन पन्त — 3

श्री सुमित्रानन्दन पन्त के प्रति श्रद्धांजलि

नयी चेतना का महान् गायक चला गया! — हजारीप्रसाद द्विवेदी — 4
पन्तजी की परवर्ती कविताएँ — केदारनाथ सिंह — 7
पन्तजी का 'रूपाभ' — नामवर सिंह — 10

कविता

दिवंगत सौम्य सन्त — शमशेर बहादुर सिंह — 16

लेख

आलोचना और सौन्दर्यशास्त्र — बच्चन सिंह — 17

आशा के लिए पाँच कविताएँ

1; 2; 3 — विष्णुचन्द्र शर्मा — 26
4; 5 — विष्णुचन्द्र शर्मा — 27

लेख

'अर्थक्रियापेक्ष काव्यम्' — मनोहर काले — 28

कविता

हसरुद्दीन | ऋतुराज | 40

लेख

शाब्दिक सौन्दर्य, काव्य-वस्तु और शैलीविज्ञान | रवीन्द्रनाथ श्रीवास्तव | 43
गद्य-संरचना के शैलीवैज्ञानिक अध्ययन में शैलीचिन्ह-विचारणा का प्रयोग | कृष्णकुमार शर्मा | 56
कविता और मानक भाषा के आपसी रिश्ते की पहचान और सर्जनात्मक समीक्षा | कृपाशंकर सिंह | 68

दो कविताएँ

एक : भूलकर; दो : अगले दुखों के बारे में | परमानन्द श्रीवास्तव | 76

लेख

हिन्दी आलोचना में समन्वयवाद | नन्दकिशोर नवल | 77

नवांक-44 : जनवरी-मार्च, 1978

पाँच कविताएँ

बढ़ई और चिड़ियाँ; टमाटर बेचनेवाली बुढ़िया | केदारनाथ सिंह | 1
बैल | केदारनाथ सिंह | 2
मैदान में बच्चे; रोटी | केदारनाथ सिंह | 3

लेख

सूर-काव्य : प्रेरणा और स्त्रोत | हजारीप्रसाद द्विवेदी | 5
सूर : कौन से? और किसके? | रमेश कुन्तल मेघ | 20
मध्यकालीन हिन्दी कविता में सामाजिक चेतना | नरेश | 40
डॉ. रामविलास शर्मा | नन्दकिशोर नवल | 46

कविता

मेज का गीत | इब्बार रब्बी | 83

लेख

लेखक और लोकतंत्र | मैनेजर पाण्डेय | 85
बुर्जुआ लोकतंत्र और अभिव्यक्ति संकट | माहेश्वर | 95

मूल्यांकन

मार्क्सवादी सौन्दर्यशास्त्र : कुछ विचार *'पहल' का विशेषांक : सं. : ज्ञानरंजन, कमलाप्रसाद* | रामबक्ष | 99
महत्त्वाकांक्षा की राजनीति और खोखला रामराज्य *अग्निलोक : भारतभूषण अग्रवाल* | प्रेमशंकर | 106

नवांक-45 : अप्रैल-जून, 1978

कविता

प्यारे ख़ास	कृष्णा सोबती	1

लेख

भाषा का आधुनिकीकरण : अनुवाद का संस्कार और दबाव	रवीन्द्रनाथ श्रीवास्तव	8

दो कविताएँ

बैल	केदारनाथ सिंह	17
मैदान में बच्चे	केदारनाथ सिंह	18

लेख

गैलीलियो बनाम गैलीलियो	मूल : वी. तोल्स्तिख; अनु. : रमेश उपाध्याय	19
सूरदास की कविता के प्रगतिशील आयाम	शिवकुमार मिश्र	33
यथार्थवाद और यशपाल की रचना-दृष्टि	रामकृपाल पाण्डेय	42
कामायनी और वर्गहीन साम्यवादी समाज	निर्मला जैन	55
प्रसाद-नाट्यालोचन के परिप्रेक्ष्य में अभिनेयता का प्रश्न और हिन्दी-नाट्यालोचन की सीमाएँ	सत्येन्द्र कुमार तनेजा	62
महाकाव्य एवं उपन्यास : संरचना के नूतन सन्दर्भ	बीना श्रीवास्तव	71

दो कविताएँ

याददाश्त	देवेन्द्र कुमार	78
अगली बरसारत तक	देवेन्द्र कुमार	79

लेख

आलोचक एफ.आर. लीविस : उपलब्धि और सीमाएँ	राजनाथ	81

नयी नेपाली कविता

जौंडिस के कोहरे में आधुनिक कविता	मोहन कोइराला; प्रस्तुति : रामदयाल राकेश	87
इस धरती के पानी में	विजय मल्ल; प्रस्तुति : रामदयाल राकेश	88
हो-चि-मिन्ह को चिट्ठी	भूपि शेरचन; प्रस्तुति : रामदयाल राकेश	89
अभिशप्त! आँखें खोलकर	कृष्ण भक्त श्रेष्ठ; प्रस्तुति : रामदयाल राकेश	90
धरती रजस्वला होती है	ईश्वर वल्लभ; प्रस्तुति : रामदयाल राकेश	91

मैं अपने भीतर एक क़िस्म की कशमकश अनुभव करता हूँ	काली प्र. रिजाल; प्रस्तुति : रामदयाल राकेश	91
जिऊँ कैसे	कुन्दन शर्मा; प्रस्तुति : रामदयाल राकेश	92
तुम मुझे रक्त दो	पुरुषोत्तम बस्नेत; प्रस्तुति : रामदयाल राकेश	93
मूल्यांकन		
हशमत बनाम 'हम हशमत' *: कृष्णा सोबती*	गोविन्द मिश्र	96
साहित्यिक राजनीति के बदलते मुखौटे *प्रेमचन्द की विरासत : राजेन्द्र यादव*	भीमसेन त्यागी	99

अंक-46 : जुलाई-सितम्बर, 1978

लेख		
हिन्दी की परवर्ती आलोचना	नन्दकिशोर नवल	1
कुँवर नारायण : 'आत्मजयी' की सारस्वत प्रज्ञा	प्रभाकर श्रोत्रिय	21
दो कविताएँ		
सब पक्ष में हैं; युद्धरत	नन्द चतुर्वेदी	30
लेख		
सर्वेश्वरदयाल सक्सेना की कविता	विश्वनाथप्रसाद तिवारी	32
कविता केवल कविता नहीं *लीलाधर जगूड़ी की कविता*	परमानन्द श्रीवास्तव	39
मुक्तिबोध : मूल्यांकन के नये आयाम	रंजना जोशी	44
दो कविताएँ		
गुल्लू; बादशाह जब-जब इस शहर आता है	रवीन्द्र भारती	51
लेख		
समकालीन हिन्दी कविता में विद्रोह	गोविन्द रजनीश	53
स्वतंत्रता-पूर्व की प्रतिबन्धित बांग्ला-कविता	माहेश्वर	58
आधुनिकता और संस्कृति	गंगाप्रसाद विमल	65
कहानी से बदलते समीकरण और अज्ञेय	गिरिराज किशोर	80
मूल्यांकन		
'जंगल का दर्द' : संश्लेष का बिन्दु *: सर्वेश्वरदयाल सक्सेना*	अर्चना वर्मा	85
(नयी) समीक्षा के व्याकरण से एक प्रमाणिक परिचय *नई समीक्षा के प्रतिमान : डॉ. निर्मला*	परमानन्द	89

नवांक-47 : अक्टूबर-दिसम्बर, 1978

लेख

हिन्दी की परवर्ती आलोचना	नन्दकिशोर नवल	1
चार कविताएँ		
लोकराम मर गया; मुहावरे; वह गाँव, पत्थर	रामदरश मिश्र	15
लेख		
हिन्दी उपन्यास का भविष्य	राजेन्द्र यादव	16
दो कविताएँ		
तुम क्या जानते हो	प्रमोद सिनहा	25
वह दिन आ गया	प्रमोद सिनहा	26
लेख		
सौन्दर्य का समाधि-लेख : 'प्रलय की छाया'	निर्मला जैन	28
वर्ण-व्यवस्था, नारी और भक्ति-आलोचना	विश्वनाथ त्रिपाठी	35
नाट्य रचना-विधान और जीवन-सन्दर्भ	नरनारायण राय	53
आचार्य शुक्ल की समाजोन्मुख दृष्टि	किशोरीलाल व्यास	79
हिन्दी कहानी का अजनबी संसार और मानवीय अस्तित्व का संकट	अचला शर्मा	84
मूल्यांकन		
छठे और सातवें दशक की हिन्दी कविता *नयी कविता और अस्तित्ववाद : डॉ. रामविलास शर्मा*	राजीव सक्सेना	91
ज्ञानरंजन की कहानियाँ *क्षणजीवी : ज्ञानरंजन*	गंगाप्रसाद विमल	97

नवांक-48 : जनवरी-मार्च, 1979

लेख

हिन्दी की परवर्ती आलोचना	नन्दकिशोर नवल	1
दो कविताएँ		
पाँव *पार्श्व में नागार्जुन की कविता की गूँज*	ऋतुराज	31
एलबम	ऋतुराज	32
लेख		
स्वातंत्र्योत्तर हिन्दी साहित्य के इतिहास-लेखन की समस्याएँ	मैनेजर पाण्डेय	33
दो कविताएँ		
बिल्लियाँ	दिविक रमेश	50
नफरत *बतर्ज आत्मसंवाद*	दिविक रमेश	51

लेख

नाट्याध्यापन–विश्वविद्यालयों में	नित्यानन्द तिवारी	52
मुक्तिबोध की कविता एक भयानक वास्तविकता है *चम्बल की घाटी में*	परमानन्द श्रीवास्तव	59
नयी कविता से झाँकता लोकतंत्र	आनन्द बंसल	63
कविता और आंचलिकता	शम्भुनाथ	68
मध्यकालीन साहित्य में असहमति और विरोध	सावित्रीचन्द्र 'शोभा'	76
हिन्दी के समाजवादी उपन्यास : उपलब्धियाँ एवं सीमाएँ	एन. रवीन्द्रनाथ	83
मूल्यांकन		
'कन्धे पर सूरज' *: रामदरश मिश्र*	पाण्डेय शशिभूषण 'शीतांशु'	90
सही इतिहास-दृष्टि के सार्थक विनियोग का एक महत्त्वपूर्ण दस्तावेज़ *प्रगतिवाद और समान्तर साहित्य : रेखा अवस्थी*	शिवकुमार मिश्र	94

नवांक-49-50 : अप्रैल-सितम्बर, 1979

आचार्य हजारीप्रसाद द्विवेदी स्मृति अंक

सम्पादकीय

यह अंक	नामवर सिंह	1
लेख		
परम्परा और इतिहास-बोध	निर्मल वर्मा	2
'परम्परा, इतिहास-बोध और मैं'	सर्वेश्वरदयाल सक्सेना	8
आचार्य हजारीप्रसाद द्विवेदी में इतिहास और काल-बोध	विद्यानिवास मिश्र	10
साहित्य का इतिहास : सांस्कृतिक सर्जनशीलता	रघुवंश	14
आचार्य द्विवेदी का साहित्येतिहास-दर्शन	बच्चन सिंह	19
तीसरी आँख और शव-साधना का वैकल्पिक मिथक	सुरेन्द्र चौधरी	25
आचार्य हजारीप्रसाद द्विवेदी की साहित्येतिहास दृष्टि	मैनेजर पाण्डेय	34
मध्यकालीन बोध में आधुनिक दृष्टि	रामस्वरूप चतुर्वेदी	56
आचार्य द्विवेदी की दृष्टि में मध्यकालीनता और आधुनिकता	गंगाप्रसाद विमल	61
भक्ति-आन्दोलन की पुनर्व्याख्या में आचार्य हजारीप्रसाद द्विवेदी का योगदान	शिवकुमार मिश्र	66
कला इतिहासकार पण्डित हजारीप्रसाद द्विवेदी	कपिला वात्स्यायन; अनु. : प्रयाग शुक्ल	77

'कालजयी' परम्परा के कथा-शिल्पी प्रवक्ता — देवराज 82
आचार्य द्विवेदी और प्रगतिवाद — नन्दकिशोर नवल 85
'कालयजी' अवधूत आचार्य हजारीप्रसाद द्विवेदी — शिवमंगलसिंह 'सुमन' 94
आचार्य हजारीप्रसाद द्विवेदी : हमारे युग के 'रिनैसाँ-पुरुष' — रमेश कुन्तल मेघ 101
शैली के धनी–आचार्य द्विवेदी — भोलानाथ तिवारी 107
'कुटज' का शैलीवैज्ञानिक अध्ययन — बिशनसिंह यादव 117
पण्डित हजारीप्रसाद द्विवेदी : एक संस्मरण — कपिला वात्स्यायन; अनु. : प्रयाग शुक्ल 130
'अनामदास का पोथा' (भाग : दो) का एक अंश — हजारीप्रसाद द्विवेदी 134

दो आरम्भिक कविताएँ
यदि मैं होता रसिक बिहारी कवि के युग में — हजारीप्रसाद द्विवेदी 139
रजनी दिन नित्य चला ही किया — हजारीप्रसाद द्विवेदी 140

पत्रावली
पंडित बनारसीदास चतुर्वेदी के नाम पत्र — हजारीप्रसाद द्विवेदी 142
डॉ. शिवमंगलसिंह 'सुमन' के नाम पत्र — हजारीप्रसाद द्विवेदी 154

लेख
दूसरी परम्परा की खोज — नामवर सिंह 159

नवांक-51-52 : अक्टूबर-दिसम्बर, 1979/जनवरी-मार्च, 1980

प्रेमचन्द स्मृति अंक

सम्पादकीय
प्रेमचन्द : विगत महत्ता और वर्तमान अर्थवत्ता — नामवर सिंह 1

लेख
प्रेमचन्द की अमरता के मूल स्रोत — पूरन चन्द्र जोशी 5
प्रेमचन्द आज के सन्दर्भ में — भीष्म साहनी 17
प्रेमचन्द और स्वतंत्रता आन्दोलन — भैरवप्रसाद गुप्त 23
प्रेमचन्द की परम्परा — शमशेरसिंह नरूला 32
प्रेमचन्द का सौन्दर्यशास्त्र — नन्दकिशोर नवल 39
प्रेमचन्द और प्रगतिशील आन्दोलन — खगेन्द्र ठाकुर 48
प्रेमचन्द की विचारधारा और उसका सामाजिक आधार — रामबक्ष 63
नैतिक मूल्यों की समस्या और प्रेमचन्द — द्वारिकाप्रसाद 'चारुमित्र' 68

प्रेमचन्द : सामाजिक क्रान्ति के अग्रदूत	कृष्णबिहारी मिश्र	75
प्रेमचन्द : क्रन्तिकारी चेतना के प्रतीक	नईम अहमद	81
यथार्थवाद और प्रेमचन्द	श्याम कश्यप	87
प्रेमचन्द की उपन्यास-कला	गोपाल राय	93
प्रेमचन्द की कहानियाँ *यथार्थ के विस्तार में जाने की कोशिश*	परमानन्द श्रीवास्तव	103
नयी नैतिकता : मेहता और मालती	शम्भुनाथ	111
प्रेमाश्रम : गांधीवाद और काल्पनिकता	काथरीन थोमा; फ्रांसीसी से हिन्दी अनुवाद : हेमन्त जोशी	122
प्रेमचन्द और परवर्ती कथा-परिदृश्य *सवाल यथार्थ और मिथ्या यथार्थ का*	शिवकुमार मिश्र	126
प्रासंगिकता का प्रश्न और प्रेमचन्द की प्रासंगिकता	मैनेजर पाण्डेय	137

नवांक-53 : अप्रैल-जून, 1980

प्रेमचन्द पूरक अंक

सम्पादकीय

यह अंक	नामवर सिंह	1

लेख

दयनीय महानता की दिलचस्प दास्तान : चन्द्रकान्ता	राजेन्द्र यादव	3
नागार्जुन के उपन्यास : प्रतिबद्ध जीवन-दृष्टि की शक्ति और सीमा	चन्द्रेश्वर कर्ण	29
अस्तित्व का चौथा आयाम : कृष्णा सोबती की कथादृष्टि	अर्चना वर्मा	40

मूल्यांकन

'एक चिथड़ा सुख' : किसका सुख किसका दु:ख *: निर्मल वर्मा*	गिरिराज किशोर	55

लेख

भारतीय आत्मा की मनमारू अभिव्यक्ति	कृष्णा सोबती	61
प्रतिबद्ध लेखन और प्रेमचन्द	बटरोही	67
प्रेमचन्द का भाषा-शिल्प : एक आलोचनात्मक अध्ययन	जाफ़र रज़ा	76
प्रेमचन्द की शैली	भोलानाथ तिवारी	83
प्रेमचन्द का संघर्ष	श्रीनारायण पाण्डेय	99
प्रेमचन्द की सार्थकता	सुरेश शर्मा	105

नवांक-54-55 : जुलाई-दिसम्बर, 1980

सम्पादकीय

यह अंक	नामवर सिंह	1

लेख

भारत की भावनात्मक एकता में नाट्यशास्त्र का योगदान	मनोहर काले	3
लू शुन, प्रेमचन्द और गोर्की	अलखनारायण	16
नागार्जुन के रचना-संसार से गुज़रते हुए	शिवकुमार मिश्र	27

मूल्यांकन

मालव निर्झर की झर-झर कंचन-रेखा *भूरी-भूरी ख़ाक धूल : ग.म. मुक्बिोध*	नन्दकिशोर नवल	36

लेख

फैंटेसी का शिल्प बनाम मुक्तिबोध	लल्लन राय	58

मूल्यांकन

वैयक्तिक पीड़ा के सामाजिक सन्दर्भ : एक चिथड़ा सुख *एक चिथड़ा सुख : निर्मल वर्मा*	अर्चना वर्मा	73
सिद्धहस्त पर सिद्ध नहीं *कुरु-कुरु स्वाहा : मनोहर श्याम जोशी*	गिरधर राठी	87
संक्रमण का संकट *मात्रा और भार : स्वयं प्रकाश*	रामबक्ष	91
प्रगतिशील कविता का सौन्दर्यशास्त्र *कविता की मुक्ति : डॉ. नन्दकिशोर नवल*	गीता शर्मा	95
भक्ति-आन्दोलन और मीरा का काव्य *मीरा का काव्य : डॉ. विश्वनाथ त्रिपाठी*	अजय तिवारी	101

नवांक-56-57 : जनवरी-मार्च/अप्रैल-जून, 1981

नागार्जुन विशेषांक

सम्पादकीय

कविता की ज़मीन और ज़मीन की कविता	नामवर सिंह	1

नागार्जुन से बातचीत

कहाँ-कहाँ से गुजर गया और चमरौधे पर धूल नहीं जमी!	नागार्जुन, मनोहर श्याम जोशी	6
इक ज़िन्दा जालिम चंगा ए	नागार्जुन, कृष्णा सोबती	10
नागार्जुन : आज के कवियों की दृष्टि में ख़तरनाक ढंग से कवि होने का साहस	केदारनाथ सिंह	13

हिन्दी का वाल्ट विटमैन	विष्णु खरे	20
मनुष्य की सच्ची पहचान की कविता	रघुवीर सहाय	24
'शतरंज-से संसार' का सधा खिलाड़ी	अरुण कमल	27
कविताएँ		
मुक्तक	नागार्जुन	37
कुछ श्लोक : लेनिनस्तोत्रम्	नागार्जुन	38
कुछ कविताएँ : लेनिन की समाधि पर; काले-काले; रचो-रचो मधुर गीतम्	नागार्जुन	38
कुछ गीत : 1; 2; 3; 4	नागार्जुन	39
एक लम्बी कविता का आरम्भिक अंश : हमारा पगलवा	नागार्जुन	40
समीक्षा		
नागार्जुन के समकालीन कवि : शमशेर की कविता : विकास की तीन मंज़िलें *उदिता, बात बोलेगी, इतने पास अपने : शमशेर बहादुर सिंह*	श्याम कश्यप	42
रूप-रस की शहनाई *हे मेरी तुम, मार-प्यार की थापें : केदारनाथ अग्रवाल*	नन्दकिशोर नवल	62
जब देखा तब जीवन देखा *त्रिलोचन : ताप के ताए हुए दिन, शब्द, उस जनपद का कवि हूँ : त्रिलोचन*	राजेश जोशी	68
समकालीन काव्य-समीक्षा		
नये कलावाद का उत्थान *पूर्वग्रह–अंक : 39-40; सं. : अशोक वाजपेयी*	श्याम कश्यप	76
संकीर्णता और उदारता के छोर *कंक–समकालीन जनवादी कविता : सं. : निर्मल वर्मा*	नन्दकिशोर नवल	92
दो विशिष्ट कवि		
मुझे एक मनुष्य की तरह पढ़ो *अपने सामने : कुँवर नारायण*	विष्णु खरे	103
ज़मीन की गरमाहट और ख़ुशबू का कवि *ज़मीन पक रही है : केदारनाथ सिंह*	विनोद भारद्वाज	113
एक अनौपचारिक कविता-संसार *केदारनाथ सिंह*	भृगुनन्दन त्रिपाठी	117
समकालीन कविता		
अपनी झोली से बहार *वह आदमी नया गरम कोट पहनकर चला गया विचार की तरह : विनोद कुमार शुक्ल*	प्रभात त्रिपाठी	123
तर्क से अतर्क्य तक *ख़ुद अपनी आँख से : विष्णु खरे*	गिरधर राठी	126
दूसरों के सिर में घुसकर सोचने की कला से मुक्ति *इतिहास का संवाद : कुमारेन्द्र पारसनाथ सिंह*	सोमदत्त	131

सृजनशील आत्मसंघर्ष का अग्निगृह *एक छोटी-सी लड़ाई : कुमार विकल*	सुरेश शर्मा	135
हवा को ज़मीन में बोनेवाली कविताएँ *घबराए हुए शब्द : लीलाधर जगूड़ी*	अपूर्वानंद	142
डूबती हुई हलचल की कविताएँ *पुल पर पानी : ऋतुराज*	अपूर्वानंद	148
अन्तराल में अटकी संवेदना *लकड़बग्घा हँस रहा है : चन्द्रकान्त देवताले*	गोविन्द द्विवेदी	152
प्रगतिशील कविता का नया दौर*अपनी केवल धार : अरुण कमल; एक दिन बोलेंगे पेड़ : राजेश जोशी; सुनो कारीगर : उदय प्रकाश*	गीता शर्मा	156
संघर्षहीनता के बावजूद *बहनें और अन्य कविताएँ : असद ज़ैदी*	उदय प्रकाश	166
आंचलिकता का अतिरिक्त आग्रह *ये आकृतियाँ तुम्हारी : विजेन्द्र*	उदय प्रकाश	172
अपनी जड़ों और अपने स्थानीय देसी रंग में कविता *क़िस्से अरबों हैं : सोमदत्त*	परमानन्द श्रीवास्तव	176
विसंगति के अहसास के साथ *कालपात्र : श्रीराम वर्मा*	परमानन्द श्रीवास्तव	180
अकेला दुःख भी रखता है मानो *यह एक दिन है : प्रयाग शुक्ल*	रमेशचन्द्र शाह	184
स्थितियों का मानचित्र *अपने होने को अप्रकाशित करता हुआ : मलयज*	प्रयाग शुक्ल	189
ख़बर की कविता और कविता की ख़बर *तालाब में डूबी छह लड़कियाँ : विष्णु नागर; आहटें आसपास : पंकज सिंह*	रामबक्ष	193
निष्प्रयोजन कवि-प्रतिभा के ख़तरे *शब्द लिखने के लिए ही यह काग़ज़ बना है : ज्ञानेन्द्रपति*	गीता शर्मा	196
ख़त्म होती हुई एक दुनिया *पहाड़ पर लालटेन : मंगलेश डबराल*	सुरेश शर्मा	200
मानवीय चिन्ता की कविताएँ *बाहर-भीतर : गिरधर राठी*	केदारनाथ सिंह	204
बड़बोलेपन से बचकर *जैसा कह सका : विश्वनाथ त्रिपाठी*	चारुमित्र	207
सड़क से हटकर चलते हुए *जलता मकान : विनोद भारद्वाज*	विष्णु खरे	212

नवांक-58 : जुलाई-सितम्बर, 1981

लेख

मार्क्स और सामाजिक विकास	रामविलास शर्मा	1
कथानक की ज़रूरत	नित्यानन्द तिवारी	13
भाषावादी आलोचना-दृष्टि और रचनात्मक संवेदना	परमानन्द श्रीवास्तव	19

आचार्य शुक्ल की आलोचना में 'नयी आलोचना' के तत्त्व	सियाराम तिवारी	26
आचार्य शुक्ल और सूरदास	नन्दकिशोर नवल	33
लू शुन का साहित्य : एक तूर्यनाद	नीलकान्त	39
प्रेमचन्द की भाषा	गोपाल राय	46
विपक्ष में केवल कविता है	परेश	64
आज की अफ्रीकी कविता	रमेश दवे	70
मूल्यांकन		
घड़ी देखना समय देखना नहीं होता *नौकर की क़मीज़ : विनोद कुमार शुक्ल*	गिरधर राठी	80
राजी सेठ की कहानी : व्यक्ति-मन की कहानी	इन्द्रनाथ मदान	84
संस्कृत में 'व्यावहारिक समीक्षा' *संस्कृत काव्यशास्त्र में व्यावहारिक समीक्षा : डॉ. देवदत्त कौशिक*	आनन्दप्रकाश दीक्षित	91

नवांक-59 : अक्टूबर-दिसम्बर, 1981

लेख		
पिछड़े हुए समाजों की संस्कृति और वैज्ञानिक भौतिकवाद	रामविलास शर्मा	1
संवाद		
मारकुऐस से भेंटवार्ता	पीटर एच. स्टोन; अनु. : विनोद भारद्वाज	19
लेख		
राष्ट्रीय एकता और प्रेमचन्द	खगेन्द्र ठाकुर	36
प्रेमचन्द और हरिजन-समस्या	ब्रज कुमार पाण्डेय	44
'रंगभूमि' : एक राजनीतिक उपन्यास	गोपाल	57
कवि निराला : वैचारिक यात्रा	नन्दकिशोर नवल	73
मूल्यांकन		
अब वही कैफ़ियत सभी की है *मेरे दिल मेरे मुसाफ़िर : फ़ैज़ अहमद फ़ैज़*	अरुण कमल	87
घटिया कहानियों के जंगल में *किस हाथ से : प्रभु जोशी; सोमवार और अन्य कहानियाँ : राजेश जोशी*	मूलचन्द गौतम	91
युटोपिया और उपन्यास *सोमा चरित : रमेशचन्द्र सिन्हा*	गोपाल	95
राजकमल चौधरी : शैलीतात्त्विक विवेचन (शोध-प्रबन्ध) *डॉ. कल्पना जैन*	कुलानन्द मिश्र	99

नवांक-60-61 : जनवरी-मार्च/अप्रैल-जून, 1982

डॉ. रामविलास शर्मा पर केन्द्रित

सम्पादकीय

केवल जलती मशाल — नामवर सिंह — 1

घर की बात

पहला अध्याय : ऊँचगाँव — रामविलास शर्मा — 5

दूसरा अध्याय : झाँसी — रामविलास शर्मा — 21

तीसरा अध्याय : लखनऊ — रामविलास शर्मा — 39

चौथा अध्याय : आगरा — रामविलास शर्मा — 54

दो आरम्भिक कविताएँ — रामविलास शर्मा — 84

डायरी के पन्ने

हरसिंगार की छाया — नन्दकिशोर नवल — 85

संस्मरण

मेरे 'प्रिय डॉक्टर' — केदारनाथ अग्रवाल — 122

रामविलास शर्मा की कविताएँ — केदारनाथ सिंह — 130

मूल्यांकन

मार्क्सवादी आलोचना के बुनियादी सरोकार और डॉ. रामविलास शर्मा *परम्परा का मूल्यांकन; भाषा, युगबोध और कविता : रामविलास शर्मा* — शिवकुमार मिश्र — 135

डॉ. रामविलास शर्मा की कथा-समीक्षा *कथा, विवेचना और गद्यशिल्प : रामविलास शर्मा* — गोपाल — 151

नवांक-62-63 : जुलाई-सितम्बर/अक्टूबर-दिसम्बर, 1982

समीक्षा अंक

सम्पादकीय

जातीय अस्मिता और राष्ट्रीय एकता के प्रतीक : भारती — नामवर सिंह — 1

कविता *(सुब्रह्मण्य भारती की जन्मशती पर)*

एक शताब्दी की समाप्ति पर तमिल मूल : 'इन्क़लाब' — सुब्रह्मण्यम भारती; अनु. : डॉ. टी.एस. कुप्पुस्वामी — 3

मूल्यांकन

रघुवीर सहाय और मलयज का आलोचना-कर्म *लिखने का कारण : रघुवीर सहाय; कविता से साक्षात्कार : मलयज* — अरुण कमल — 7

इतिहास-विरोध की दयनीय परिणति *शब्द और स्मृति, कला का जोखिम : निर्मल वर्मा* — नन्दकिशोर नवल — 14
आधुनिकता और भारतीयता : नयी-पुरानी चिन्ताएँ *धार और किनारे : सच्चिदानन्द वात्स्यायन* — परमानन्द श्रीवास्तव — 29
हिन्दी कथा आलोचना : धुँधलके की गिरफ़्त में *अठारह उपन्यास : राजेन्द्र यादव; सिलसिला : समकालीन कहानी की पहचान : मधुरेश* — गोपाल — 34
परम उदारतावाद से चरम संकीर्णतावाद तक की 'सैद्धान्तिक' यात्रा *दर्शन, साहित्य और समाज; प्रेमचन्द : विरासत का सवाल : शिवकुमार मिश्र* — श्याम कश्यप — 43
हिन्दी आलोचना : विकास की मंज़िलें *हिन्दी आलोचना का विकास : डॉ. नन्दकिशोर नवल* — खगेन्द्र ठाकुर — 53
केदारनाथ अग्रवाल : एक अन्तरंग गद्यकर्मी *समय-समय पर, विचार-बोध, विवेक-विवेचन : केदारनाथ अग्रवाल* — कमला प्रसाद — 64
सैद्धान्तिक 'शब्द' और व्यावहारिक 'कर्म' *शब्द और कर्म : डॉ. मैनेजर पाण्डेय* — अजय तिवारी — 72
अँधेरे से अँधेरे में *बीसवीं शताब्दी के अँधेरे में : श्रीकान्त वर्मा* — चारुमित्र — 79
सही परिप्रेक्ष्य का अभाव *समकालीन कविता का व्याकरण : परमानन्द श्रीवास्तव; समकालीन हिन्दी कविता : विश्वनाथप्रसाद तिवारी* — गीता शर्मा — 84
प्रेमचन्द विश्वकोश *प्रेमचन्द विश्वकोश–खंड 1, खंड 2 : कमलकिशोर गोयनका* — गोपाल — 94
कला, साहित्य और संस्कृति *कला, साहित्य और संस्कृति : ई.एम.एस. नम्बूदिरिपाद* — खगेन्द्र ठाकुर — 102
तिरोभाभासों की रागृद्धि का स्तूप *वागर्थ : रमेशचन्द्र शाह* — विजयमोहन सिंह — 108
साहित्य की इतिहास-दृष्टि और 'मार्क्सवादी दृष्टि' *साहित्य और इतिहास-दृष्टि : डॉ. मैनेजर पाण्डेय* — बच्चन सिंह — 113

नवांक-64-65 : जनवरी-मार्च/अप्रैल-जून, 1983
उपन्यास अंक

सम्पादकीय
उपन्यास और राजनीति — नामवर सिंह — 3
मनोहर श्याम जोशी के उपन्यास 'कसप' पर तीन समीक्षाएँ
धराशायी गू से गर्वोन्नत हिमशिखर तक — विजयमोहन सिंह — 7
'अहं कै लियो, जजमान' — वागीश शुक्ल — 13

मध्यवर्गीय कुमाऊँनी समाज के बहाने अतीत की अनुभव यात्रा	बटरोही	24
मूल्यांकन		
यर्थाथ और कल्पना का सर्जनात्मक द्वन्द्व *नाच्यौ बहुत गोपाल : अमृतलाल नागर*	श्याम कश्यप	32
अन्धे गायक की कथा *खंजन नयन : अमृतलाल नागर*	गोपाल	48
मानवीय स्थिति से उलझाव-भरा सम्पर्क *इन्द्र सुनें, यथा प्रस्तावित, तीसरी सत्ता : गिरिराज किशोर*	परमानन्द श्रीवास्तव	53
जिजीविषा और व्यवस्था का टकराव *बसंती : भीष्म साहनी*	खगेन्द्र ठाकुर	58
घर में लगी आग की दास्तान *महाभोज : मन्नू भंडारी*	अजय तिवारी	67
'अग्निबीज' : यथार्थवादी कला की समस्या *लेखक : मार्कण्डेय*	चारुमित्र	75
रजवाड़े से रजवाड़े तक की यात्रा *हुज़ूर दरबार : गोविन्द मिश्र*	कुलानन्द मिश्र	80
परिपाटीबद्ध लेखन का नमूना *ख़ुदा सही सलामत है : रवीन्द्र कालिया*	शैलेश्वर सतीप्रसाद	85
लेख		
प्रेमचन्द : सवर्ण से अवर्ण तक की यात्रा का समाजशास्त्र	विजेन्द्र नारायण सिंह	88
'साँवली गहराइयों' की कहानियाँ	विजयमोहन सिंह	99
रघुवीर चौधरी की कथात्रयी–'उपरवास', 'सहवास' और 'अन्तरवास' : लोक-चेतना की तलाश	महावीरसिंह चौहान	106
आनन्दमठ और वन्देमातरम् : एक शताब्दी परिचर्चा	कार्तिकचन्द्र दत्त	114

नवांक-66 : जुलाई-सितम्बर, 1983

सम्पादकीय		
चन्द्रधर शर्मा 'गुलेरी' और हिन्दी नवजागरण	नामवर सिंह	3
लेख		
'नेमि बाबू, मेरी कहानी बड़ी उदास है' उर्फ़ अपने पत्रों में मुक्तिबोध	श्रीराम वर्मा	7
पत्र		
आचार्य विश्वनाथ प्रसाद मिश्र के पत्र	विश्वनाथ प्रसाद मिश्र, विष्णुकान्त शास्त्री	33
लेख		
भारतीय नाट्य सौन्दर्य	मनोहर काले	46

साहित्य का सत्य | नाग बोडस | 56

विष्णु खरे की 'आलोचना की पहली किताब' पर तीन समीक्षाएँ

खण्डित दृष्टि का | अरुण कमल | 65
समीक्षा के साथ सम्बन्ध | विजयमोहन सिंह | 70
उजाले की मौत के विरुद्ध | मृणाल पाण्डे | 75

मूल्यांकन

आधे-अधूरे साक्षात्कार *जनांतिक : नेमिचन्द्र जैन* | नन्दकिशोर नवल | 78
धार्मिक और साम्प्रदायिक मूल्य-दृष्टि *उत्तरकथा : नरेश मेहता* | मधुरेश | 87
एक रंग : दो चरित्र *हानूश, कबिरा खड़ा बजार में : भीष्म साहनी* | अविनाश चन्द्र | 94
हिस्सेदारी : भ्रष्ट हो जाने, न हो पाने और न होने के बीच *हिस्सेदारी : अशोक अग्रवाल* | मूलचन्द गौतम | 100

नवांक-67 : अक्टूबर-दिसम्बर, 1983

सम्पादकीय

प्रासंगिकता का प्रमाद | नामवर सिंह | 5

नौ कविताएँ | टिप्पणी : विष्णु खरे | 7

निशानियाँ; शाम का सिरदर्द; आधी रात; व्याख्या; अचम्भा; उतरना; जलसे की तैयारी | यान्निस रित्सोस; अनु. : विष्णु खरे | 9
तो; दुर्लभ वाद्य-विनोद | यान्निस रित्सोस; अनु. : विष्णु खरे | 10
आचार्य शिवपूजन सहाय की डायरी के अंश | आचार्य शिवपूजन सहाय; प्रस्तुतकर्ता : मंगलमूर्ति | 11

लेख

समकालीन कविता की दशा | रामस्वरूप चतुर्वेदी | 31
प्रसाद की इतिहास-दृष्टि | दिनेश्वर प्रसाद | 37
आधुनिकतावाद और यथार्थवाद का अन्तर्विरोध | नन्दकिशोर नवल | 47

मूल्यांकन

वहाँ अब भी-अब भी प्यार है *यहाँ से देखो : केदारनाथ सिंह* | अरुण कमल | 59
'काव्यगत ईमानदारी' का सवाल *रोशनी के मैदान की तरफ़, भूखंड तप रहा है : चन्द्रकान्त देवताले* | अपूर्वानंद | 66
सिर्फ़ एक हरकतदार शीर्षक *अबेकस : भीष्म साहनी* | वाचस्पति | 71

घरेलू दुनिया की कविताएँ *दी हुई दुनिया : भगवत रावत*	स्वप्निल श्रीवास्तव	75
विषमता के प्रति घृणा का अनोखा उपहार *पुरानी जूतियों का कोरस : नागार्जुन*	खगेन्द्र ठाकुर	80
सम्प्रेषण की चिन्ता *नदी की बाँक पर छाया : अज्ञेय*	परमानन्द श्रीवास्तव	94
काव्यशरीर और नाट्य-सौन्दर्य *भारतीय नाट्य सौन्दर्य : डॉ. मनोहर काले*	देवदत्त कौशिक	98

नवांक-68 : जनवरी-मार्च, 1984

लेख

आधुनिकता और उत्तर-आधुनिकता	सुरेश ह. जोशी; अनु. : बंसीधर	3
रेणु की कहानी–तीसरी कसम	विश्वनाथ त्रिपाठी	18
मुक्तिबोध की भाषा-चेतना	शैलेश्वर सती प्रसाद	31
आधुनिक हिन्दी कविता और लोकचेतना	परमानन्द श्रीवास्तव	45

मूल्यांकन

शब्दों का अन्तर्निहित प्रकाश *अरघान : त्रिलोचन*	अरुण कमल	49
क्रन्ति बनाम सौन्दर्य-चेतना *खूँटियों पर टँगे लोग : सर्वेश्वरदयाल सक्सेना*	नागेश्वर लाल	53
साही का काव्यलोक *साखी : विजयदेव नारायण साही*	विनोद दास	56
कुलीनतावादी काव्य-बोध की असमर्थता *रात का पेड़ : प्रयाग शुक्ल*	अजय तिवारी	64
चैत की उदास टहनी *चैत की लाल टहनी : विजेन्द्र*	अपूर्वानंद	71
'गुज़रा हुआ ज़माना' : यानी उन्होंने उड़ाया है कथानक का मज़ाक़ *गुज़रा हुआ ज़माना : कृष्ण बलदेव वैद*	प्रयाग शुक्ल	75

गोष्ठी-प्रसंग

आधुनिक हिन्दी साहित्य और लोक-चेतना	प्रस्तुतकर्ता : संजय	78

मूल्यांकन

मम्मट की मरम्मत? *काव्य और काव्यशास्त्र : डॉ. राधावल्लभ त्रिपाठी*	वागीश शुक्ल	89
'कसप' पर पत्राचार	विश्वनाथ प्रसाद तिवारी, मनोहर श्याम जोशी	100
शिकवा और जवाब-ए-शिकवा	सोमदत्त, नन्दकिशोर नवल	107
'प्रासंगिकता' के प्रश्न पर एक संवाद	बच्चन सिंह	111
सम्पादक की टिप्पणी	नामवर सिंह	113

नवांक-69 : अप्रैल-जून, 1984

सम्पादकीय

यह अंक — नामवर सिंह 3

लेख

ख़ुद अपने बारे में — मायकोव्स्की; अनु. : अरुण कमल 5

पीटर वाइस और प्रतिरोध का सौन्दर्यशास्त्र — अनिल भट्टी; अनु. : रामकृष्ण पाण्डेय 17

प्रेमचन्द-शरतचन्द्र विवाद : 1922-23 — वीर भारत तलवार 22

भारतीय भाषाओं में उपन्यास का उदय — सत्यकाम 31

हिन्दी आंचलिक उपन्यास बनाम लोकचेतना — विवेकी राय 45

तुलसी की यमुना तथा तुलसी के राम — जगदीशचन्द्र दीक्षित 49

मूल्यांकन

सार्थकता और भावात्मक समृद्धि की आकांक्षा *निशाचर : भीष्म साहनी* — मधुरेश 61

औज़ारों की तलाश में अठारह उपन्यास *अठारह उपन्यास : राजेन्द्र यादव* — बच्चन सिंह 66

'सबसे अच्छी कविता सबसे बुरे दिनों में याद आयेगी' *रंग ख़तरे में हैं : कुमार विकल* — उदय प्रकाश 69

कविताएँ : पल्लवित, पुष्पित और फलित *बरगद के चिकने पत्ते : हरिनारायण व्यास* — भगवत रावत 74

अवरुद्ध मानस की कविताएँ *कंचनमृग : लक्ष्मीकांत वर्मा* — कमला प्रसाद 79

विष्णुचन्द्र शर्मा की कविताई *नयन है हिन्दुस्तानी : विष्णुचन्द्र शर्मा* — स्वप्निल श्रीवास्तव 85

दुनिया को और जीने लायक़ बनाने की इच्छा *जागते रहो सोनेवालो : गोरख पाण्डेय* — वाचस्पति 88

मम्मट की मरम्मत? (2) *डॉ. राधावल्लभ त्रिपाठी* — वागीश शुक्ल 91

नवांक-70 : जुलाई-सितम्बर, 1984
मार्क्स अंक

कविता

बाघ — केदारनाथ सिंह 3

लेख

यांत्रिक पुनरुत्पादन के युग में कलाकृति — वाल्टर बेन्यामिन; अनु. : अरुण कमल 9

हमारी परम्परा और हमारी शतखंड संस्कृति : एक मार्क्सवादी दृष्टिकोण | गोविन्द पुरुषोत्तम देशपाण्डे; अनु. : रामकृष्ण पाण्डेय | 24
कार्ल मार्क्स के पाँच बीज-शब्द | रमेश कुन्तल मेघ | 30
मार्क्सवादी आलोचना की समस्याएँ *हिन्दी आलोचना के सन्दर्भ में* | शिवकुमार मिश्र | 41
भारतीय काव्यशास्त्र और मार्क्सवाद | खगेन्द्र ठाकुर | 52
मार्क्स और हिन्दी के रचनाकार : एक सर्वेक्षण | केदारनाथ अग्रवाल | 61
मार्क्स और हिन्दी के रचनाकार : एक सर्वेक्षण | प्रभाकर माचवे | 62
मार्क्स और हिन्दी के रचनाकार : एक सर्वेक्षण | हरिनारायण व्यास | 63
मार्क्स और हिन्दी के रचनाकार : एक सर्वेक्षण | भीष्म साहनी | 64
मार्क्स और हिन्दी के रचनाकार : एक सर्वेक्षण | अमरकान्त, अशोक वाजपेयी | 65
मार्क्स और हिन्दी के रचनाकार : एक सर्वेक्षण | परमानन्द श्रीवास्तव, श्रीराम वर्मा | 66
मार्क्स और हिन्दी के रचनाकार : एक सर्वेक्षण | रमेश उपाध्याय | 67
मार्क्स और हिन्दी के रचनाकार : एक सर्वेक्षण | भगवत रावत, अरुण कमल | 69
हिन्दी प्रदेश में समाजवादी चेतना का प्रसार | वीर भारत तलवार | 70
विश्वसाम्राज्यविरोधी क्रान्ति और एशिया | रामविलास शर्मा | 91

समीक्षा

भारत में अंग्रेज़ी राज और मार्क्सवाद *भारत में अंग्रेज़ी राज और मार्क्सवाद : रामविलास शर्मा* | गिरीश मिश्र | 118

नवांक-71 : अक्टूबर-दिसम्बर, 1984

लेख

अन्तोनियो ग्राम्शी और साहित्य का समाजशास्त्र | बच्चन सिंह | 3
कविता का समाजशास्त्र | प्रेमशंकर | 10
मुक्तिबोध की कहानियाँ : कथा-परम्परा की जीवन्त कड़ी | रवीन्द्र वर्मा | 16
'आतिश के अनार' की याद में | राजेन्द्रप्रसाद पाण्डेय | 20
लोकनाटक और हिन्दी नाट्य-प्रयोग | सिद्धनाथ कुमार | 27
समकालीन रंगमंच | नाग बोडस | 32
काव्यानुवाद | ललित मोहन बहुगुणा | 40

समीक्षाएँ

अकेलेपन से संन्यासवाद की ओर *कव्वे और काला पानी : निर्मल वर्मा* | नित्यानन्द तिवारी | 49
बहुरंगी, बहुरूपी, बहुआयामी अकेलापन *कव्वे और काला पानी : निर्मल वर्मा* | रवीन्द्र वर्मा | 59

अभी भी कहानी को बचाया जा सकता है, अगर उसे पहचान लिया जाए *कव्वे और काला पानी : निर्मल वर्मा*	उदय प्रकाश	63
विकट वास्तव और लकड़ी की तलवार *सोनामाटी : विवेकी राय*	मधुरेश	69
बदलते हुए समय की आँच पर *अगली शताब्दी के बारे में : परमानन्द श्रीवास्तव*	केदारनाथ सिंह	75
जन-मन का सजग चितेरा *कहें केदार खरी-खरी : केदारनाथ अग्रवाल*	श्याम कश्यप	79
'जायसी' : गहरे मानवीय सरोकार के कवि *: विजयदेव नारायण साही*	नागेश्वर लाल	92
छायावाद और मुकुटधर पाण्डेय *हिन्दी में छायावाद : मुकुटधर पाण्डेय*	उदयभान दुबे	95

नवांक-72 : जनवरी-मार्च, 1985

लेख

कबीर की विद्रोही मानसिकता की पृष्ठभूमि	कृपाशंकर सिंह	3
प्रेमचन्द का कथा-शिल्प	गोपाल	12
राहुलजी का साहित्यालोचन	नन्दकिशोर नवल	24
गद्य लेखक हरिशंकर परसाई	श्याम कश्यप	30
'मतवाला' और राष्ट्रीय आन्दोलन	अरुण कुमार	45
निम्न मध्यवर्ग का संसार और यथार्थवादी साहित्य की समस्याएँ	प्रदीप सक्सेना	50

मूल्यांकन

व्यक्तिवादी लेखक-संसार की समकालीनता *लेकिन दरवाज़ा : पंकज बिष्ट*	विश्वनाथ त्रिपाठी	63
'सोनामाटी' : मूल्यक्षय की त्रासदी *: विवेकी राय*	परमानन्द श्रीवास्तव	70
अस्तिमा की खोज के बहाने *मैं और मैं : मृदुला गर्ग*	मधुरेश	74
'माधवी' और कर्तव्यपरायण दानव *: भीष्म साहनी*	जावेद अख़्तर ख़ाँ	79
समकालीन सामाजिक विसंगतियों के नाट्यालेख *बादशाह गुलाम बेगम : गिरिराज किशोर; नाटक नहीं : लक्ष्मीकान्त वैष्णव*	सिद्धनाथ कुमार	85
नाग बोडस के दो नाटक *कृति-विकृति, टीन-टप्पर : नाग बोडस*	अविनाश चन्द्र	88
तुकों से खिलवाड़ *घोषणापत्र : इब्बार रब्बी*	विनोद दास	93

बयान को कविता में बदलते हुए *छोटे बुतों का बयान : अब्दुल बिस्मिल्लाह*	वाचस्पति	96
'पाश्चात्य काव्यशास्त्र' *: देवेन्द्रनाथ शर्मा*	रामचन्द्र प्रसाद	99
रचना और आलोचना में संगत रिश्ते की खोज *रचना और आलोचना की द्वन्द्वात्मकता : डॉ. कमला प्रसाद*	खगेन्द्र ठाकुर	105

प्रतिक्रिया

भारत में अंग्रेज़ी राज और मार्क्सवाद	खगेन्द्र ठाकुर	111

नवांक-73 : अप्रैल-जून, 1985

आचार्य शुक्ल अंक (1)

लेख

आचार्य शुक्ल का 'इतिहास' पढ़ते हुए	बच्चन सिंह	5
आचार्य शुक्ल का साहित्य-चिन्तन : विकास की दिशा	जगदीश शर्मा	28
भारतीय काव्यशास्त्र और आचार्य शुक्ल	विश्वम्भर उपाध्याय	37
लोकमंगल और आचार्य रामचन्द्र शुक्ल	विष्णुकान्त शास्त्री	48
लोकमंगल और आचार्य रामचन्द्र शुक्ल	रघुवंश	60
कलावाद का खंडन और लोकमंगल की स्थापना	मैनेजर पाण्डेय	65
कतिपय योरोपीय 'वादों' पर आचार्य शुक्ल का भारतीय आलोचन	रमेश कुन्तल मेघ	73
भक्तिकाव्य और आचार्य शुक्ल	शिवकुमार मिश्र	81
छायावाद और रहस्यवाद की आलोचना और यथार्थवाद के लिए संघर्ष	नित्यानन्द तिवारी	98
छायावाद-रहस्यवाद की आलोचना और यथार्थवाद के लिए संघर्ष	परमानन्द श्रीवास्तव	107
आचार्य शुक्ल की आलोचना-भाषा	रामस्वरूप चतुर्वेदी	112
आचार्य शुक्ल पर अनुचिन्तन	मलयज	116
महाजनो येन गत: ...	नामवर सिंह	124

नवांक-74 : जुलाई-सितम्बर, 1985

आचार्य शुक्ल अंक (2)

लेख

भारत को क्या करना चाहिए?	रामचन्द्र शुक्ल; अनु. : अपूर्वानन्द	3
राष्ट्रीय आन्दोलन और रामचन्द्र शुक्ल : 'असहयोग और अव्यापारिक श्रेणियाँ' के विश्लेषण का एक प्रयास	वीर भारत तलवार	7

राष्ट्रीय आन्दोलन का सांस्कृतिक आयाम और आचार्य शुक्ल	मुरली मनोहर प्रसाद सिंह	29
रानजीतिक आन्दोलन और आचार्य शुक्ल	नन्दकिशोर नवल	34
समकालीन राजनीतिक आन्दोलन और आचार्य रामचन्द्र शुक्ल	कर्णसिंह चौहान	47
आचार्य शुक्ल द्वारा दार्शनिक विचारधाराओं की आलोचना	शम्भुनाथ	56
आचार्य शुक्ल की विश्वदृष्टि : कितनी प्रासंगिक?	नीलकान्त	63
धर्म, दर्शन और विज्ञान की समीक्षा तथा नया मानववाद	डॉ. वागीश शुक्ल	75
आचार्य शुक्ल और रहस्यवाद	खगेन्द्र ठाकुर	81
आचार्य शुक्ल की मानसिक बनावट–भारतीयता के सन्दर्भ में	निर्मला जैन	91
लोकसाहित्य और आचार्य शुक्ल	दिनेश्वर प्रसाद	96
कलावाद का खंडन और लोकमंगल की स्थापना	विजयमोहन सिंह	101

नवांक-75 : अक्टूबर-दिसम्बर, 1985

संवाद

फादर कामिल बुल्के : एक अन्तरंग साक्षात्कार	फादर कामिल बुल्के, दिनेश्वर प्रसाद	3

मूल्यांकन

विचारधारा और साहित्य *विचारधारा और साहित्य : अमृतराय*	खगेन्द्र ठाकुर	21

लेख

साहित्य और विचारधारा : प्रतिबद्धता का प्रश्न	रमाकान्त शर्मा	35
वैज्ञानिकता एवं काव्यार्थ	ललित मोहन बहुगुणा	40
समकालीन कविता और जीवन-यथार्थ	प्रेमशंकर	47
कहानी की प्रतिष्ठा का प्रश्न	यूरी नगीबिन; अनु. : हेमचन्द्र पाण्डे	59
अनुभूति-धर्म और शिवप्रसाद सिंह की कहानियाँ	परमानन्द श्रीवास्तव	64
व्यावसायिक बनाम शौकिया रंगमंच	नाग बोडस	72

मूल्यांकन

रंगों का एक पूरा संसार *तुम्हें सौंपता हूँ : त्रिलोचन*	श्याम कश्यप	77
केदार की कविताएँ : पूर्वा और अपूर्वा *जमुन जल तुम, अपूर्वा : केदारनाथ अग्रवाल*	अपूर्वानंद	85

खिलन्दड़ी वृत्ति का उदाहरण *पटरंगपुर पुराण : मृणाल पाण्डे* — गोपाल 93
स्त्री-पुरुष-सम्बन्धों की पुनर्पड़ताल का गम्भीर दस्तावेज 'तत्-सम' *: राजी सेठ* — पुष्पपाल सिंह 96
पहचान की पहचान *पहचान : कमल कुमार* — राजी सेठ 100
हिन्दी कहानी-आलोचना : स्वरूप और सम्भावनाएँ *कहानी की बात : मार्कण्डेय; आज की कहानी : विजयमोहन सिंह* — मधुरेश 106

प्रतिक्रिया

इस्तेमाल का सिद्धान्त–सिद्धान्त का इस्तेमाल — शैलेश मटियानी 111

नवांक-76 : जनवरी-मार्च, 1986

लेख

वैज्ञानिक और औद्योगिक युग में मूल्यों का प्रश्न — पूरनचन्द्र जोशी 3
उत्तर-भारत में भक्ति आन्दोलन के उदय की ऐतिहासिक पृष्ठभूमि — सतीश चन्द्र 15
यथार्थवाद के परिप्रेक्ष्य में ग्रामकेन्द्रित उपन्यास और आंचलिक उपन्यास — शिवकुमार मिश्र 27
आज के हिन्दी उपन्यासों में चित्रित जीवन का स्वरूप और दर्शन — विवेकी राय 34
नाटक की भाषा — पवन कुमार मिश्र 40

पुनर्मूल्यांकन

चन्द्रकान्ता : यथार्थवाद के प्रथम उत्थान का महाकाव्य — प्रदीप सक्सेना 44

मूल्यांकन

हिन्दी के लिए जिया गया जीवन *मेरा जीवन : शिवपूजन सहाय* — दिनेश्वर प्रसाद 82
बीज-जितनी पुरानी, फल-जितनी नयी *दुविधा और अन्य कहानियाँ; उलझन : विजयदान देथा* — अरुण कमल 87
तीन नाट्य रूपान्तर *रंगनाथ की वापसी : गिरीश रस्तोगी; कभी न छोड़ें खेत : एम.के. रैना; चन्द्रमासिंह उर्फ चमकू : भानु भारती* — अविनाश चन्द्र 91

अंक-77 : अप्रैल-जून, 1986
प्रगतिशील लेखक संघ और आन्दोलन पर विशेष

सम्पादकीय

यह अंक — नामवर सिंह 1

आपबीती

प्रगतिशील लेखक संघ की पहली कॉन्फ्रेंस	सज्जाद ज़हीर	3

लेख

अखिल भारतीय प्रगतिशील साहित्य आन्दोलन : 1935-47	राल्फ रसेल	15
इंग्लैंड-1936	सैमुअल हाइन्स	26

कविता

1. हमारा यह प्रतिनिधि; 2. चाँदी की हसुला; 3. तटस्थ रहना	नागार्जुन	35
1. ऐसा ही था; 2. मैं कृतज्ञ हूँ	त्रिलोचन	36

लेख

सिंहावलोकन	शिवदानसिंह चौहान; प्रस्तुति : पुरुषोत्तम अग्रवाल	38
प्रगतिशील आलोचना : बीच बहस में	पुरुषोत्तम अग्रवाल	41
प्रगतिशील लेखक संघ के पचास वर्ष	नत्थन सिंह	52

कविता

1. दुनिया को बड़ा रखने की कोशिश; 2. गले तक धरती में गड़े हुए भी	कुँवर नारायण	58
1. जन्मदिन की धूप में; 2. ज़िद	केदारनाथ सिंह	60

संवाद

उदारता के पक्ष में संघर्ष : कृष्णनारायण कक्कड़ से परमानन्द श्रीवास्तव की बातचीत	कृष्णनारायण कक्कड़, परमानन्द श्रीवास्तव	62

टिप्पणी

नशे-नशे की बात 1951	रघुवीर सहाय	66

संवाद

रमेश सिन्हा से बातचीत	रमेश सिन्हा, वीरेन्द्र यादव	68
संघर्ष के आरम्भिक दिन : कान्तिचन्द्र सोनरिक्सा से परमानन्द श्रीवास्तव की बातचीत	कान्तिचन्द्र सोनरिक्सा, परमानन्द श्रीवास्तव	70
प्रगतिशील आन्दोलन और बनारस : त्रिलोचन शास्त्री से वीरेन्द्र मोहन की बातचीत	त्रिलोचन शास्त्री, वीरेन्द्र मोहन	72

पत्र

मुक्तिबोध का पत्र : श्रीपाद अमृत डांगे के नाम	मुक्तिबोध, श्रीपाद अमृत डांगे	78

डायरी

डायरी के पृष्ठ | शमशेर बहादुर सिंह | 83

कविता

पुनरारम्भ | कुमार विकल | 88

स्वप्न घर | कुमार विकल | 89

अमरफल | अरुण कमल | 91

बोलना | अरुण कमल | 91

लेख

आधुनिक भारतीय साहित्य में प्रगतिशीलता की अवधारणा | परमानन्द श्रीवास्तव | 92

प्रगतिशील आन्दोलन का परिप्रेक्ष्य | खगेन्द्र ठाकुर | 101

प्रगतिवाद का इतिहास या कोई इतिहास कैसे न लिखें | मैनेजर पाण्डेय | 107

इच्छा-शक्ति का इतिहास और इप्टा की सीमाएँ | सत्येन्द्र कुमार तनेजा | 120

साहित्य में प्रगतिशील आन्दोलन की ऐतिहासिक भूमिका | नामवर सिंह | 129

नवांक-78 : जुलाई-सितम्बर, 1986

श्रीकान्त वर्मा विशेषांक

यह अंक | नामवर सिंह | 3

कविता

अश्वघोष | श्रीकान्त वर्मा | 4

विदेह, तक्षशिला | श्रीकान्त वर्मा | 5

इन्द्रजाल | श्रीकान्त वर्मा | 6

डायरी

डायरी के अंश | श्रीकान्त वर्मा | 7

पत्र

कुछ पुराने पत्र : श्रीकान्त वर्मा के पत्र नामवर सिंह के नाम | श्रीकान्त वर्मा, नामवर सिंह | 23

स्मृति-लेख

'मौत ने मुझे मृत्यु के हवाले कर दिया है' | वीणा वर्मा | 37

दीवार पर खड़िया से लिखा एक नाम : श्रीकान्त वर्मा | केदारनाथ सिंह | 43

मूल्यांकन

ग म ध : 'मगध' के तीन स्वर *: श्रीकान्त वर्मा* | अरुण कमल | 48

निबन्ध

बावन साल पुरानी फिल्म : राष्ट्रीय आन्दोलन का एक और पक्ष — वीर भारत तलवार 52

'नयी समीक्षा' और 'विच्छेदनवाद' : भाषा और साहित्य के प्रश्न — राजनाथ 72

सर्जन : दृष्टि और सम्प्रेषण — रामस्वरूप चतुर्वेदी 89

मराठी-समीक्षा के नये क्षितिज — मनोहर काले 93

भूली-बिसरी पुस्तक (निबन्ध)

एक प्रयोगधर्मी प्रासंगिक उपन्यास : 'रणांगण' — इन्दु दीवान 102

मूल्यांकन

सिरहाने मीर के उनींदे बैठे राठी का राग *उनींदे की लोरी : गिरधर राठी* — श्रीराम वर्मा 106

सही और ख़ूबसूरत के सम्बन्धों की पहचान *दिन एक नदी बन गया : रामदरश मिश्र* — नित्यानन्द तिवारी 116

अपने दौर के प्रवाभों से मुक्त और अलग *कैसे क़िस्सागो : मनोहर श्याम जोशी* — मधुरेश 120

नवांक-79 : अक्टूबर-दिसम्बर, 1986

भारतेन्दु हरिश्चन्द्र एवं मैथिलीशरण गुप्त पर केन्द्रित

सम्पादकीय

हिन्दी नवजागरण की समस्याएँ — नामवर सिंह 1

लेख

'हिन्दी नये चाल में ढली' : हँसमुख गद्य का विकास — विजयशंकर मल्ल 9

भारतेन्दु हरिश्चन्द्र : व्यक्तित्व के अन्तर्विरोध — बच्चन सिंह 15

राष्ट्रीय नवजागरण और भारतेन्दु — शिवकुमार मिश्र 23

राष्ट्रीय जागरण और भारतेन्दु — खगेन्द्र ठाकुर 31

भारतेन्दु हरिश्चन्द्र और कुछ उपनिवेशीय सवाल — रमेश कुन्तल मेघ 40

हिन्दी के आदि भरत भारतेन्दु हरिश्चन्द्र — विश्वम्भरनाथ उपाध्याय 51

'भारतभाई' और भारतेन्दु की रंगदृष्टि — सत्येन्द्र कुमार तनेजा 62

भारतेन्दु की भाषा-चेतना — महेन्द्रनाथ दुबे 69

भारतमाता/भारत-जननी — श्रीनारायण पाण्डेय 75

भारतेन्दु हरिश्चन्द्र और मैथिलीशरण गुप्त : मूल्यांकन का परिप्रेक्ष्य — रघुवंश 80

आधुनिक हिन्दी कविता और मैथिलीशरण गुप्त का काव्य — त्रिलोचन; प्रस्तुति : वीरेन्द्र मोहन 84

मैथिलीशरण गुप्त का आत्मसंघर्ष और कविता	कमला प्रसाद	88
राष्ट्रीय भावना और गुप्त-काव्य	अम्बादत्त पाण्डे	98
माइकेल-काव्य के अनुवादक गुप्तजी	विष्णुकान्त शास्त्री	107
'भारत-भारती' के बहाने	रमेशचन्द्र शाह	119
'राष्ट्रकवि' की राष्ट्रीय चेतना	पुरुषोत्तम अग्रवाल	127
मैथिलीशरण गुप्त और आधुनिक हिन्दी काव्य-भाषा का विकास	नामवर सिंह	137

नवांक-80 : जनवरी-मार्च, 1987

सम्पादकीय

यह अंक	नामवर सिंह	3

फेदेरीको गार्सिया लोर्का की कविताएँ

1. नये गीत; 2. मालागुए-या	फेदेरीको गार्सिया लोर्का; अनु : विष्णु खरे	5
3. चाँद उगता है; 4. अलविदा; 5. नारंगी के सूखे पेड़ का गीत; 6. रोने का कसीदा	फेदेरीको गार्सिया लोर्का; अनु : विष्णु खरे	6
7. गुलाब का कसीदा; 8. हर गीत	फेदेरीको गार्सिया लोर्का; अनु : विष्णु खरे	7
1. बर्फ़ के तारे; 2. बादल; 3. बर्फ़; 4. सिरफिरा गीत	फेदेरीको गार्सिया लोर्का; अनु : शानी	7
5. सुनहरी लड़की का क़सीदा; 6. घुड़सवार का गीत	फेदेरीको गार्सिया लोर्का; अनु : शानी	8
7. काले फ़ाख़्तों का क़सीदा	फेदेरीको गार्सिया लोर्का; अनु : शानी	9

लेख

'कफ़न' : एक कसौटी	रवीन्द्र वर्मा	10
निराला और कुकुरमुत्ता	महेश्वर सिंह	13
तज्जियतुल पदमावत उर्फ़ कहा कि 'हम्ह किछु और न सूझा'	वागीश शुक्ल	27
कबीर की क्रान्तिकारिता से तुलसी की परम्परावादिता तक	अम्बादत्त पाण्डे	45
साहित्य और देश	रामस्वरूप चतुर्वेदी	65
आंचलिक या राष्ट्रीय	रघुवीर सहाय	69
समकालीन रूसी साहित्य की प्रवृत्तियाँ	ग.अ. ब्येलाया; अनु. : हेमचन्द्र पाण्डे	72

तीन कविताएँ

मैंने हिमालय नहीं देखा — मार्कण्डेय 76

दीवारें स्याह हैं; घर इस तरह बना — मार्कण्डेय 77

मूल्यांकन

संस्कृत काव्यशास्त्र की पुनर्व्याख्या का प्रयास *भारतीय काव्यशास्त्र के नये क्षितिज : डॉ. राममूर्ति त्रिपाठी* — आनन्दप्रकाश दीक्षित 78

स्मृति की लीला चित्रविथी *गठरी : प्रयाग शुक्ल* — श्रीराम वर्मा 87

मनुष्य की आत्मा में झाँकने की कोशिश *नादीद : जोगेन्द्र पाल* — निजाम सिद्दीक़ी 96

नकारात्मक सोच से मुक्ति के रास्ते *पुनर्जन्म : हृदयेश* — मूलचन्द गौतम 101

समय के साथ जीते हुए *बेहतर दुनिया के लिए : विश्वनाथप्रसाद तिवारी* — अनन्त मिश्र 104

नवांक-81 : अप्रैल-जून, 1987

लेख

महान कविता क्या है — रघुपति सहाय 'फ़िराक़' 3

कविता में कहने की आदत नहीं — परमानन्द श्रीवास्तव 10

आधुनिकतावाद और हिन्दी कविता — शम्भुनाथ 17

भाषा-चिन्तन में दिक्-काल संकेतन — वीरेन्द्र सिंह 24

मूल्यांकन

पिछड़े हुए समाज और पिछड़ा हुआ मार्क्सवाद *मार्क्स और पिछड़े हुए समाज : रामविलास शर्मा* — वीर भारत तलवार 30

'भारतीय साहित्य' और 'हिन्दी जाति' की अवधारणा : इतिहास-चिन्ता का परिप्रेक्ष्य *भारतीय साहित्य के इतिहास की समस्याएँ; हिन्दी जाति का इतिहास : रामविलास शर्मा* — रामचन्द्र तिवारी 62

आचार्य रामचन्द्र शुक्ल : मूल्यांकन और मूल्यांकन *हिन्दी आलोचना की परम्परा और आचार्य रामचन्द्र शुक्ल : डॉ. शिवकुमार मिश्र; आचार्य रामचन्द्र शुक्ल : डॉ. रामचन्द्र तिवारी* — खगेन्द्र ठाकुर 68

टुकड़ों और चिप्पियों से बनी आत्मकथा *टुकड़े-टुकड़े दास्तान : अमृतलाल नागर* — मधुरेश 76

कमाना का ऐन्द्रिय आकर्षण और आदमीयत के सपने *अगर इतने से : अशोक वाजपेयी* — सन्तोषकुमार तिवारी 79

अलेक्सान्द्र त्वारदोवस्की की सात कविताएँ — टिप्पणी : गिरिजाकुमार माथुर 84

शरद वन; बेटी के लिए!	अलेक्सान्द्र त्वारदोवस्की; काव्य-रूपान्तर : गिरिजाकुमार माथुर	87
माँ के लिए; जाड़ों की सुबह; अपने आलोचकों से!	अलेक्सान्द्र त्वारदोवस्की; काव्य-रूपान्तर : गिरिजाकुमार माथुर	88
नया दौर; उम्र के आखिरी छोर पर	अलेक्सान्द्र त्वारदोवस्की; काव्य-रूपान्तर : गिरिजाकुमार माथुर	89

नवांक-82 : जुलाई-सितम्बर, 1987

त्रिलोचन पर विशेष

सम्पादकीय

एक नया काव्यशास्त्र त्रिलोचन के लिए	नामवर सिंह	1

संवाद

त्रिलोचन से बातचीत	केदारनाथ सिंह	7

त्रिलोचन की सात कविताएँ

1. आदमी की गन्ध	त्रिलोचन	13
2. शब्दों से मेरा सम्बन्ध छूट जाएगा; 3. भौंहों का इन्द्रधनु	त्रिलोचन	14
4. मोहिनी मूरत; 5. (अवधी कविताएँ) पाँचू; 6. टिक्कुल बाबा	त्रिलोचन	15
7. केकाँ गोहराई	त्रिलोचन	16

डायरी

डायरी का एक पन्ना	त्रिलोचन शास्त्री	19

लेख

जीवन की लय में मुक्ति का रंग	मैनेजर पाण्डेय	20
शब्दों में जीवन	परमानन्द श्रीवास्तव	28

मूल्यांकन

जीवन के प्रवाह में कविता *फूल नाम है एक; चैती : त्रिलोचन*	स्वप्निल श्रीवास्तव	35

लेख

परिवर्तन और विकास के सांस्कृतिक आयाम	पूरनचन्द्र जोशी	41
नवजागरणकालीन साहित्य के चरित्र का एक विशिष्ट पहलू	शिवकुमार मिश्र	49

उपन्यास और काल-तत्त्व	बच्चन सिंह	58
'जन-कवि' होने का अर्थ	विश्वनाथ त्रिपाठी	68
परसाई का समाजशास्त्र	प्रेमशंकर	75
मूल्यांकन		
लोक-कथा के समुद्र का मन्थन *रूंख–सम्यक् रचनावली : सं. : विजयदान देथा*	रवीन्द्र वर्मा	83
गहरे मोहभंग की कहानियाँ *किसी शनिवार को : रामनारायण शुक्ल*	अब्दुल बिस्मिल्लाह	88
'गुलाब का फूल और बन्दी जीवन' *: कन्हैया*	खगेन्द्र ठाकुर	91

नवांक-83 : अक्टूबर-दिसम्बर, 1987

सम्पादकीय		
कविता की दूसरी परम्परा	नामवर सिंह	3
लेख		
स्वराज्य की पोषक और विरोधक व्यवस्थाएँ *प्रेमचन्द का एक गुमशुदा लेख*	प्रेमचन्द	11
कविता		
दो कविताएँ	शमशेर बहादुर सिंह	16
दीवार के इधर-उधर	सुल्तान अहमद	17
लेख		
त्रिलोचन का जनपद : एक नक़्शा	अरुण कमल	33
समकालीन कविता और काव्यमूल्य	परमानन्द श्रीवास्तव	36
राहुल सांकृत्यायन की इतिहास-दृष्टि और हिन्दी काव्यधारा	रामचन्द्र तिवारी	47
तज्जियतुल पद्मावत उर्फ़ कहा कि 'हम्ह किछु और न सूझा' (नत्थी बे)	वागीश शुक्ल	54
हिन्दी साहित्य में वर्ण-विरोधी चेतना	श्रीभगवान सिंह	68
तिलिस्मी साहित्य का साम्राज्यवाद विरोधी चरित्र	प्रदीप सक्सेना	79
ऐतिहासिक भाषा-विज्ञान और 'इंडोयोरोपियन' का औचित्य	सुरेन्द्र कुमार शर्मा	91
मूल्यांकन		
जड़ संस्कारों की पत्थर बनी ज़मीन को तोड़ने की कोशिश *सदी का सबसे बड़ा आदमी : काशीनाथ सिंह*	पुष्पपाल सिंह	100
सवालों के जवाब ढूँढ़ती कहानियाँ *कितने-कितने सवाल : अब्दुल बिस्मिल्लाह*	वीरेन्द्र सिंह	105

‘छायाएँ और अन्य कहानियाँ’ : *रामनारायण शुक्ल* श्रीराम वर्मा 111

रोशनी में सम्पन्न यात्रा *तुम्हारी रोशनी में : गोविन्द मिश्र* मधुरेश 114

पुरखों के कोठार से कुछ दाने *पुरखों के कोठार से : सोमदत्त* अरुण कमल 118

नये अन्न की आहट *ख़िलाफ़ हवा से गुज़रते हुए : विनोद दास* स्वप्निल श्रीवास्तव 121

नवांक-84 : जनवरी-मार्च, 1988

सम्पादकीय

यह अंक नामवर सिंह 3

टिप्पणी

विश्वनाथ काशीनाथ राजवाडे और ‘उपन्यास’ गोविन्द पुरुषोत्तम देशपांडे 5

अनुवादक की टिप्पणी

विश्वनाथ काशीनाथ राजवाडे का ‘उपन्यास’ शीर्षक निबन्ध ह.श्री. साने 8

निबन्ध

उपन्यास विश्वनाथ काशीनाथ राजवाड़े 10

‘किसान चेतना’ के काव्य-प्रतिमान पुरुषोतम अग्रवाल 31

छह कविताएँ

कालातीत कवि; बच्चों के लिए मंगलेश डबराल 46

पाँच बहनें; दिल्ली–1, दिल्ली–2; लिखे चला जाता हूँ मंगलेश डबराल 47

लेख

पाठकवादी समीक्षा की समीक्षा राजनाथ 48

इतिहास में दिक्-काल-बोध वीरेन्द्र सिंह 57

कालिदास और मार्क्सवादी आलोचना राधावल्लभ त्रिपाठी 63

कहानी और मजदूर वर्ग शम्भुनाथ 75

क्या साहित्य का समाजशास्त्र सम्भव है? आर.ए. संजीव 81

दो कविताएँ

मक्खलि गोशाल पुरुषोत्तम अग्रवाल 85

देश के लिए दौड़ पुरुषोत्तम अग्रवाल 86

मूल्यांकन

क्षुद्र और साधारण की महत्ता का विवेक *झीनी-झीनी बीनी चदरिया : अब्दुल बिस्मिल्लाह* परमानन्द श्रीवास्तव 87

उद्ध्वस्त धर्मशाला *उद्ध्वस्त धर्मशाला तथा अन्य नाटक : गोविन्द पुरुषोत्तम देशपांडे*	चन्द्रकान्त बांदिवडेकर	93

नवांक-85 : अप्रैल-जून, 1988

पंजाबी के क्रान्तिकारी कवि पाश को समर्पित अंक

सम्पादकीय		
यह अंक	नामवर सिंह	3
पाश की सात कविताएँ		
1. बरसात	पाश; अनु. : चमन लाल	5
2. हाथ	पाश; अनु. : चमन लाल	6
3. सुनो; 4. आज का दिन	पाश; अनु. : चमन लाल	7
5. कामरेड से बातचीत	पाश; अनु. : चमन लाल	8
6. जिन्दगी; 7. मौत	पाश; अनु. : चमन लाल	9
पाश के लिए एक कविता		
दरवेश आँखोंवाला दबंग शायर	हरभजन सोही; अनु. : आनन्दवर्द्धन	9
संस्मरण		
पाश : कुछ संस्मरण	चमन लाल	10
लेख		
मुक्तिबोध की विश्वदृष्टि	नन्दकिशोर नवल	13
टी.एस. इलियट : धार्मिक, राजनीतिक एवं सांस्कृतिक दृष्टि	कृष्णदत्त शर्मा	35
साहित्य में वरीयता का सवाल	नाग बोडस	61
समकालीन मराठी कविता	चन्द्रकान्त पाटील	67
रामदास	वि.का. राजवाडे; अनु. : ह.श्री. साने	75
सुदूर अतीत का दबाब : परम्परा की पुनर्व्याख्या	कुँवर नारायण; अंग्रेजी से अनुवाद : शिवानन्द शर्मा	99
मूल्यांकन		
मलयज की संघर्ष-मीमांसा *रामचन्द्र शुक्ल : मलयज*	परमानन्द श्रीवास्तव	102
मलयज से आगे : कुछ विचार-सूत्र *मिथ में बदलता आदमी : मलयज*	पद्मनाभ प्रभास	108
मानव-सम्बन्धों के बीच कसमसाता इतिहास *मय्यादास की माड़ी : भीष्म साहनी*	पुरुषोत्तम अग्रवाल	120

साहित्य का समाजशास्त्र और रूपवाद *साहित्य का समाजशास्त्र और रूपवाद : डॉ. बच्चन सिंह*	रामबक्ष	124

नवांक-86 : जुलाई-सितम्बर, 1988

सम्पादकीय		
यह अंक	नामवर सिंह	3
दस कविताएँ		
1. अश्वमेध; 2. हत्या का कारण; 3. पवित्र व्याधि	देवी प्रसाद मिश्र	6
4.अंग्रेज़; 5. दु:ख का कारण; 6. गणतंत्र; 7. विद्रोही भाषा	देवी प्रसाद मिश्र	7
8. संग्रहालय की बंदूक; 9. खग बनकर उड़ लिए	देवी प्रसाद मिश्र	8
10. कविता	देवी प्रसाद मिश्र	9
लेख		
हिन्दी की मार्क्सवादी आलोचना : कितनी मार्क्सवादी कितनी आलोचना	मैनेजर पाण्डेय	10
आलोचक का सामाजिक दायित्व	खगेन्द्र ठाकुर	18
आलोचक का सामाजिक दायित्व	विश्वनाथ त्रिपाठी	23
समकालीन रचना की चुनौतियाँ और आलोचना-कर्म	परमानन्द श्रीवास्तव	29
त्रिलोचन की कविता, जिसका प्राण सहजता है	गोविंद प्रसाद	34
भारतीय विवेक के स्वप्न : सन्दर्भ हरिशंकर परसाई	शम्भुनाथ	41
वोले शोयिंका और शिकारी की सीटी	वीरेन्द्र कुमार बरनवाल	49
कविता		
1. शोक-गान	वोले शोयिंका; अनु. : वीरेन्द्र कुमार बरनवाल	53
2. मेरी धरती के लिए	वोले शोयिंका; अनु. : वीरेन्द्र कुमार बरनवाल	54
3. प्रभात; 4. अश्वेत गायिका (मार्ज, न्यूयार्क के लिए)	वोले शोयिंका; अनु. : वीरेन्द्र कुमार बरनवाल	56
5. धरोहर	वोले शोयिंका; अनु. : वीरेन्द्र कुमार बरनवाल	57
मूल्यांकन		
'अच्छी कविता' के प्रचलित ढर्रे से बाहर जाने की कोशिश *अकाल में सारस : केदारनाथ सिंह*	राजेश जोशी	58
'अकल में सारस' : एक क्लोज़-अप *: केदारनाथ सिंह*	अरुण कमल	64

अकेले यथार्थ-बोध की सीमाएँ *पहला पड़ाव : श्रीलाल शुक्ल*	रवीन्द्र वर्मा	70
एक पीढ़ी के ध्वस्त होने की कथा *सूखा बरगद : मंज़ूर एहतेशाम*	रंजना अरगड़े	76
सीमित और सुरक्षित अनुभव की भूमिका *इस हमाम में; ग्यारह लम्बी कहानियाँ : चित्रा मुद्गल*	मधुरेश	83
प्रगतिशील काव्य-चेतना की पहचान *शब्द जहाँ सक्रीय हैं : नंदकिशोर नवल*	अनंत मिश्र	88
'यथार्थवाद' पर टिप्पणियाँ *साहित्य में यथार्थ : सिद्धान्त और व्यवहार : अरुण माहेश्वरी*	रामबक्ष	93

हस्तक्षेप

'आदि भारोपीय' की उपकल्पना और ऐतिहासिक भाषा-विज्ञान	भगवान सिंह	97

नवांक-87 : अक्टूबर-दिसम्बर, 1988

सम्पादकीय

आलोचना की संस्कृति और संस्कृति की आलोचना	नामवर सिंह	3

लेख

'लम्बी क्रान्ति' पर लम्बी बहस : रेमंड विलियम्स (1921-1988)	मैनेजर पाण्डेय	10

पुनर्मूल्यांकन

रेणु की आंचलिकता : भाषा और रूप	कैथरिन हैंसन; अनु. : सुरेश बाफना; संशोधन : सुषम बेदी	37
आज़ादी की त्रादसी की पड़ताल : 'मैला आँचल' पर पुनर्दृष्टि	सुवास कुमार	55
हेगेमनी, आधार और अधिरचना : अन्तोनियो ग्राम्शी की अवधारणाएँ	अलखनारायण	67
भाषा और यथार्थ	राघव प्रकाश	78
भारतेन्दुयुगीन आलोचना की शब्दावली और उसका रचना-सन्दर्भ	रामचन्द्र प्रकाश	86
रामचरितमानस की भाषा : एक नया सन्दर्भ	जितराम पाठक	94

मूल्यांकन

रामचन्द्र शुक्ल की विचारधारा का सवाल *बौद्धिक उपनिवेशवाद की चुनौती और रामचन्द्र शुक्ल : शंभुनाथ*	रामवक्ष	103

वास्तविकता की सजीव उपस्थिति लेकिन... *अगली किताब : स्वयं प्रकाश* — अखिलेश 108

अकविता से बाहर आती कविता की कोशिश *आग हर चीज़ में बताई गई थी : चन्द्रकान्त देवताले* — राजेश जोशी 112

नवांक-88 : जनवरी-मार्च, 1989

सम्पादकीय

यह अंक — नामवर सिंह 3

कविता

1. चाहता हूँ; 2. दिया-बाती — बोधिसत्व 5

3. सिकंदर; 4. क्यों?; 5. पिता — बोधिसत्व 6

6. बो दूँ कविता; 7. बाकी है; 8. कभी एक दिन — बोधिसत्व 7

9. तमाशा; 10. मेरा देश — बोधिसत्व 8

11. सुनो बुद्धू सुनो; 12. मस्टराइन; 13. मुझे सोचना है — बोधिसत्व 9

14. दिल्ली — बोधिसत्व 10

निबन्ध

मानव अस्तित्व का रचनात्मक सन्दर्भ — रघुवंश 11

अन्तरशास्त्रीय आलोचना की प्रस्तावना — वीरेन्द्र सिंह 19

भक्तिकाव्य और आचार्य शुक्ल — लक्ष्मीनारायण वर्मा 26

द्विवेदीयुगीन आलोचना की शब्दावली और उसका रचना-सन्दर्भ — रामचन्द्र तिवारी 42

व्यंग्य की सामाजिकता — प्रेमशंकर 51

रंगकर्म का व्यावसायिक उत्कर्ष : कला-निपुणता का सामाजिक सरोकार — सत्येन्द्र कुमार तनेजा 60

कविता

1. पानी पर चलो; 2. नदी; 3. खंडहर — रणधीर सिनहा 69

4. लक्ष्मीपुत्र; 5. आग; 6. खाँसी; 7. ऐसा क्यों 8. घबराओ मत — रणधीर सिनहा 70

9. मुझे लगता है; 10. नया जन्म; 11. जमीन उदास है; 12. आने के लिए — रणधीर सिनहा 71

13. आज का सूरज; 14. आज; 15. पहचान — रणधीर सिनहा 72

मूल्यांकन

व्यंग्य की हिस्सेदारी *उमराव नगर में कुछ दिन : श्रीलाल शुक्ल* — मधुरेश 73

अनुभव का अधूरापन *उड़ने से पेशतर : महेन्द्र भल्ला* — मधुरेश 78

एक नए सांस्कृतिक जागरण का घोषणापत्र *परिवर्तन और विकास के सांस्कृतिक आयाम : पूरनचन्द्र जोशी*	कृष्णकान्त मिश्र	83

नवांक-89 : अप्रैल-जून, 1989

गोरख पांडेय स्मृति अंक

सम्पादकीय		
यह अंक	नामवर सिंह	3
कविता		
स्वर्ग से बिदाई	गोरख पांडेय	6
निबन्ध		
धर्म : जनता का अफीम	गोरख पांडेय	9
संस्मरण		
गोरख पांडेय : बनारस के वे दिन	बलराज पांडेय	12
गोरख पांडेय : यादों के आईने में	चमन लाल	16
कविताएँ	परिचय (एरिश फ्रीड) : उज्ज्वल भट्टाचार्य	22
तीन सवाल एक साथ; आधिपत्य की आज़ादी; खेल के साथी; जिन्दा?	एरिश फ्रीड; अनु. : उज्ज्वल भट्टाचार्य	23
बखान का अन्त; आदी न बनना; बोस्टन को आखिरी ख़त	एरिश फ्रीड; अनु. : उज्ज्वल भट्टाचार्य	24
हिंसा	एरिश फ्रीड; अनु. : उज्ज्वल भट्टाचार्य	25
लेख		
कविता का अनुवाद	चन्द्रकान्त पाटील; अनु. : निशिकान्त	26
पत्र		
के. सच्चिदानन्दन का पत्र परमानन्द श्रीवास्तव के नाम	के. सच्चिदानन्दन, परमानन्द श्रीवास्तव	34
लेख		
एक किंवदंती के लिए लड़ रहे हैं	सुविमल बसाक	35
कविता का अनुवाद : कुछ बुनियादी सिद्धान्त	दूधनाथ सिंह	38
संवाद		
मुक्तिबोध और धूमिल के बारे में त्रिलोचन शास्त्री से वीरेन्द्र मोहन की बातचीत	त्रिलोचन शास्त्री, वीरेन्द्र मोहन	48
लेख		
अशोक वाजपेयी की कविता	ओम भारती	57

कविता

मैं और खच्चर	लैंगस्टन ह्यूज़; अनु. : सुरेश सलिल	67
एक अश्वेत लड़की का गीत	लैंगस्टन ह्यूज़; अनु. : सुरेश सलिल	67

मूल्यांकन

'यमगाथा' : मिथक के भीतर इतिहास की खोज *: दूधनाथ सिंह*	भगवान सिंह	68
मार्क्सवादी विचार के तहत मुक्ति की मिथकीय संभावनाएँ *यमगाथा : दूधनाथ सिंह*	सत्येन्द्र कुमार तनेजा	72
घर से बहार आना *घर का रास्ता : मंगलेश डबराल*	विजय कुमार	75
अधिरचना से बदलता सौन्दर्यबोध *उठे गुमड़े नीले : विजेन्द्र*	जीवन सिंह	82

नवांक-90 : जुलाई-सितम्बर, 1989

निर्मल वर्मा पर केन्द्रित अंक

सम्पादकीय

एक सौन्दर्योपासक सन्त की षष्टिपूर्ति पर संवाद	नामवर सिंह	3

लेख

साहित्यिक कृति का सत्य	निर्मल वर्मा	9
खरगोश के रोएँ जैसे गद्य को सहलाते हुए	कुँवर नारायण	16
अपनी ज़मीन, सारी ज़मीन	रवीन्द्र वर्मा	18
धूप के एक टुकड़े की तलाश	राजेन्द्र यादव	23
कहानीकार निर्मल वर्मा : पुनर्विचार	मधुरेश	28
निर्मल वर्मा की कहानियों का सौन्दर्यशास्त्र और समाजशास्त्र	वीर भारत तलवार	45
समय की गंदगी के बीच *'ढलान से उतरते हुए' के बहाने*	नाग बोडस	82

कविता

एक चिथड़ा सुख *एक कविता : निर्मल वर्मा के लिए सादर*	रामकुमार कृषक	91

नवांक-91 : अक्टूबर-दिसम्बर, 1989

कविता

मुसलमान	देवी प्रसाद मिश्र	3

आत्म-कथ्य

साठ? तो फिर?	रघुवीर सहाय	6

लेख
रघुवीर सहाय की कविता : कुछ नोट्स | राजेश जोशी | 8
कलम-पुरुष | कृष्णा सोबती | 16
संस्मरण
सोमदत के बारे में | केदारनाथ सिंह | 20
संवाद
'का चुप साध रहा बलवाना' *सोमदत्त से एक बातचीत* | सोमदत्त, महावीर प्रसाद अग्रवाल | 23
लेख
कैसे कहें कि वाहे गुरु उन्हें माफ़ करना | पुरुषोत्तम अग्रवाल | 26
कविता
मंदिर लेन | लीलाधर जगूड़ी | 35
लेख
कविता और समीक्षा : हिन्दी-मराठी परिदृश्य | चन्द्रकान्त पाटील; अनु. : विलास गिते | 39
लेखक क्या होता है? | मिशेल फ़ूको; अनु. : रामकीर्ति शुक्ल | 44
कविता और व्यक्तित्व | महावीर दाधीच | 55
मूल्यांकन
ऋतुराज का 'सुरत-निरत' *: ऋतुराज* | जीवन सिंह | 63
स्मृति और वर्तमान का द्वन्द्व *उस चिड़िया का नाम : पंकज बिष्ट* | परमानन्द श्रीवास्तव | 67
कहानी का एक नया स्वाद *तिरिछ : उदय प्रकाश* | अपूर्वानंद | 71
समकालीन दबाव और युवा रचनात्मकता *मुक्ति : अखिलेश* | रवीन्द्र वर्मा | 78

नवांक-92 : जनवरी-मार्च, 1990

सम्पादकीय
रस : जरा का तस और बस? | नामवर सिंह | 3
लेख
प्राचीन भारतीय साहित्य मीमांसा : एक आकलन | अशोक रा. केलकर; मराठी से अनुवाद : ह.श्री. माने | 9
रस-सिद्धान्त का स्वरूप | दि.के. बेडेकर; मराठी से अनुवाद : प्रभाकर माचवे | 54

नवांक-93 : अप्रैल-जून, 1990

तीन कविताएँ

1. पर्ची; 2. रपट; 3. देखते-देखते	केदारनाथ सिंह	3

लेख

उन्नीसवीं शताब्दी का औपनिवेशिक भारत और हिन्दी नवजागरण	बच्चन सिंह	5
हिन्दी नवजागरण : सामन्त-विरोधी मूल्य और बुद्धिवाद की प्रतिष्ठा	विजेन्द्र नारायण सिंह	11
महाराष्ट्र में आधुनिकता का उदय : सांस्कृतिक चुनौती	चन्द्रकान्त बांदिवडेकर	17
नवजागरण का तमिलनाडु के समाज, राजनीति एवं साहित्य पर प्रभाव	टी.एस. कुप्पुस्वामी	24

कविता

1. यह रात है; 2. दीवार पर खड़िया से लिखा था; 3. नेता जब शान्ति की बात करते हैं; 4. जब कूच हो रहा होता है; 5. वे जो शिखर पर बैठे हैं; कहते हैं; 6. ऊपर बैठनेवालों का कहना है; 7. हॉलीवुड	बर्टोल्ट ब्रेश्ट; अनु. : मोहन थपलियाल	32
8. एक चीनी शेर की नक्काशी को देखकर; 9. एम. के लिए समाधिलेख; 10. जर्मनी 1945; 11. जो बोलते हो; उसे सुनो भी; 12. 1940 (4); 13. 1940 (5); 14. 1940 (6)	बर्टोल्ट ब्रेश्ट; अनु. : मोहन थपलियाल	33
15. मेरी माँ; 16. गौरव; 17. हर चीज़ बदलती है; 18. बुरे वक़्त का प्रेमगीत; 19. नया ज़माना; 20. और मैं हमेशा सोचता था	बर्टोल्ट ब्रेश्ट; अनु. : मोहन थपलियाल	34
21. साल-दर-साल; 22. शरणार्थी वाल्टर बेन्यामिन की आत्महत्या पर; 23. जनता की रोटी	बर्टोल्ट ब्रेश्ट; अनु. : मोहन थपलियाल	35
24. अच्छे कारण के लिए खदेड़ा गया	बर्टोल्ट ब्रेश्ट; अनु. : मोहन थपलियाल	36

लेख

पत्रकारिता और सामाजिक प्रतिबद्धता	शम्भुनाथ	37
हिन्दी पत्रकारिता की परम्परा और राष्ट्रीय आन्दोलन का विकास	अरुण कुमार	46
छत्तीसगढ़ मित्र और हिन्दी समालोचना	देवीप्रसाद वर्मा	60
आचार्य रामचन्द्र शुक्ल : आलोचना की शब्दावली का रचना-सन्दर्भ	रामचन्द्र तिवारी	66

मूल्यांकन

कविता का जीवन *: असद ज़ैदी* — रंजना अरगड़े 77

उतरे हुए तापमान वाली कविता *अधूरी चीज़ें तमाम : प्रयाग शुक्ल* — अरविन्द त्रिपाठी 83

कहानियाँ–जिनमें जीवन अधिक है और कला कम *प्रतिनिधि कहानियाँ : मिथिलेश्वर* — सदानन्द शाही 86

गोदान का ट्रेजिक रूप *प्रेमचन्द और उनका युग : डॉ. रामविलास शर्मा* — वीर भारत तलवार 91

प्रसाद और रंगमंच की सम्भावनाएँ *प्रसाद का नाट्यकर्म : सत्येन्द्र कुमार तनेजा* — राधावल्लभ त्रिपाठी 94

सहस्राब्दी अंक-1 : अप्रैल-जून, 2000

फासीवाद और संस्कृति का संकट

सम्पादकीय

पुनर्नवता — नामवर सिंह 5

कविता

जब जुल्म बारिश की तरह आता है — बर्तोल्ट ब्रेष्ट; अनु. : अरुण कमल 11

फासीवाद विमर्श (खंड : एक)

क्रान्तिकारी वामपंथी शक्तियों की ज़रूरत — रविभूषण 15

भारत में फासीवाद का ख़तरा — खगेन्द्र ठाकुर 25

फासीवाद का भारतीय अवतार — प्रभाष जोशी 36

भारतीय फासीवाद के सामाजिक आधार — राजकिशोर 43

फासीवाद : आहटें आस-पास — प्रदीप सक्सेना 49

वैश्वीकरण के तकाजे और फासीवाद — जितेन्द्र भाटिया 65

वैचारिक शून्य में पनपता है फासीवाद — राजेन्द्र यादव; प्रस्तुति : राधेश्याम तिवारी 71

राष्ट्रवाद का विकृत रूप है फासीवाद — हरबंस मुखिया; प्रस्तुति : देवेन्द्र चौबे 76

फासीवाद और राष्ट्रीय संस्कृति — एजाज़ अहमद; प्रस्तुति : प्रियदर्शन 79

आर्थिक उदारीकरण : फासीवाद के खुलते दरवाज़े — अरुण कुमार; प्रस्तुति : इरफान 94

प्रतिगामी सांस्कृतिक अभियान : प्रतिरोध की रणनीति — पूरन चन्द्र जोशी 96

फासीवाद और साहित्य

हिन्दी रचना-जगत और जातीय स्मृति का छद्म — मुद्राराक्षस 109

अजाने बचे हुए अँधेरों से	सुधीर चन्द्र	117
पवित्र जगह से वंचित	मंगलेश डबराल	121
फासीवाद की चौतरफ़ा आहटें	कृष्णा सोबती; प्रस्तुति : इरफान	125
फासीवाद से संघर्ष के लिए ज़रूरी है सुदृढ़ जनतंत्र	भीष्म साहनी; प्रस्तुति : मिथिलेश श्रीवास्तव	127
फासीवाद का नया चेहरा	कमला प्रसाद	129
नवफासिवाद की चुनौतियाँ और उपभोक्तावाद	राजेन्द्र कुमार	137

कलाएँ और मीडिया

फासीवाद और सिनेमा	विष्णु खरे; प्रस्तुति : हेमंत कुकरेती	141
संस्कृति का संकीर्ण वर्चस्ववाद	देवेन्द्र राज अंकुर	148
एक हथियार के रूप में पेंटिंग	विनोद भारद्वाज	152
क्या कहूँ आज जो नहीं कही	मृणाल पाण्डे	156
अभिव्यक्ति के ख़तरे उठाकर : गोविन्द पुरुषोत्तम देशपांडे से सुमन केशरी की बातचीत (संवाद)	प्रस्तुति : प्रेमकुमार तिवारी	160
धर्म की राजनीति और औरत *'देवता थके, चीलें थक गईं, घाव थकान से मुँदे'*	तहमीना दुर्रानी; प्रस्तुति : अनामिका	169
हॉप्टमैन! हाय!	अल्फ्रेड केर; अनु. : अरुण कमल	177
निरंकुश परिवार में यौनार्थिक पूर्वधारणाएँ : फासिज्म का जन-मनोविज्ञान	विल्हैम राइश; अनुवाद और प्रस्तुति : सुधीश पचौरी	179

कविताएँ (खंड : दो)

पद-कुपद और कुछ कविताएँ पद–1; पद–2	अष्टभुजा शुक्ल	189
पद–3; पद–4; पद–5; पद–6	अष्टभुजा शुक्ल	190
पद–7; पद–8; भारत घोड़े पर सवार है	अष्टभुजा शुक्ल	191
स्विच; दु:स्वप्न भी आते हैं	अष्टभुजा शुक्ल	192
कहाँ गई आख्या	अष्टभुजा शुक्ल	193

सृजन-परिदृश्य (खंड : तीन)

महज़ 'उन्माद' नहीं है फासीवाद	वीरेन्द्र यादव	197
सैद्धान्तिकी और लेखक की एक पुनश्चर्या	ललित कार्तिकेय	207
राष्ट्रीय विघटन पर एक और शोकगीत	परमानन्द श्रीवास्तव	214
'दक्षिणपंथी सूर्योदय में वामपंथी ग्रहण'... 'और अन्त में प्रार्थना'	शम्भु गुप्त	221
हिन्दूवादी राजनीति की पहचान	रवीन्द्र त्रिपाठी	238

आज का पाठ तथा अन्य कहानियाँ — सुशील सिद्धार्थ 241
अपने समय का मेटाफर खोजती कविता — राजेश जोशी 246
हर समय के समानान्तर चलता है कोई और समय — विजय कुमार 250
नींद का स्वातंत्र्य — सहगल 257
यह ऊब है जिसे हवा कहा जा रहा है — अरविन्द त्रिपाठी 267

छह सौ साल बाद कबीर (खंड : चार)

कबीर और आज का समय — मैनेजर पाण्डेय 275
कबीर से मेरा नाता — पुरुषोत्तम अग्रवाल 282
कुछ कबीर की कुछ अपनी — भगवान सिंह 291
दलित आत्मपहचान की लड़ाई और कबीर — शम्भुनाथ 304
कबीर को भगवा? — नामवर सिंह 310

सहस्राब्दी अंक-2 : जुलाई-सितम्बर, 2000

स्मरण में है आज जीवन

सम्पादकीय

यह अंक — परमानन्द श्रीवास्तव 5

स्मरण में है आज जीवन

मित्र संवाद और गद्य की विलुप्त कला — नामवर सिंह 7
वैदिक कवियों का सौन्दर्यबोध — रामविलास शर्मा 16
भाषा, परम्पराबोध और संस्कृति — भगवान सिंह 33
केदारनाथ अग्रवाल की आठ कविताएँ — केदारनाथ अग्रवाल 63
हरी घास का बल्लम — नन्दकिशोर नवल 66
जिनके लिए प्रेम एक प्रार्थना है — अरविन्द त्रिपाठी 74
रामविलास शर्मा के पत्र केदारनाथ अग्रवाल के नाम — रामविलास शर्मा; केदारनाथ अग्रवाल 78
केदारनाथ अग्रवाल के पत्र नामवर सिंह के नाम — केदारनाथ अग्रवाल/नामवर सिंह 80

एकान्त श्रीवास्तव की दस कविताएँ

इस संसार के जलवायु में — एकान्त श्रीवास्तव 89
दो दुनियाओं के बीच; समुद्र पीछे खिसक रहा है; डर — एकान्त श्रीवास्तव 90
शब्द रहते हैं; पारिजातम् — एकान्त श्रीवास्तव 91
लड़की और आम; भादों की रात; नगाड़ा — एकान्त श्रीवास्तव 92
मेरा घर — एकान्त श्रीवास्तव 93

जन्मशती-स्मरण

सुमित्रानन्दन पन्त का अन्तर्गमन — दूधनाथ सिंह 94

सृजन-परिदृश्य
साथी, इस समय यह लालटेन? *ताना-बाना : सं. : केदारनाथ सिंह, के. सच्चिदानंदन* परमानन्द श्रीवास्तव 105
स्मृतिगर्भी कविता का नया ठाट *दो पंक्तियों के बीच : राजेश जोशी* केदारनाथ सिंह 111
जहाँ हाशिए की भी एक दुनिया है *आवाज़ भी एक दुनिया है : मंगलेश डबराल* सत्यपाल सहगल 115
एक बीहड़ बाहर, एक भीतर *समय सरगम : कृष्णा सोबती* ललित कार्तिकेय 121

शिकवा
एक पत्र, पढ़त-पढ़त केते दिन बीते रामस्वरूप चतुर्वेदी 126

जबावे-शिकवा
कबीर को अगवा? नामवर सिंह 128

सहस्राब्दी अंक-3 : अक्टूबर-दिसम्बर, 2000

पुनःस्मरण

सम्पादकीय
यह अंक परमानन्द श्रीवास्तव 5
शिवदानसिंह चौहान : इतिहास के परिप्रेक्ष्य को सही करते हुए नामवर सिंह 7
'आलोचना' क्यों *'आलोचना' के प्रथम अंक (अक्तूबर, 1951) में प्रकाशित शिवदानसिंह चौहान का सम्पादकीय* शिवदानसिंह चौहान 14
शिवदानसिंह चौहान के पत्र नामवर सिंह के नाम शिवदानसिंह चौहान 19
सरदार जाफ़री और नक़्दे-शेर शारिब रुदौलवी; उर्दू से लिप्यंतरण : कु. कहकशाँ लतीफ़ 23

काव्य-परिदृश्य
प्रेम रंजन अनिमेष की दस कविताएँ : हामिद का चिमटा, प्रस्तावना प्रेम रंजन अनिमेष 32
स्त्रियों की बीमारियाँ प्रेम रंजन अनिमेष 33
फुटबाल दल का प्रशिक्षक प्रेम रंजन अनिमेष 35
मेहतरानी का पान प्रेम रंजन अनिमेष 36
मोच प्रेम रंजन अनिमेष 37
बिना मुँडेर की छत प्रेम रंजन अनिमेष 38
अकेले का युगल गीत, वापसी का टिकट प्रेम रंजन अनिमेष 39
पृथ्वी उम्मीद से है प्रेम रंजन अनिमेष 40

नोटबुक से
कवि की नोटबुक | राजेश जोशी | 41
जन्मशती : उग्र
'उग्र' का साहित्य : समय की निगरानी का लोक-साक्ष्य | भवदेव पांडेय | 47
जन्मशती : जीवनानन्द दास
काल की समग्रता और जीवनानन्द दास | शंख घोष; अनु. : रामशंकर द्विवेदी | 55
आलोचना-परिदृश्य
मार्क्सवाद और 'विश्व साहित्य' | एजाज़ अहमद; अनु. : प्रियदर्शन | 62
एडवर्ड सईद और उत्तर-उपनिवेशवादी अधिकल्पना | राजनाथ; अनु. : रामकीर्ति शुक्ल | 73
'टीकास्वयंबर' मराठी समीक्षा के नए आयाम | चन्द्रकान्त पाटिल | 83
आंग्ल भारतीय सन्दर्भ में साहित्यिक प्रभाव के अध्ययन का सैद्धान्तिक ढाँचा | भालचन्द्र नेमाड़े | 87
'असली' की असलियत | बद्री नारायण | 91
बाज़ार और सांस्कृतिक बाज़ार | मुद्राराक्षस | 98
परम्परा का एक पन्ना : स्त्री शिक्षा के मूल्य और हिन्दी नवजागरण *लड़कियों की पहली किताब* | वीर भारत तलवार | 107
नाटक की दूसरी परम्परा | राधावल्लभ त्रिपाठी | 114
दूसरे नाट्यशास्त्र की खोज | देवेन्द्र राज अंकुर | 121
सृजन-परिदृश्य
स्वप्नभंग के बाद का आत्ममंथन *स्वप्न और यथार्थ : आज़ादी की आधी सदी : पूरनचन्द्र जोशी* | भगवान सिंह | 137
समाजवादी सपने का यथार्थ *समाजवाद का सपना : सं. : मुरली मनोहर प्रसाद सिंह* | खगेन्द्र ठाकुर | 137
जीवनधर्मिता की परख *कविता और समय : अरुण कमल* | जयप्रकाश | 143
विचारधारात्मक पुनर्गठन और सांस्कृतिक प्रति-आक्रमण *संस्कृति की उत्तरकथा : शम्भुनाथ* | रेवती रमण | 150
संस्कृति के सर्जनात्मक 'स्व' का अभिज्ञान *विचार का अन्त : पुरुषोत्तम अग्रवाल* | राजेन्द्र कुमार | 157
एक आलोचक के विवेक का सबूत *आलोचना का द्वन्द्व : देवीशंकर अवस्थी* | अरविन्द त्रिपाठी | 161
पत्र-संवाद
एक कलाकार की असहमति | गुलाम मोहम्मद शेख़ | 166

सहस्राब्दी अंक-4 : जनवरी-मार्च, 2001

भारतेन्दु : डेढ़ सौ साल बाद

सम्पादकीय

यह अंक — परमानन्द श्रीवास्तव 5

धरोहर

भारतेन्दु और भारत की उन्नति — नामवर सिंह 7

भारतवर्ष की उन्नति कैसे हो सकती है? — भारतेन्दु हरिश्चन्द्र 12

भारतेन्दु : डेढ़ सौ साल बाद — शम्भुनाथ 16

एक और भारतेन्दु समग्र? — धीरेन्द्रनाथ सिंह 26

सौ साल बाद रैल्फ फॉक्स

विचार, विचारधारा और रैल्फ फॉक्स — सुरेश सलिल 43

काव्य-सृजन परिदृश्य : कविता

धरती की संवेदना से नाभिनालबद्ध — टिप्पणी : अरविन्द त्रिपाठी 52

चैत की चौपही — दिनेश कुमार शुक्ल 53

धरती के छोर पर — दिनेश कुमार शुक्ल 54

संझा-भाषा — दिनेश कुमार शुक्ल 55

कविता ही दु:ख की बोली है — दिनेश कुमार शुक्ल 55

नई दुनिया; लोहा — दिनेश कुमार शुक्ल 56

भीतर कवि थे — दिनेश कुमार शुक्ल 57

सामने है कन्दरा — दिनेश कुमार शुक्ल 58

मुनियाँ, मोती और जाड़े की कथा — दिनेश कुमार शुक्ल 58

रतजगा — दिनेश कुमार शुक्ल 59

इस समूचे दृश्य के बाद — उदय प्रकाश 62

टेलिफ़ोन — उदय प्रकाश 63

समकालीन साहित्य की केन्द्रीय समस्या — उदय प्रकाश 63

महाकवि के चूज़े — उदय प्रकाश 64

लेख

रिक्त स्थानों की कविता — मंगलेश डबराल 65

कठिन समय में कविता — विनोद दास 69

मूल्यांकन-परिदृश्य

कवि का पुनर्जन्म *रात में हारमोनियम : उदय प्रकाश* — परमानन्द श्रीवास्तव 75

कविता का आज *संदर्भित काव्य-संग्रह—अतिरिक्त नहीं : विनोद कुमार शुक्ल; वर्षा में भीगकर : इब्बार रब्बी; एवजी में शब्द : विनोद कुमार श्रीवास्तव; मगर एक आवाज़ : लीलाधर मंडलोई; जोखिम से कम नहीं : ओम भारती; नीमरोशनी में : मदन कश्यप; कटौती : निलय उपाध्याय; हम जो नदियों का संगम हैं : बोधिसत्व; मिट्टी का फल : प्रेमरंजन अनिमेष; कागज के प्रदेश में : संजय कुंदन*	अरविन्द त्रिपाठी	81
एक घर होना चाहिए अपना *समीक्षा नहीं अपितु एक लम्बा पत्र; संदर्भित काव्य-संग्रह—इस तरह मैं : पवन करण; चलो कुछ खेल जैसा खेलें : महेश आलोक; जल में : गणेश पाण्डेय; सिगड़ी : सुधीर मोता; किसी उम्मीद की तरह : मिथिलेश श्रीवास्तव; कहा उसने और हँसा : प्रताप राव कदम; एक बुरुंश कहीं खिलता है : हरीशचन्द्र पाण्डेय*	लीलाधर मंडलोई	98
कवि-यथार्थ का शुक्ल-पक्ष *मिट्टी से कहूँगा धन्यवाद : एकांत श्रीवास्तव*	जयप्रकाश	103
भाषान्तर		
भारतीय अंग्रेजी लेखन में भारतीयता	भालचन्द्र नेमाड़े; अनु. : सूर्यनारायण रणसुभे	111
आलोचना-परिदृश्य		
लेखन में वैचारिक पक्षधरता और रचनात्मक कौशल	हृषीकेश	124
साहित्य, समाज और जनतंत्र	प्रफुल्ल कोलख्यान	137
वैश्वीकरण, विज्ञान और बाज़ार की राजनीति	जितेन्द्र भाटिया	147
कुँवर नारायण के काव्य-चिन्तन के बहाने कुछ सवाल	अरुण कमल	153
एक फकीर जननायक : पीर मुहम्मद मूनिस	कर्मेन्दु शिशिर	156
पानी जो पत्थर के भीतर जाता है *हिन्दी साहित्य और स्त्रीवाद*	अनामिका	161

सहस्राब्दी अंक-5 : अप्रैल-जून, 2001
रामविलास शर्मा की बरसी पर

सम्पादकीय		
यह विशेषांक	परमानन्द श्रीवास्तव	5
रामविलास शर्मा का आलोचना-विवेक और सौन्दर्य-दृष्टि	राजेन्द्र कुमार	7
एक		
रामविलास शर्मा का काव्य-विचार	वागीश शुक्ल	16

निराला की कविता और रामविलास शर्मा : कसौटी पर | नन्दकिशोर नवल 23
काव्याभिरुची का संकट और काव्यबोध की सीमाएँ | परमानन्द श्रीवास्तव 35
कथा-आलोचना और रामविलास शर्मा | वीरेन्द्र यादव 40

दो

हिन्दी नवजागरण की अवधारणा : सन्देह के बावजूद | शम्भुनाथ 51
प्रश्नों और आपत्तियों के बीच | रामचन्द्र तिवारी 64
रामविलास शर्मा और हिन्दी जाति | पी.एन. सिंह 74
मार्क्सवादी आलोचना और रामविलास शर्मा के मूल्यांकन की समस्याएँ | प्रदीप सक्सेना 90
भारतेन्दु और रामविलास शर्मा के भारतेन्दु | पुरुषोत्तम अग्रवाल 101
हिन्दू जागरण का साहित्यिक एजेंडा | अजय तिवारी 109
हिन्दी जाति और उर्दू | शम्सुर्रहमान फ़ारूक़ी 119

तीन

गाँधी की विरासत : रामविलास शर्मा की दृष्टि में | पूरनचन्द्र जोशी 123
रामविलास शर्मा की बृहत्त्री का 'लोहिया कांड' | गिरीश मिश्र 135
रामविलास शर्मा का प्रच्छन्न हिन्दुत्व | तुलसी राम 146

चार

समर्पण, सदिच्छा और सरोकार पर्याप्त नहीं | लालबहादुर वर्मा 170
रामविलास शर्मा का 'व्यापारिक पूँजीवाद' | वीर भारत तलवार 177
आर्य भारत के मूल निवासी नहीं हैं *रामशरण शर्मा से मदन कश्यप की बातचीत* | रामशरण शर्मा 191
रामविलास शर्मा का मार्क्सवाद : एक आलोचना | कात्ययानी 196
प्रगतिशील आन्दोलन और रामविलास शर्मा | खगेन्द्र ठाकुर 210

पाँच

रामविलास शर्मा और ऐतिहासिक भाषाविज्ञान | भगवान सिंह 226

और अन्त में...

इतिहास की 'शव-साधना' | नामवर सिंह 241

सहस्राब्दी अंक-6 : जुलाई-सितम्बर, 2001

संस्कृति और भमंडलीकरण

सम्पादकीय

यह अंक | परमानन्द श्रीवास्तव 5

आलोचना-परिदृश्य

संस्कृति और भूमंडलीकरण | एजाज़ अहमद; अनु. : प्रियदर्शन 7

रूपक, साहित्य-भाषा और समकालीन समीक्षा	राजनाथ; अनु. : रामकीर्ति शुक्ल	20
उत्तर-उपनिवेशवाद : एक भारतीय विमर्श	अवधेश कुमार सिंह; अनु. : अमिताभ खरे	35
साहित्य और आलोचना के ढाई घर में पाठक का झिझिर कोना	प्रफुल्ल कोलख्यान	46
'यहूदी की लड़की' का रचना-विधान	देवेन्द्र राज अंकुर	56
मराठी उपन्यासों का समकालीन परिदृश्य	चन्द्रकान्त पाटिल	62
सृजन-परिदृश्य (कविता)		
कुतरे गए फल; बैठक का कमरा	हरिशचन्द्र पाण्डे	69
ले देकर एक; हथियाई गई ज़मीन	हरिशचन्द्र पाण्डे	70
इधर मैंने उठाई है; खिलौने; काँटा निकालना	हरिशचन्द्र पाण्डे	71
बचा लो इसे; जंगल में रास्ता; क़र्ज़	हरिशचन्द्र पाण्डे	72
सुअर का बच्चा; ये भीड़ किधर जाएगी; कहानी का एक पात्र; सपना	हरिशचन्द्र पाण्डे	73
शेर बचाओ (अभियान)	हरिशचन्द्र पाण्डे	74
नोटबुक से		
नोटबुक से	शशांक	75
कथा-परिदृश्य		
उपन्यास का जनतंत्र और हाशिए का समाज	वीरेन्द्र यादव	78
'क्याप' अर्थात् 'कुछ भी नहीं हुआ'	विजयमोहन सिंह	92
यथार्थवाद पर भरोसा किए बग़ैर कथा का यथार्थ	परमानन्द श्रीवास्तव	97
कहानी की उपस्थिति	जयप्रकाश	101
कहानी लिखती स्त्रियाँ	प्रियदर्शन	108
प्रकृतवाद के लौह-शिकंजे में क़ैद अल्मा	ललित कार्तिकेय	114
स्त्री-महाशक्ति की भूमिका की पहचान	भवदेव पांडेय	118
उदास चाँदनी के साथ-साथ	सुशील सिद्धार्थ	122
रचनात्मकता और वैचारिकता का अग्रगामी मेल	शंभु गुप्त	127
बीसवीं शताब्दी की हिन्दी कहानी : संकलन और सार के बीच	अरुण प्रकाश	136
वाद, विवाद, संवाद		
परम्परा और प्रबोधन	पुरुषोत्तम अग्रवाल	142

सहस्राब्दी अंक-7-8 : अक्टूबर-दिसम्बर, 2001/जनवरी-मार्च, 2002

साम्प्रदायिक राष्ट्रवाद और उपन्यास

सम्पादकीय

यह अंक — परमानन्द श्रीवास्तव — 5

सृजन-परिदृश्य (कविता)

जो पीवे नीर नैना का — देवी प्रसाद मिश्र — 7

कथा-परिदृश्य

साम्प्रदायिक राष्ट्रवाद और उपन्यास — सुधीर चन्द्र; अनु. : रघुवंश मणि — 9
नारी का उपन्यास बनाम उपन्यास की नारी — वीरेन्द्र यादव — 18
कथा की अदृश्य दीवार फाँदते हुए — रमेश दवे — 30
उपन्यासों में आसपास — प्रियदर्शन — 37
कथा, कथान्तर और कथोपरान्त काशी का अस्सी — प्रफुल्ल कोलख्यान — 41
त्रासद और हास्यास्पद के बीच कथा का यथार्थ — परमानन्द श्रीवास्तव — 47
औसतपन में : औसतपन के बावजूद — कपिल देव — 52
अन्तिम दशक की कहानी : एक परिदृश्य — शम्भु गुप्त — 62
स्मृति का विश्लेषण और विन्यास भी — अरुण प्रकाश — 80

नोटबुक से

'दॉन किखोते' में आंशिक जादूगरी — ख़ोर्ख़े लुई बोर्ख़ेस; अनु. : इन्द्रप्रकाश कानूनगो — 85

कविता

'पूस की रात' : पुनश्च — केदारनाथ सिंह — 88

स्मरण : 1

'नेग्रिट्यूड' की अवधारणा और लियोपोल्द सेंघोर — गिरीश मिश्र — 90

स्मरण : 2

अफ्रीकी कविता का शताब्दी पुरुष — टिप्पणी : सुरेश सलिल — 93
मुखौटों की स्तुति — सेंघोर; अनु. : सुरेश सलिल — 95
किस घनी तूफ़ानी रात ने, अपने हाथों के बीच, विस्मित न होना — सेंघोर; अनु. : सुरेश सलिल — 96

सृजन-परिदृश्य (कविता)

कालकथा — संजय कुंदन — 97
उनका देश — संजय कुंदन — 98
तुम और वे — संजय कुंदन — 99
व्यावहारिक बुद्धि — संजय कुंदन — 100

क्रेन; चीज़ों का बदलना और न बदलना	संजय कुंदन	101
कितबी दुनिया से बाहर; हदबन्दी	संजय कुंदन	104
युवा मित्र के साथ	संजय कुंदन	105
मायानगरी	संजय कुंदन	106
आलोचना-परिदृश्य		
संस्कृति-उद्योग पर पुनर्विचार	थियोडोर डब्ल्यू. एडोर्नो; अनु. : रघुवंश मणि	107
उपन्यास की सैद्धान्तिकी : कुछ विचारसूत्र	भालचन्द्र नेमाड़े; अनु. : निशिकान्त ठकार	113
टेक्नोलॉजी, जन-संस्कृति और साहित्य	जितेन्द्र भाटिया	122
आधुनिकता के महाख्यान और मुक्तिबोध	शम्भुनाथ	129
कामायनी : उपभोक्तावादी संस्कृति की आलोचना	श्रीभगवान सिंह	150
कहानी का पाठ : कहानी के निहितार्थ	रमेश उपाध्याय	159
साहित्य और फ़िल्म के अन्तर्सम्बन्ध	विनोद दास	168

सहस्राब्दी अंक-9 : अप्रैल-जून, 2002

आलोचना और समाज

सम्पादकीय		
यह अंक	परमानन्द श्रीवास्तव	5
जन्मशती : नाज़िम हिकमत (1902-1963)		
अपनी कविता के बारे में स्वप्न अभी बाक़ी हैं	नाज़िम हिकमत; अनु.-टिप्पणी : अरुण कमल	7
आलोचना और समाज		
आलोचना की सामाजिकता	मैनेजर पाण्डेय	9
आलोचना और बहुसंस्कृतिवाद	शम्भुनाथ	14
आलोचना और सृजनशील समाज	रमेश दवे	20
साहित्य-सृजन की बदलती प्रक्रिया और इतिहास-दृष्टि	शम्भु गुप्त	28
आलोचना : आस्वाद और मूल्य का द्वन्द्व	परमानन्द श्रीवास्तव	32
सृजन-परिदृश्य (कविता)		
मैं कुछ दिन आराम करना चाहता हूँ	निलय उपाध्याय	38
हुट-हुटी	निलय उपाध्याय	39
गमछा; दाँत	निलय उपाध्याय	40
मुझे पछाड़ दिया; आवाज़	निलय उपाध्याय	41

बस में...; विजय-पथ; पपीता	निलय उपाध्याय	42
उनकी रोशनी में	निलय उपाध्याय	43
नोटबुक से		
काव्य-प्रक्रिया पर कुछ टीपें	एकान्त श्रीवास्तव	44
आलोचना-परिदृश्य		
उत्तर-आधुनिकता की बहसों में विचारधारात्मक अवस्थितियाँ	फ्रेडरिक जेम्सन; अनु. : रघुवंश मणि	53
परिभाषाओं का संघर्ष	एडवर्ड डब्ल्यू. सईद; अनु. : रामकीर्ति शुक्ल	61
नई सहस्राब्दी में साहित्य-समीक्षा	राजनाथ; अनु. : रामकीर्ति शुक्ल	74
भूमंडलीकारण के युग में जादुई यथार्थवाद	गिरीश मिश्र	82
भाषा का वैश्विकीकरण और वैश्विकीकरण की भाषा	अशोक रा. केलकर; अनु. : सुप्रिया सहस्त्रबुद्धे	87
नवजागरण : राधामोहन गोकुल और स्त्री-विमर्श	कर्मेन्दु शिशिर	92
हिन्दी के आरम्भिक उपन्यासों में स्त्री-चेतना	रामनिरंजन परिमलेन्दु	101
स्त्रीवादी आलोचना : मैं रोटी बेलती हूँ जैसे पृथ्वी	अनामिका	112
'मुखामुखम' : राजनीति की सतही सनसनी	विनोद दास	116
स्मरण		
कैफ़ी आज़मी का कवि-व्यक्तित्व	शमशेर बहादुर सिंह	122
'प्रगतिशील' प्रतिगमन : एक फ्रांसीसी-जर्मन संवाद	गुंटर ग्रास-पियेर बोर्द्यू; अनुवाद और प्रस्तुति : संजीव कुमार, ललित कार्तिकेय	128
मूल्यांकन-परिदृश्य		
मलयज की डायरी : आत्मा का अशान्त लैंडस्केप	विजय कुमार	139
'वैदिक संस्कृति' : दृष्टि और परिप्रेक्ष्य *वैदिक संस्कृति : गोविन्दचन्द्र पांडेय*	राधावल्लभ त्रिपाठी	146
संस्कृति, विकास और संचार प्रौद्योगिकी *संस्कृति, विकास और संचार क्रान्ति : बदलते परिप्रेक्ष्य : पूरनचन्द्र जोशी*	भगवान सिंह	152
'सत्यार्थ प्रकाश' के अन्तर्विरोध *हिन्दू नवजागरण की विचारधारा–सत्यार्थ प्रकाश : समालोचना का एक प्रयास : वीरभारत तलवार*	सदानन्द शाही	164
दलित साहित्य विमर्श में हस्तक्षेप *दलित साहित्य की अवधारणा और प्रेमचन्द : सं. : सदानंद शाही*	पी.एन. सिंह	169

सहस्राब्दी अंक-10-11 : जुलाई-दिसम्बर, 2002

उत्तर-आधुनिक दौर में इतिहास

सम्पादकीय

यह अंक	परमानन्द श्रीवास्तव	5

संवाद : सत्ता और इतिहास

इतिहास का डर	राजेश जोशी	7
इतिहास में उत्तर-आधुनिकता	एजाज़ अहमद; अनु. : रघुवंश मणि	10
सत्ता और इतिहास : फूको, नीत्शे और मार्क्स	रवि सिन्हा	29
सांस्कृतिक निर्मितियों में इतिहास : शक्ति, वर्चस्व और प्रतिरोध	ललित कार्तिकेय	40
इतिहास, इतिहास का अन्त और नव्य-इतिहास	विनोद शाही	47
कीर्ति और पीड़ा के आख़िरी वर्ष	कृष्ण कुमार	53
भूमंडलीकरण के दौर में 'राष्ट्र' की परिभाषा	प्रबीर पुरकायस्थ; अनु. : अरुण कुमार श्रीवास्तव	63
प्रतिक्रिया का पुनर्जागरण	प्रदीप सक्सेना	68

सृजन-परिदृश्य

तीसरी दुनिया से एक तल्ख टिप्पणी *चम्पा–जो एक फूल का नाम है* (लेख)	एडवर्ड सईद; अनु. : रमण सिन्हा	83

कविता

घुटने	पवन करण	87
सहजन का पेड़; मकान	पवन करण	88
उसका प्रेम; प्रेम में तह	पवन करण	89
सबूत; दोनों	पवन करण	90
मेरे भीतर का घर; स्त्रीसुबोधनी	पवन करण	91
तारों की किताब	पवन करण	92

आलोचना-परिदृश्य

आत्मा और इतिहास	सुधीर चन्द्र; अनु. : ललित कार्तिकेय	94
क़िस्सा हिन्दी के 'ह्यूमिलिएशन' का : 'बैताल पचीसी' की छब्बीसवीं कहानी उर्फ़ अवमानना की इंजीनियरिंग	अभय कुमार दुबे	107
अंग्रेजी राज की भाषानीति और भारत में साम्प्रदायिकता का उदय	कृपाशंकर सिंह	123

भारतीय सभ्यता की निर्मिति	भगवान सिंह	135
राजव्यवस्था, पारिस्थितिकी और भूदृश्य	महेश रंगराजन	151
रिश्ता चोली-दमन का : औपनिवेशिक उत्तर भारत में महिलाएँ और हिन्दू साम्प्रदायिकता	चारु गुप्ता	159
अतीत का उत्सव और उत्सव का अतीत	बद्री नारायण	165
बातचीत–1		
अमिताभ घोष, दीपेश चक्रवर्ती	अमिताभ घोष, दीपेश चक्रवर्ती; चयन-अनु. : अरुण श्रीवास्तव	173
एरिक हॉब्सबॉम, ट्रिसट्रैम हंट	एरिक हॉब्सबॉम, ट्रिसट्रैम हंट; अनु. : शुभा राव	182
मूल्यांकन-परिदृश्य		
'रस्साकशी' : एकालापी पांडित्य का निदर्शन *रस्साकशी : वीरभारत तलवार*	पी.एन. सिंह	188
भारतीय नवजागरण और इतिहास-लेखन (1857 के सन्दर्भ में) *अट्ठारह सौ सत्तावन और भारतीय नवजागरण : वीरभारत तलवार*	लालबहादुर वर्मा	202
साहित्य का महत्त्वाकांक्षी इतिहास *हिन्दी साहित्य का दूसरा इतिहास : बच्चन सिंह*	अजय तिवारी	207
दृष्टि और इतिहास-दृष्टि से परे *हिन्दी उपन्यास का इतिहास : गोपाल राय*	गोपेश्वर सिंह	218
अनुचिन्तन		
इतिहास के प्रेत	नामवर सिंह	227

सहस्राब्दी अंक-12 : जनवरी-मार्च, 2003

कविता का भविष्य (एक)

सम्पादकीय		
यह अंक	परमानन्द श्रीवास्तव	5
सृजन-परिदृश्य (कविता)		
हत्यारे की जीवनी	कुमार अम्बुज	7
एक दिन की बात है	कुमार अम्बुज	8
पूर्वजन्मों की स्मृति; परचम	कुमार अम्बुज	9
रचना-प्रक्रिया; भाई	कुमार अम्बुज	10
स्वतंत्रता दिवस	कुमार अम्बुज	11
अपनी आत्मा के सर्वे के लिए कुछ सवाल; एक चिट्ठी के बारे में	कुमार अम्बुज	12

यहाँ तक आते हुए	कुमार अम्बुज	13
काँसे की घंटियाँ	सर्वेन्द्र विक्रम	14
पानी	सर्वेन्द्र विक्रम	15
स्रोत की परवाह करनेवालों का समय	सर्वेन्द्र विक्रम	16
इतनी-सी कथा; मूँगफलियाँ	सर्वेन्द्र विक्रम	17
टिप्पणी		
पारचून : कवि, कविता और समाज पर अन्धाधुन्ध टिप्पणियाँ	अरुण कमल	19
संवाद : कविता का भविष्य		
समाचार समय में कविता	विजय कुमार	24
कविता और पंडोरा की पेटी से आती एक धीमी आवाज़	राजेश जोशी	33
क्यों नहीं समझ में आती कविता?	रघुवंश मणि	37
कविता का आवास	सविता सिंह	45
समकालीन कविता : सवालों के घेरे में	कपिलदेव	48
कविता का उत्तर-जीवन और उसके निहितार्थ	परमानन्द श्रीवास्तव	54
स्मरण : 1		
कविता का भविष्य और नाजिम हिकमत	सुरेश सलिल	61
स्मरण : 2		
संघर्षशील जनता का लेखक : हावर्ड फास्ट	गिरीश मिश्र	71
बातचीत : 1		
कविता पर भरोसा करते हुए	केदारनाथ सिंह, अनामिका	76
बातचीत : 2		
ज़िन्दगी के मरुस्थल में रेत के ऊपर हरी पत्ती का आश्चर्य	विनोद कुमार शुक्ल, महावीर अग्रवाल	81
मूल्यांकन-परिदृश्य		
कुँवर नारायण की कविता का अन्त:करण	विनोद दास	84
कविता जहाँ सबसे पहले आत्मीय संवाद है *भगवत रावत की कविताएँ*	वीरेश चन्द्र	89
अवसाद और आशावाद *कुमार अंबुज की कविताएँ*	जयप्रकाश	96
स्फीति के बरक्स सारांश	पंकज चतुर्वेदी	107
कविता के प्रदेश के बहार कविता	शम्भु गुप्त	116

आलोचना-परिदृश्य

किसकी विश्व-व्यवस्था : परस्पर विरोधी विश्वदृष्टियाँ	नोआम चोम्स्की; अनु. : अनूप सेठी	121
स्थानीयता और राष्ट्रीयता : राहुल-दृष्टि की प्रासंगिकता	पूरनचन्द्र जोशी	133
उत्तर-आधुनिकतावाद, उत्तर-उपनिवेशवाद और भारत	अवधेश कुमार सिंह; अनु. : नवलकिशोर शर्मा	147
आलोचना, इतिहास और समकालीनता	राजेन्द्र कुमार	157

सहस्राब्दी अंक-13 : अप्रैल-जून, 2003
कविता का भविष्य (दो)

सम्पादकीय

यह अंक	परमानन्द श्रीवास्तव	5

सृजन-परिदृश्य (कविता)

मैं	हेमंत कुकरेती	7
पैलमेट	हेमंत कुकरेती	8
बटन	हेमंत कुकरेती	9
सिल्वर स्क्रीन	हेमंत कुकरेती	10
बाबे दा पंजाबी होटल	हेमंत कुकरेती	11
इतिहास की पटरी; आख्यान	हेमंत कुकरेती	12
इसीलिए; एक मनुष्य से मिलना; बुख़ार में तपता हुआ आदमी	हेमंत कुकरेती	13
दो मूरतें	आर. चेतनक्रान्ति	15
भूखे बच्चों के सप्ताह में	आर. चेतनक्रान्ति	17
कि जैसे रिक्शेवाले ने प्रेम किया हो	आर. चेतनक्रान्ति	18

उपन्यास-अंश

जीवन के गुणधर्म और ललित साहित्य *श्याम मनोहर के मराठी उपन्यास 'खूप लोक आहेत' (ख़ूब लोग हैं) के एक अध्याय का मराठी अनुवाद*	श्याम मनोहर; अनु. : निशिकान्त ठकार	20

सृजन-परिदृश्य (कविता)

विपत्ति में पुल	लीलाधर जगूड़ी	24
अपने भूगोल सहित; कर्म गणना	लीलाधर जगूड़ी	25
घेरा	लीलाधर जगूड़ी	26

संवाद : कविता का भविष्य

किसी भी समाज में कविता स्वायत्त घटना नहीं होती	कुमार अम्बुज	28

कविता का भविष्य, भविष्य की कविता	स्वप्निल श्रीवास्तव	32
समकालीन चुनौतियों के सामने हिन्दी कविता	प्रफुल्ल कोलख्यान	37
लोक के शब्द	एकान्त श्रीवास्तव	47
कविता का भविष्य और मराठी की समकालीन कविता	चन्द्रकान्त पाटिल	51
स्मरण		
कविता भाव है तो नाटक उसका भावोत्कर्ष (बातचीत)	ब.व. कारन्त, महावीर अग्रवाल	54
कविता के भविष्य में अतीत की भूमिका और सुमन	रमेश दवे	59
अलविदा कामरेड भीष्म	विद्यासागर नौटियाल	65
मूल्यांकन-परिदृश्य		
त्रासद विडम्बना से अधिक *काल और अवधि के दरमियान : विष्णु खरे*	परमानन्द श्रीवास्तव	68
कविता समय	प्रभात त्रिपाठी	76
नागरिक आत्मा की तलाश *जैसे पवन पानी : पंकज सिंह*	रघुवंश मणि	85
कविता का जनपद, जनपद की कविता	भवदेव पांडेय	89
आलोचना-परिदृश्य		
हिन्दी में मौलिक नाट्य-लेखन की समस्याएँ	देवेन्द्र राज अंकुर	95
अन्यताबोध के घेरे	सुमनिका सेठी	102

सहस्राब्दी अंक-14 : जुलाई-सितम्बर, 2003

विचारधारा और सौन्दर्यशास्त्र (एक)

सम्पादकीय		
यह अंक	परमानन्द श्रीवास्तव	5
सृजन-परिदृश्य (कविता)		
एक; दो	विनोद कुमार शुक्ल	7
तीन; चार; पाँच; छह; सात	विनोद कुमार शुक्ल	8
आठ	विनोद कुमार शुक्ल	9
आधी रात के बाद की आवाज़ें; बच्चा सँभालनेवाली लड़की	नीलेश रघुवंशी	10
बन्दर की व्यथा; बिल्ली और रास्ता; प्रार्थना; बुआ का दु:ख	नीलेश रघुवंशी	11
प्रेम का खुलासा; गैराज; बाँसुरी	नीलेश रघुवंशी	12

दुनिया-भर का सामान; पानी का स्वाद; बिना छप्पर के	नीलेश रघुवंशी	13
उपन्यास अंश		
उत्तर-कथा	अलका सरावगी	14
संवाद : विचारधारा और सौन्दर्यशास्त्र		
कविता की अपवादी परम्परा	अष्टभुजा शुक्ल	17
रूसी रूपवाद और उसकी प्रसंगिकता	राजनाथ; अनु. : रामकीर्ति शुक्ल	32
सौन्दर्यशास्त्र, जनतंत्र और बाजार-संस्कृति	शम्भुनाथ	43
सौन्दर्यशास्त्र की समस्याग्रस्तता	रघुवंश मणि	50
पाठ में कविता का सौन्दर्य	जयप्रकाश	54
सौन्दर्य की राजनीति और जन-विकल्प	विनोद शाही	64
सबाल्टर्न सौन्दर्य-चेतना का भारतीय परिप्रेक्ष्य	भवदेव पांडेय	76
सौन्दर्यशास्त्र और विचारधारा : कला की वर्तमान स्थिति	मकरन्द परांजपे; अनु. : रामकीर्ति शुक्ल	81
बातचीत		
स्वीकार्य की सीमाएँ	मंगलेश डबराल, ललित कार्तिकेय	88
मूल्यांकन-परिदृश्य		
'आखिरी कलाम' : राजनीतिक समालोचना का सर्जनात्मक विस्फोट *: दूधनाथ सिंह*	पी.एन. सिंह	97
रूसी और हिन्दी कविता के सेतु वरयाम सिंह	अनिल त्रिपाठी	115
सुन्दर का सत्य *सुन्दर का स्वप्न : अपूर्वानंद*	कृष्णमोहन	121
और अब सौन्दर्यशास्त्रीय मार्क्सवाद *सुन्दर का स्वप्न : अपूर्वानंद*	आशुतोष कुमार	126
सौन्दर्य की अवधारणा और काव्य-विडम्बना *एक दिन दिल्ली में समय : सर्वेन्द्र विक्रम; एक जन्म में सब : अनीता वर्मा; समुद्र पर हो रही है बारिश : नरेश सक्सेना; एक स्त्री का रोजनामचा : अनिल त्रिपाठी*	अमिताभ खरे	133
स्मरण : एक		
पाब्लो नेरुदा की कविता : एक आलोचकीय टिप्पणी	सुरेश सलिल	141
पाब्लो नेरुदा की सप्रश्न कविताएँ		
1	पाब्लो नेरुदा; अनु. : सुरेश सलिल	144
2; 3; 4; 5; 6; 7	पाब्लो नेरुदा; अनु. : सुरेश सलिल	145

8; 9; 10; 11; 12 | पाब्लो नेरुदा; अनु. : सुरेश सलिल | 146
13; 14; 15; 16; 17 | पाब्लो नेरुदा; अनु. : सुरेश सलिल | 147
18; 19; 20; 21 | पाब्लो नेरुदा; अनु. : सुरेश सलिल | 147

स्मरण : दो

फिर लौटता हूँ अपनी तुकबंदियों की तरफ़ | वरयाम सिंह | 149

आलोचना-परिदृश्य

विचारों के अन्तरराष्ट्रीय प्रसार की सामाजिक परिस्थितियाँ | पियेर बोर्द्यू; अनु. : रमण सिन्हा | 153
आषाढ़ का एक दिन : एक रंगमंचीय अध्ययन | देवेन्द्र राज अंकुर | 159
भूमंडलीकरण के क़ैदी | गिरीश मिश्र | 165
भारतीय उपमहाद्वीप का स्त्री-लेखन | रोहिणी अग्रवाल | 172
साहित्य, संस्कृति और भूमंडलीकरण | भालचन्द्र नेमाड़े | 186

सहस्राब्दी अंक-15 : अक्टूबर-दिसम्बर, 2003

विचारधारा और सौन्दर्यशास्त्र (दो)

सम्पादकीय

विभाजन की त्रासदी | परमानन्द श्रीवास्तव | 5

सृजन-परिदृश्य (कविता)

उदासी | सुंदर चंद ठाकुर | 7
अबोध प्रेम; आठ बरस का लड़का | सुंदर चंद ठाकुर | 8
स्त्रियाँ | सुंदर चंद ठाकुर | 9
अभाव; जो अब नहीं रहे | सुंदर चंद ठाकुर | 10
बालकनी का कमरा; कविता में; पहला प्यार? | सुंदर चंद ठाकुर | 11
शहर का आदमी | सुंदर चंद ठाकुर | 12
गर्मी | बद्रीनारायण | 13
हो सकती है; निराशा | बद्रीनारायण | 14
कि उन्हें | बद्रीनारायण | 15

संवाद : विचारधारा और सौन्दर्यशास्त्र

हिन्दी का सौन्दर्यशास्त्र | खगेन्द्र ठाकुर | 16
सौन्दर्यबोध और विचारधारा का सम्बन्ध | शम्भु गुप्त | 28
भक्तिकाव्य : वैकल्पिक समाज का सौन्दर्य | गोपेश्वर सिंह | 34

सौन्दर्य की अवधारणा और निराला की काव्य-दृष्टि — नन्दकिशोर नवल — 43
अँधेरों का सौन्दर्यशास्त्र — रमेश दवे — 52
जन्मशती : यशपाल/भगवतीचरण वर्मा
उपन्यासों के स्वर (बातचीत) — यशपाल, भगवतीचरण वर्मा, उपेन्द्रनाथ 'अश्क' और अज्ञेय — 56
यशपाल के उपन्यासों का पुनर्पाठ : स्त्री-मुक्ति परिप्रेक्ष्य — रोहिणी अग्रवाल — 60
मूल्यांकन-परिदृश्य
'कितने पाकिस्तान' : प्रेत का बयान — प्रफुल्ल कोलख्यान — 74
कथा की अन्तर्वस्तु का सौन्दर्य *सूत्रधार : संजीव* — कपिलदेव — 81
उपन्यास का समय और समाज *इस दौर में हमसफ़र : अमर गोस्वामी* — भवदेव पाण्डेय — 89
तीसरे रस्ते की खोज में कविता *मेरा उजाड़ पड़ोस : दिनेश जुगरान* — लीलाधर मंडलोई — 95
कला और राजनीति : विश्वनाथ प्रताप सिंह की संवेदनशीलता का साक्ष्य *एक टुकड़ा धरती : एक टुकड़ा आसमान : विश्वनाथ प्रताप सिंह* — कुँवर नारायण — 98
'भारतीय सौन्दर्य सिद्धान्त की नयी परिभाषा' *: डॉ. सुनेन्द्र बारलिंगे; अनु. : रामजी तिवारी* — रामचन्द्र तिवारी — 100
पिरथी का दूसरा छोर *उत्तर बायाँ है : विद्यासागर नौटियाल* — तेजिन्दर — 110
आलोचना-परिदृश्य
लोकवृत्त : हिन्दी भाषा का या हिन्दी प्रदेश का? — पुरुषोत्तम अग्रवाल — 113
हिन्दी नवजागरण और राजा शिवप्रसाद सितारेहिन्द — धीरेन्द्रनाथ सिंह — 126
उत्तर-आधुनिकता और भारत : निजी सम्पत्ति और श्रम-सम्पत्ति की जैव-सामाजिकी का द्वन्द्व — विनोद शाही — 135
आनंदकुमार स्वामी और भारतीय सौन्दर्यशास्त्र की परम्परा — चंद्रशेखर जहागीरदार; अंग्रेज़ी से अनुवाद : निशिकान्त ठकार — 143

सहस्राब्दी अंक-16 : जनवरी-मार्च, 2004
इतिहास और स्मृति

सम्पादकीय
इतिहास और स्मृति — परमानन्द श्रीवास्तव — 5
सृजन-परिदृश्य : 1 (कविता)
सुल्तान अहमद की लम्बी कविता 'मायावी मध्यलोक में'
देवलोक — सुल्तान अहमद — 7

मर्त्यलोक	सुल्तान अहमद	9
संघर्ष	सुल्तान अहमद	13
निष्कासन	सुल्तान अहमद	16
आरोहण	सुल्तान अहमद	18
आकांक्षा	सुल्तान अहमद	21
जन्मशती-स्मरण : रशीदजहाँ		
स्त्री-विमर्श और रशीदजहाँ	शकील सिद्दीक़ी	25
आलोचना-परिदृश्य : समय, स्मृति और साहित्य		
क्या जाति पद्धति हिन्दूधर्म का अन्तर्भूत तत्त्व है?	एम.वी. नाडकर्णि; अनु. : परिमला अम्बेकर	30
यशपाल की 'शव परीक्षा' की समीक्षा	पी.एन. सिंह	50
अनुवाद और संस्कृति	मीनाक्षी मुखर्जी; अनु. : आर. चेतनक्रान्ति	66
राष्ट्रवाद और साम्प्रदायिकता *बेनीपुरी को पढ़ते हुए*	अरुण कुमार	72
राष्ट्रीय आन्दोलन, नवजागरण और भारतेन्दु के नाटक	सत्यकाम	78
सृजन-परिदृश्य : 2 (कविता)		
नायक	सुधीर मोता	91
उलट प्रवाह	सुधीर मोता	92
कौन हैं वे	सुधीर मोता	92
गालियाँ	सुधीर मोता	93
अभी-अभी	सुधीर मोता	94
मूल्यांकन-परिदृश्य		
वैदिक संस्कृति का आत्मवादी पाठ *वैदिक संस्कृति : गोविंद चंद्र पाण्डेय*	भगवान सिंह	95
निरन्तरता के क्षय के बरक्स *कैसी आगी लगाई : असग़र वजाहत*	परमानन्द श्रीवास्तव	104
करुणाजनित प्रतिरोध कथा : कुछ नोट्स *कोई बात नहीं : अलका सरावगी*	ललित कार्तिकेय	107
कहानी का पाठकीय जनतंत्र और उसकी शिल्प-प्रविधि *उदय प्रकाश की कहानियाँ*	शम्भु गुप्त	111
सार्थक सिने-जगत के सरोकार *भारतीय सिनेमा का अन्त:करण : विनोद दास*	रजनी गुप्त	126
मनुष्यता और इतिहास का द्वन्द्व *समय, समाज और मनुष्य : खगेन्द्र ठाकुर*	अजय वर्मा	131

सहस्राब्दी अंक-17-18 : अप्रैल-सितम्बर, 2004
भीष्म साहनी स्मृति अंक

सम्पादकीय

प्रतिरोध का नायकत्व	परमानन्द श्रीवास्तव	5

संस्मरण

वह वायदा नहीं निभा पाए!	गुरदयाल सिंह	7
भीष्म साहनी	कृष्णा सोबती	9
न ममार न जीर्यति	अरुण कमल	13
भीष्मजी की छवियाँ	प्रयाग शुक्ल	16
जब भीष्म मास्को में थे	राधेश्याम दुबे	19

भीष्म साहनी के पत्र

अमरकान्त, मिथिलेश्वर, देश निर्मोही, केदारनाथ अग्रवाल को	भीष्म साहनी	23

जो मैं लिखता हूँ

लिहाफ़ में अटकी आवाज़	भीष्म साहनी	28
मास्को में टैगोर शती समारोह	भीष्म साहनी	32
भीष्म साहनी से राजीव रंजन की बातचीत	भीष्म साहनी, राजीव रंजन	34
आत्मकथा भीष्म साहनी जैसी	भगवान सिंह	37

संवाद-एक : तमस

दास्ताने-खिजर उर्फ़ शैतानियत की आँखें	रघुवंश मणि	44
शहर पर उड़ती चीलें	आशुतोष कुमार	53
'तमस' : रचनात्मक दबावों की खोज	राजेन्द्र यादव	60
उपनिवेशवाद और साम्प्रदायिकता	विजेन्द्र नारायण सिंह	65
साम्प्रदायिकता, उपनिवेशवाद और 'तमस'	चमनलाल	69
साम्प्रदायिकता, उपनिवेशवाद और उपन्यास	अवधेश कुमार सिंह	79
मुल्ला, मियाँ, मशालची : 'तमस' के चेहरे और चेहरों का 'तमस'	रमेश दवे	80
'तमस' के बहाने इतिहास से संवाद	अजय वर्मा	87
'तमस' : उत्तर-औपनिवेशिक पाठ, विचारधारा और विन्यास	अनिल राय	92
अँधेरे बर्बर समय में विभाजन की त्रासदी	परमानन्द श्रीवास्तव	102
क़दम इक्कीसवीं सदी में, दिमाग़ मध्ययुग में	भास्कर लक्ष्मण भोले; अनु. : निशिकान्त ठकार	107

संवाद-दो : 'मय्यादास की माड़ी' और 'बसन्ती'

संघर्षशील रचनात्मकता का नया पाठ	सत्यप्रकाश मिश्र	115
प्राच्यवाद से 'मय्यादास की माड़ी' के इतिहास-विमर्श तक	विनोद शाही	120
फिर-फिर घर उजड़ने और बसाने का साहस	सूरज पालीवाल	131

संवाद-तीन : कहानियाँ

कहानी कभी भी ख़त्म नहीं होती	शम्भु गुप्त	137
माँ का क्या होगा	प्रफुल्ल कोलख्यान	147
विडम्बना नहीं, भयावह क्रिया-कलाप	श्रीराम त्रिपाठी	155

संवाद-चार : नाटक

भीष्म साहनी के नाटकों में सामाजिक चेतना	सत्यदेव त्रिपाठी	160
भीष्म साहनी के कबीर	विजय पंडित	167
'कबिरा खड़ा बजार' में की प्रस्तुति-प्रक्रिया	रमेश राजहंस	172
हानूश की घड़ी में वक़्त के अन्दाज़	राजेन्द्र कुमार	178
'हानूश' और 'माधवी' में भीष्म साहनी	गिरीश रस्तोगी	182

संवाद-पाँच : 'माधवी' और स्त्री-विमर्श

धुँधले हाशिए के निहितार्थ	अंशुल त्रिपाठी	194
स्त्री-विमर्श और 'माधवी'	भवदेव पांडेय	198
'माधवी' की नाट्य-संवेदना और स्त्री-स्वायत्तता	भूपेन्द्र कलसी	204
भीष्म सहानी का स्त्री-विमर्श	रोहिणी अग्रवाल	211

विचारधारा और संगठन

भीष्म साहनी और प्रगतिशील आन्दोलन	खगेन्द्र ठाकुर	229
प्रगतिशील लेखक संघ एवं भारतीय जन नाट्य संघ में भीष्मजी	ब्रज कुमार पांडेय	239

रंग-प्रसंग

'तमस' : एक यादगार फ़िल्म और नॉवेल	ए.के. हंगल; प्रस्तुति : असीमा भट्ट	247
भीष्म साहनी और जनतांत्रिक धर्मनिरपेक्षता	राजेन्द्र नाथ; प्रस्तुति : असीमा भट्ट	249
उदार और रैशनल थे भीष्म साहनी	एम.के. रैना; प्रस्तुति : असीमा भट्ट	251
ना जानते हुए भी जानना	अपर्णा सेन; प्रस्तुति : मृत्युंजय	254
'माधवी' नारीवादी नहीं, प्रगतिशील नाटक है	अरविन्द गौड़; प्रस्तुति. : असीमा भट्ट	255

'तमस' एक पूरी दुनिया है | यूनुस परवेज़; प्रस्तुति : असीमा भट्ट | 257
'माधवी' मेरा पहला एकल अभिनय है | राशी बनी; प्रस्तुति : असीमा भट्ट | 259

सहस्राब्दी अंक-19-20 : अक्टूबर-दिसम्बर, 2004/जनवरी-मार्च, 2005

आलोचना का उत्तर-समय

सम्पादकीय

आलोचना का उत्तर-समय | परमानन्द श्रीवास्तव | 7

सृजन-परिदृश्य : एक (कविता)

लम्बी कविता : हर इबारत में रहा बाक़ी | देवीप्रसाद मिश्र | 9

जन्मशती पर विशेष

राष्ट्रीय काव्यधारा और सुभद्रा कुमारी चौहान | नीलाभ | 26

आलोचना का उत्तर-समय : संवाद

कालजयी साहित्य के बारे में : कुछ नोट्स | विजय कुमार | 33
छठा दशक : एक सिंहावलोकन | फ्रेडरिक जेम्सन; अनु. : स्वयं प्रकाश | 38
आलोचना का स्वधर्म | नंदकिशोर नवल | 60
उपनिवेशितों का काव्यशास्त्र | विनोद शाही | 65
साहित्य में देशीयता | भालचन्द्र नेमाड़े; अनु. : गिरीश काशिद | 73
मार्क्सवादी साहित्यालोचन के कुछ प्रमुख बिन्दु | टेरी ईगलटन; अनु. : रामकीर्ति शुक्ल | 82

सृजन-परिदृश्य : दो (कविता)

गुजरात–1 | रवीन्द्र भारती | 98
गुजरात–2 | रवीन्द्र भारती | 99
टप्पा और पाकिस्तान | यतीन्द्र मिश्र | 100

स्मरण : एक

अरुण कोलटकर की कविताएँ (टिप्पणी) | निशिकान्त ठकार | 102
चीख़ | अरुण कोलटकर; अनु. : निशिकान्त ठकार | 104
अन्तिम अश्रु | अरुण कोलटकर; अनु. : निशिकान्त ठकार | 105

स्मरण : दो

चेस्वाल मीलोष की कविताएँ | टिप्पणी : हरिमोहन शर्मा | 106

तैयारी; विश्व के अन्त का गीत	चेस्वाल मीलोष; अनु. : हरिमोहन शर्मा	108
खिड़की से; जंगल की सैर; एक घंटा; उपहार	चेस्वाल मीलोष; अनु. : हरिमोहन शर्मा	109
अदम और ईव; यह विश्व; एक निश्चित उम्र पर; घास का मैदान	चेस्वाल मीलोष; अनु. : हरिमोहन शर्मा	110
अर्द्धशती : मैला आँचल		
मेरी-मार्टिन, मैलेरिया और डागदर बाबू	सकलदेव शर्मा	111
आलोचना-परिदृश्य		
साहित्य का अभिलेख के रूप में पाठ *सन्दर्भ– 'हर्षचरित' का सांस्कृतिक अध्ययन*	भगवान सिंह	120
इतिहास में दलित महिला-विमर्श	मोहनदास नैमिशराय	133
कविता का सौन्दर्यशास्त्र और निराला का उत्तरकाव्य	राजेन्द्र गौतम	144
मॉरीशस का हिन्दी उपन्यास (पुनर्मूल्यांकन)	रोहिणी अग्रवाल	158
स्त्री-लेखन और समय के सरोकार	हेमलता माहेश्वर	175
हिन्दी आलोचना : कला-वस्तु या इतिहास-वस्तु	रमेश दवे	182
अनुवाद : सांस्कृतिक और भाषिक विविधता की अनुभूति	परिमला अम्बेकर	189
श्रीकान्त वर्मा का विचार-लोक	जयप्रकाश	194
अमूर्त कालजयता या कालजयी प्रासंगिकता : एक मार्क्सवादी परिप्रेक्ष्य	पी.एन. सिंह	198
मूल्यांकन परिदृश्य		
मकई का दाना *ताल्स्ताय और साइकिल : केदारनाथ सिंह*	अरुण कमल	206
दुनिया-भर की खाक-धूल समेटती कविता *ताल्स्ताय और साइकिल : केदारनाथ सिंह*	ओम निश्चल	212
'कहनी उपखान' : एक पत्र *: काशीनाथ सिंह*	अरविन्द जैन	219
जातीय लोकमानस की संघर्षशीलता और प्रतिरोध-शक्ति का आख्यान *काला पहाड़, बाबल तेरा देस में : भगवानदास मोरवाल*	शम्भु गुप्त	228
विस्मृत कवियों की भूमिका और भारतेन्दु का काव्य-समय *भारतेन्दु काल के भूले-बिसरे कवि और उनका काव्य : रामनिरंजन परिमलेन्दु*	भवदेव पाण्डेय	238

आज की हिन्दी कविता : तमाम विपर्ययों के बावजूद *...दुःस्वप्न के बाद : अष्टभुजा शुक्ल; मुझे दूसरी पृथ्वी चाहिए : स्वप्निल श्रीवास्तव; राग लीलावती : ए. अरविंदाक्षन; शोकनाच : आर. चेतनक्रान्ति; अनभै कथा : जितेन्द्र श्रीवास्तव* — अनिल त्रिपाठी 243

कविता में स्त्री : स्त्री होने का संकट *नींद थी और रात थी : सविता सिंह* — परमानन्द श्रीवास्तव 252

सहस्राब्दी अंक-21 : अप्रैल-जून, 2005

सम्पादकीय

आरम्भिक — अरुण कमल 5

सृजन (कविता)

मुझ नातवाँ के बारे में : पाँच प्रेम कविताएँ : 1 — पवन करण 7

,, ,, 2; 3 — पवन करण 8

,, ,, 4 — पवन करण 9

,, ,, 5 — पवन करण 10

साक्षात्कार

लोक रंगमंच : समयों की आवाजाही : वरिष्ठ रंगकर्मी हबीब तनवीर से महावीर अग्रवाल की बातचीत — हबीब तनवीर, महावीर अग्रवाल 12

स्मरण

डॉ. महादेव साहा : एक दुर्लभ व्यक्तित्व — श्री नारायण पाण्डेय 18

कालजयी कृति

फटे-पुराने पतलूनों वाले मानवप्रेमी — गिरीश मिश्र 27

जन्मशती : एक

सज्जाद ज़हीर : 1936-2005 — खगेन्द्र ठाकुर 36

जन्मशती : दो

वज़ीर मंज़िल *नूर ज़हीर की पुस्तक 'मेरे हिस्से की रौशनाई'* — अरुण कुमार 44

विमर्श : एक

दलित साहित्य का सौन्दर्यशास्त्र : कुछ विचार — निरंजन कुमार 47

विमर्श : दो

दलित साहित्य : नई सदी की दहलीज़ पर — शरण कुमार लिम्बाले 55

विमर्श : तीन

दलित-विमर्श का इतिहास-चक्र — ब्रज कुमार पाण्डेय 59

मूल्यांकन : एक

विजयदान देथा की दुनिया | कर्मेन्दु शिशिर 73

मूल्यांकन : दो

बस गई एक बस्ती है *नंगातलाई का गाँव : विश्वनाथ त्रिपाठी* | अष्टभुजा शुक्ल 77

सहस्राब्दी अंक-22 : जुलाई-सितम्बर, 2005

सम्पादकीय

पुनर्वास | अरुण कमल 5

सृजन (कविता)

विनोद कुमार शुक्ल की कविताएँ : 1; 2 | विनोद कुमार शुक्ल 7

बरगद जैसी भाषा का कवि | रवीन्द्र स्वप्निल प्रजापति 8

विकास का कोरस; पुल पर खड़ी आत्मा जैसी लड़की; मेरा मन | रवीन्द्र स्वप्निल प्रजापति 9

ख़राब हो चुका टिफिन; ट्रेन में मूँगफली के छिलके, काग़ज़, कप आदि; समय की गैलरी | रवीन्द्र स्वप्निल प्रजापति 10

कालजयी कृति

गोदान और विचारधारा | रघुवंश मणि 12

विचार और व्यवहार | कृष्णमोहन 18

'स्वराज' और 'सोराज' के संघर्ष की जीवन्त दस्तावेज़ | श्रीराम त्रिपाठी 22

स्मरण

फिल्म उद्योग में प्रेमचन्द | सव्यसाची भट्टाचार्य; अनु. : गोपाल प्रधान 27

प्रेमचन्द की आवाज़ : मूल स्वराघात | नवल किशोर 35

जन्मशती

जैनेन्द्र का सच और 'मुक्तिबोध' | प्रभाकर श्रोत्रिय 41

साक्षात्कार

चार मुख का राक्षस और कविता : वरिष्ठ कवि चन्द्रकान्त देवताले से रमेश राऊत की बातचीत | चन्द्रकान्त देवताले, रमेश राऊत 46

विमर्श

इक्कीसवीं सदी में मार्क्सवाद | गहेन्द्र मिश्र 53

मार्क्स, फूको और गांधी : दमन, उपनिवेशन और नवरूपान्तरण की दर्शन भूमियाँ | विनोद शाही 72

नोम चॉम्स्की की भारत-दृष्टि	कनक तिवारी	88
मूल्यांकन		
छोड़ी असद न हमने गदाई में दिल्लगी *आछे दिन पाछे गए : काशीनाथ सिंह*	संतोष दीक्षित	97
अँधेरे का उजाला *अँधेरा : अखिलेश*	प्रभात रंजन	100
रिश्तों के कब्रिस्तान में *ताबीज : शीला रोहेकर; पत्ताखोर : मधु काँकरिया; पिछले पन्ने की औरतें : शरद सिंह*	रजनी गुप्त	104
साभार		
दो पत्र	जवाहरलाल नेहरू, कृष्ण कृपलानी	109-110

सहस्राब्दी अंक-23 : अक्टूबर-दिसम्बर, 2005

सम्पादकीय		
आलोचना का स्वधर्म	अरुण कमल	5
सृजन (कविता)		
शान्ता	बोधिसत्व	7
हम दोनों; ग्राम-वधू; बहाना	बोधिसत्व	8
लाल भात; मिट्टी	बोधिसत्व	9
ढपली बज रही है; रफ नोटबुक	बोधिसत्व	10
अधूरा-पूरा; नहीं आई वह	बोधिसत्व	11
इन्तज़ार में; अपाढ़	बोधिसत्व	12
अब फिर	अय्यप्पा पणिक्कर; अनु. : रति सक्सेना	13
समुद्र पार करना; कण्णाड़ी उषा का पानी	अय्यप्पा पणिक्कर; अनु. : रति सक्सेना	14
स्मरण		
पाब्लो नेरुदा के सम्मान में स्वागत-भाषण	निकानोर पार्रा; अनु. : आशुतोष दुबे	16
एक कवि की खुली दुनिया	मदन कश्यप	28
विमर्श		
समकालीनता का प्रश्न और कविता	राजेश जोशी	31
यथार्थ की समकालीनता : कविता की समकालीनता	विजय कुमार	35
आलोचना का आत्म-संघर्ष	पंकज चतुर्वेदी	41
आलोचना का संघर्ष	आशुतोष कुमार	46

साक्षात्कार

नए इंक़लाब को राह : वरिष्ठ चिन्तक मोहम्मद असदुल्ला से प्रभात रंजन की बातचीत	मोहम्मद असदुल्ला, प्रभात रंजन	49

पुनर्पाठ

राष्ट्रवाद और 'गोदान' का सच	शम्भुनाथ	54
साहित्यिक महत्त्वक्रम का राष्ट्रवादी-लोकवादी ढाँचा और रामचन्द्र शुक्ल	मनमोहन	60
रस : सहृदय और मंच	एंजेलिका हेकेल; अनु. : व्योमेश शुक्ल	85

साहित्य-यात्रा

चलो तो सारे ज़माने को साथ ले के चलो	कमला प्रसाद	92

मूल्यांकन

'दृष्टि' को देखना, यानी कवि की आलोचन में *एक कवि की नोटबुक : राजेश जोशी; कविता के साथ-साथ : विष्णु नागर; पढ़ते-गढ़ते : ज्ञानेन्द्रपति*	प्रेम रंजन अनिमेष	101
यथार्थ का प्रतिपक्ष : 'दु:स्वप्न भी आते हैं' *: अष्टभुजा शुक्ल*	विजयबहादुर सिंह	118
मलयालम की स्त्री-कविता *मलयालम की स्त्री-कविता : अनु. : ए. अरविन्दाक्षन*	प्रमीला के.पी.	121

सहस्राब्दी अंक-24 : जनवरी-मार्च, 2007

सम्पादकीय

बारहवीं लिट्टी	अरुण कमल	5

श्रद्धांजलि

काल की अवधारणा और काव्य-सृजन की समस्या	सत्यप्रकाश मिश्र; प्रस्तुति : विनोद तिवारी	7

सृजन (कविता)

पक्षीज्वर और पुनर्जन्म	दिनेश कुमार शुक्ल	11
हम काले लोग; रहे नाम नीम का	दिनेश कुमार शुक्ल	12
आँखें अक्षर हैं	दिनेश कुमार शुक्ल	13
बेली डांसर; या निशा	दिनेश कुमार शुक्ल	14
नदी भी है आदमी भी पेड़ भी है बाओबाब	दिनेश कुमार शुक्ल	15

विमर्श

हिन्दुस्तान का संघर्ष	अर्नेस्ट जोन्स; अनु. : अरुण कमल	17

1857 और विष्णुभट्ट गोडसे | रामकृष्ण पाण्डेय | 20
1857, राष्ट्रवाद और नवजागरण : मिथक और यथार्थ का द्वन्द्व | अजय वर्मा | 23

सृजन (कविता)

साथ छूटता हुआ; मुआवजा | प्रभात | 32
वे किसान; नया डोम; भाई का ट्रैक्टर | प्रभात | 33
कार्यशाला युग | प्रभात | 34

विमर्श

सुनने से ज़ियादा लिखना | श्रीराम त्रिपाठी | 35
कविता और उसकी ग्रहणशीलता | नंदकिशोर नवल | 45
आलोचना और संस्कृति | खगेन्द्र ठाकुर | 49
हिन्दी की सार्वजनिक दुनिया में पुस्तकें और उससे सरोकार | जितेन्द्र गुप्ता | 56
तिलिस्मी कथा और उत्तर-औपनिवेशिक साहित्यशास्त्र | विनोद शाही | 66
राजा शिवप्रसाद सितारेहिन्द के पूर्व हिन्दी व्याकरण | डॉ. रामनिरंजन परिमलेन्दु | 72

सृजन (कविता)

नियंत्रण; कीड़े | नरेश अग्रवाल | 81
मकान; विज्ञापन; चित्रकार | नरेश अग्रवाल | 82

मूल्यांकन

सोबती-वैद संवाद *सोबती-वैद संवाद : कृष्णा सोबती* | उर्मिला शिरीष | 83
प्रेम, जीवन और कला | कृष्ण मोहन | 88
है कहाँ तमन्ना का दूसरा क़दम *आधुनिकता और उपनिवेश : कृष्णमोहन* | प्रियम अंकित | 94
जीवन-सत्यों से सीधी मुठभेड़ *सल्तनत को सुनो गाँववालो : जयनंदन* | प्रेम शशांक | 98
न्याय के लिए स-तर्क गुहार लगातीं पर्वतांचल की कहानियाँ | श्रीनिवास श्रीकांत | 102
अपनों को प्रकाशित करते हुए *भूमिकाएँ ख़त्म नहीं होतीं : हरीश चन्द्र पाण्डे; दुःस्वप्न भी आते हैं : अष्टभुजा शुक्ल; असम्भव सारांश : आशुतोष दुबे* | अरविन्द त्रिपाठी | 108

सहस्राब्दी अंक-25 : अप्रैल-जून, 2007

सम्पादकीय

साहित्य का वातावरण | अरुण कमल | 5

स्मृति में (कविता)

शाम का रंग	लाल सिंह दिल; अनु. : सत्यपाल सहगल	7
दूरी; बेरोज़गार; जात; वेश्या औरतें; चाय की दुकान	लाल सिंह दिल	8
तीन हज़ार चार सौ मज़दूर; प्रवासी मज़दूर; कुड़ेली गाँव की निवासिनें; ऐ घोड़े चरानेवाली कुड़िए	लाल सिंह दिल	9
बाबुल तेरे खेतों में; नाच; संस्कृति; क़ैदी लम्बरदार	लाल सिंह दिल	10
देश; भारतीय संस्कृति; भोलियाँ	लाल सिंह दिल	11
माछीवाड़ा	लाल सिंह दिल	12

वक्तव्य

हिन्दी साहित्य में यूरेशियाई अनुभवों की झलक	कुँवर नारायण	13

विमर्श

इलावती रिनेसाँस में अतीत की खोज और मानववाद	वीर भारत तलवार	18

संस्मरण

अपनी तलाश में	शमीम हनफ़ी; अनु. : सरवरुलहुदा	26

1857 : विमर्श

अपनी-अपनी आन का सवाल : लारा हार्ट का उपन्यास 'ऑनर बाउंड' *ऑनर बाउंड : लारा हार्ट*	पुरुषोत्तम अग्रवाल	31

सृजन (कविता)

यमक	अष्टभुजा शुक्ल	36
हाथा मारना	अष्टभुजा शुक्ल	38

साक्षात्कार

कथा की दुनिया के श्रमिक-सन्त गुरदयाल सिंह से बातचीत	गुरदयाल सिंह, विनोद शाही	44

शताब्दी : सतीनाथ भादुड़ी

जो प्रतिमा तुमने गढ़ी वह मेरी न थी कभी	सुदक्षिणा घोष; अनु. : अरुणा मुखोपाध्याय	56
भिखारी ठाकुर : लोक-जिजीविषा के निश्छल प्रतीक	हृषीकेश सुलभ	65
साहित्य, सिनेमा और सत्यजित राय	महेन्द्र मिश्र	69

सृजन (कविता)

निणर्य बदले जाने की है यह एक शुरुआत	उमाशंकर चौधरी	85
क्योंकि इतिहास अपने को दोहराता है	उमाशंकर चौधरी	86
इस बार की सोच; साँकल	उमाशंकर चौधरी	87

लेख
आलोचना का आत्मसंघर्ष — कृष्णमोहन 88
मुक्तिबोध और परवर्ती आलोचना के लिए कुछ प्रश्न — धीरेन्द्र बहादुर सिंह 91
सुधारवाद और उपन्यास — वैभव सिंह 97
नीलदेवी : इकहरी अस्मिताओं का अट्टहास — अभिषेक 104

सृजन (कविता)
चोरी नहीं चैन के लिए — मनोज कुमार झा 115
हम तक विचार; पहुँच के बाहर — मनोज कुमार झा 116
साल — प्रियदर्शन 117
दूर जल रही रोशनी की तरह — प्रियदर्शन 118
युद्ध — प्रियदर्शन 119

विमर्श
हिन्दू धर्म माने क्या — एम.व्ही. नाडकर्णी; अनु. : परिमला अम्बेकर 120

मूल्यांकन
अच्छे व उससे अधिक अच्छे का संगर *कविता का वैभव : विनोद दास* — श्रीराम त्रिपाठी 132
एक कवि का रचनात्मक संसार *कविता का आत्मपक्ष : एकांत श्रीवास्तव* — बसंत त्रिपाठी 139

सहस्राब्दी अंक-26 : जुलाई-सितम्बर, 2007

सम्पादकीय
इतर के प्रति — अरुण कमल 5

त्रिलोचन : नमन
कुछ बोली में कुछ बानी में (कविता) — रामकुमार कृषक 7
त्रिलोचन की कविता के मायने — बद्री नारायण 9
कविता के हमारे सजल लोचन : त्रिलोचन — अरविन्द त्रिपाठी 11

मलयालम की कविता
बहन की बाइबिल; वह — एस. जोसफ; अनु. : मिनीप्रिया आर. 20
पहचान-पत्र; इन पंक्तियों के बीच — एस. जोसफ; अनु. : मिनीप्रिया आर. 21
पूवरश के नीचे; दूरियाँ; मछलीवाला — एस. जोसफ; अनु. : मिनीप्रिया आर. 22

हाथी; पानी | एस. जोसफ़; अनु. : मिनीप्रिया आर. | 23

1857 : विमर्श

1857 के दो नायक : इतिहास और साहित्य में | इमत्याज़ अहमद | 24
राष्ट्रवाद : इतिहास का वैचारिक पाठ | सुधीर रंजन सिंह | 28

सृजन (कविता)

अनऋतु | एकान्त श्रीवास्तव | 46
बंजर भूमि; साँझ का आकाश; वेल्डर | एकान्त श्रीवास्तव | 47
हीरा | एकान्त श्रीवास्तव | 48

इतर पर दृष्टि

जापानी कविता का नवोन्मेष और इशिकावा ताकुबोकु | सुरेश सलिल | 49
जिजीविषा का बयान संसार *पर्सनल मैटर : केंजबुरो ओए* | विनोद दास | 58
मिहाई एमिनेस्कु : कई सदियों को झिंझोड़ता कवि-स्वर | रणजीत साहा | 63
अमेरिकी बीट काव्य आन्दोलन | सुशील कुमार त्रिपाठी | 67

सृजन (कविता)

भय | मोहन कुमार डहेरिया | 77
पीछा करता हुआ वह गीत; नाच | मोहन कुमार डहेरिया | 78
जुलूस के बीच प्रेमी युगल | मोहन कुमार डहेरिया | 79

टिप्पणी

चौथाई : कविता के हाशिए पर कुछ टिप्पणियाँ | प्रेम रंजन अनिमेष | 80

वक्तव्य

आज की आलोचना : कवि का हस्तक्षेप | अनिल त्रिपाठी | 89

लेख

धार्मिक-साम्प्रदायिक चरित्र-आख्यानों में मीरा निर्मित छवि और यथार्थ | माधव हाड़ा | 92

एन.सी.ई.आर.टी. की पुस्तकों पर

साहित्य भाषा सिखाता है | हेमंत कुमार हिमांशु | 100
भाषा, साहित्य और शिक्षण | राजीव रंजन गिरि | 103
क्षितिज-दृष्टि से आगे | रचना सिंह | 109

लेख

हिन्दी साहित्य के इतिहास का एक गौण अध्याय : 19वीं सदी में खड़ी बोली हिन्दी कविता | सुदीप्ति | 112

मूल्यांकन
भारतेन्दु काल का अल्पज्ञात हिन्दी गद्य-साहित्य | भवदेव पाण्डेय | 124
भारतेन्दु काल का अल्पज्ञात हिन्दी गद्य-साहित्य : डॉ. रामनिरंजन परिमलेन्दु
एक अधूरी क्रान्ति की विरासत और हम *गांधी और हिन्दी राष्ट्रीय जागरण : भगवान सिंह* | विनोद शाही | 128

सहस्राब्दी अंक-27 : अक्टूबर-दिसम्बर, 2007

सम्पादकीय
प्रणाम | अरुण कमल | 5

त्रिलोचन : नमन
मेरी पहली कविता पुस्तक | त्रिलोचन | 7
बतर्ज त्रिलोचन (कविता) | भगवान सिंह | 10

सृजन (कविता)
देश के नाम सन्देश | भगवत रावत | 12

लेख
महाभारत : रचनाओं का स्रोत | प्रभाकर श्रोत्रिय | 16
प्रेमचन्द, प्रसाद और निराला के रचना-संसार में गांधी | श्रीभगवान सिंह | 22
उपभोक्ता संस्कृति के इस दौर में नज़ीर और हबीब का 'आगरा बाज़ार' | पवन कुमार | 33

1857 : कविता
रोटी और कमल | रामकृष्ण श्रीवास्तव | 37

नोटबुक से
एक कवि की नोटबुक | राजेश जोशी | 41

नोट्स
कवियों के उत्तर जीवन : कुछ नोट्स | विजय कुमार | 47

शताब्दी
पूरन दा : याद आते हो तुम आज (कविता) | पी.सी. जोशी | 54

मूल्यांकन
उर्वशी : काव्य की संस्कृति और संस्कृति का काव्य | नंदकिशोर नवल | 58
उर्वशी : मूल्यांकन की समस्या | खगेन्द्र ठाकुर | 73

स्मृति (कविता)
एक; कविता लिखता हूँ जैसे | विनय दुबे | 83
एक दिन कहूँगा; प्रेम में स्त्री | विनय दुबे | 84

हम जिन्हें स्मरण करते हैं; मैं जैसा हूँ तो हूँ	विनय दुबे	85
विनय दुबे की कविताओं पर शायद एक टिप्पणी	राजेन्द्र शर्मा	86
मूल्यांकन		
कविता में गुएर्निका *धरती ने कहा फिर : कुबेर दत्त*	दिनेश कुमार शुक्ल	90
ऋतुराज की 'आशा नाम नदी' *: ऋतुराज*	रेवती रमण	95
राजेश जोशी की कविता-वर्तनी *चाँद की वर्तनी : राजेश जोशी*	नरेश चन्द्रकर	99
रात-पाली : स्याह रोशनाई का उजास *रात पाली : विजय कुमार*	भृगुनन्दन त्रिपाठी	105
अभी-अभी जनमा है कवि *अभी-अभी जनमा है कवि : राकेश रंजन*	अपूर्वानंद	108
आलोचना : पहचान का संकट *निकष : नंदकिशोर नवल*	तरुण कुमार	112
तहज़ीब के पास घोड़े नहीं थे, हिनहिनाते कैसे *दिल्ली : शहर-दर-शहर : पंकज राग*	कृष्णमोहन	117

सहस्राब्दी अंक-28 : जनवरी-मार्च, 2008

हजारीप्रसाद द्विवेदी विशेषांक

कविताएँ		
रोगशैया से 1; 2; 3; 4; 5; 6	विश्वनाथ प्रताप सिंह	5
सम्पादकीय		
प्रणाम	अरुण कमल	7
पुनर्नवता की प्रतिमूर्ति	नामवर सिंह	9
पुनरावृत्त		
बाणभट्ट की आत्मकथा : चार टिप्पणियाँ	प्रभाकर माचवे, देवराज उपाध्याय, नलिन विलोचन शर्मा, भगवतशरण उपाध्याय	12
लेख		
बना रहे बनारस	विश्वनाथ त्रिपाठी	20
गद्यश्लोक हजारीप्रसाद द्विवेदी	अष्टभुजा शुक्ल	31
कबीर-काव्य और दूसरी परम्परा	दयाशंकर	37
आचार्य द्विवेदी का तुलसी-विवेक	श्रीप्रकाश शुक्ल	54
औपनिषदिक समय में प्रेम की अन्तर्कथा	परमानन्द श्रीवास्तव	63
भारतीय मूल्यों का पुनराविष्कार	रवीन्द्र वर्मा	68
बाणभट्ट की आत्मकथा : स्वच्छन्द चेतना का स्मारक	नन्दकिशोर नवल	71

चारु चन्द्रलेख : धर्म-साधना, राजनीति और संस्कृति	खगेन्द्र ठाकुर	79
अनामदास का पोथा : ज्यों की त्यों धरि दीनी चदरिया	श्रीराम त्रिपाठी	86
संकीर्ण साम्प्रदायिक दृष्टि बनाम आचार्य द्विवेदी का सांस्कृतिक चिन्तन	एम.पी. सिंह	95
संस्कृति और परम्परा	अजित कुमार राय	99
मेघदूत : एक पुरानी कहानी : फिर से कहने का कलाविवेक	नित्यानन्द तिवारी	103
हजारीप्रसाद द्विवेदी : परम्परा और आधुनिकता-विवेक	शम्भुनाथ	113
हजारीप्रसाद द्विवेदी की सौन्दर्य-दृष्टि का छन्द	कमला प्रसाद	121
द्वा सुपर्णा...	नामवर सिंह	126

सहस्राब्दी अंक-29 : अप्रैल-जून, 2008

सम्पादकीय

अभाव और आमंत्रण	अरुण कमल	5

लेख

'सर्वहारा रातें' : वैकल्पिक ऐतिहासिक स्मृति	अभयकुमार दुबे	7
इतिहास में वर्ग-चेतना	इ.जे. हॉब्सबाम; अनु. : सदानन्द शाही	20

स्मृति

डायरी के पन्नों से	बच्चन सिंह	31
खामोश...	कुमार केतकर; अनु. : सुलभा कोरे	33
अनुभव नहीं तो कोई भी सत्य बकवास है : *कवि वेणु गोपाल से मुकेश प्रत्यूष की बातचीत के अंश*	वेणु गोपाल, मुकेश प्रत्यूष	36

सृजन (कविता)

स्वप्न के ये राग *सुदीप बनर्जी के लिए*	सविता सिंह	41
अपनी कविताओं के वन में; नीला विस्तार	सविता सिंह	43
गुंजाइश; स्त्री, ईश्वर और कामना	सविता सिंह	44
अधूरापन; कुछ बड़े	हरिश चन्द्र पाण्डे	45
वही टुकड़ा डूब का; रंग; यात्रा	हरिश चन्द्र पाण्डे	46
ठूँठ; जहरखुरान	हरिश चन्द्र पाण्डे	47
अँधेरा; झील; ग्यारह गाँवों वाली दूब और छिदहा पैसा	हरिश चन्द्र पाण्डे	48

मूल्यांकन

'जीवन से बड़ा एक सपना' : कुँवर नारायण का काव्य-संसार	पुरुषोत्तम अग्रवाल	50

जहाँ मेरा हृदय है वहीं मेरा भाग्य *डायरी : मुक्तिबोध* | शशांक | 60
'कुरुक्षेत्र' : हिन्दी के प्रथम युद्ध-काव्य पर एक टिप्पणी | गोपेश्वर सिंह | 65
आचार्य शुक्ल और रीति काव्य : कुछ प्रश्न | श्रीप्रकाश शुक्ल | 72
'वामा शिक्षक' | गरिमा श्रीवास्तव | 78
नानक : इतिहास, परम्परा और वर्तमान | वैभव सिंह | 91

सृजन (कविता)

शहतूत की पात | बद्री नारायण | 106
छोटे-छोटे लोगों की छोटी-छोटी कविताएँ; कटने वाले मांस के लिए एक बाज़ार गीत | बद्री नारायण | 106

लेख

इतिहास का पुन:सृजन, रचनाधर्मिता का सवाल और हिन्दी उपन्यास | विनोद तिवारी | 109

सृजन (कविता)

सुबह-सुबह | निशान्त | 122
एक दिन में ही, कुछ नहीं कह सका | निशान्त | 123

सहस्राब्दी अंक-30 : जुलाई-सितम्बर, 2008

सम्पादकीय

दुनिया बनाने के लिए सब चाहिए | अरुण कमल | 5

बातचीत

त्रिलोचन के साथ | केदारनाथ सिंह | 7

संस्मरण

त्रिलोचन के गाँव से | रामजन्म शर्मा | 11

लेख

कविता, सुखानुभूति एवं नैतिकता | राजनाथ; अनु. : रामकीर्ति शुक्ल | 15
तमिल की स्त्री-कविता : जीने के लिए काफ़ी जगह है यहाँ | राजश्री सी.आर. | 23
वली और उनका कलाम | शमीम हनफ़ी; उर्दू से लिप्यन्तरण : रिज़वानुल हक़ | 28
नई उर्दू आलोचना के संघर्ष | अली अहमद फ़ातमी; अनु. : शाहनवाज आलम | 44

सृजन (कविता)

दु:ख-सुख | शैलेय | 50

हो लाख उतारू उम्र; क्या आप मुझे बता सकते हैं? वैश्वीकरण | शैलेय | 51
अव्वल आदमी; शिलालेख | शैलेय | 52
स्वास्थ्य; फिलहाल; बिजूका | शैलेय | 53

मूल्यांकन
'अमन का राग' *शमशेर बहादुर सिंह* | रोहिताश्त | 54
शमशेर की कविता : कलाओं की स्वर-संगति | मधु शर्मा | 63
निराला के 'तुलसीदास' में रत्नावली की छवि | मधुप कुमार | 69

सृजन (कविता)
अपने ही वसंत में हँसता चेहरा | आलोक श्रीवास्तव | 73
तुम्हारे होने का जादू; मौन; वह घर | आलोक श्रीवास्तव | 74
तुम्हें नहीं | आलोक श्रीवास्तव | 75

मूल्यांकन
रेहन पर रग्घू : 1
जीवन का महाकाव्यात्मक आख्यान | प्रेम शशांक | 76
रेहन पर रग्घू : 2
रेहन पर आदमी | शहनाज़ बानो | 81
रेहन पर रग्घू : 3
'इसी दुनिया में कभी हरा रंग भी होता था भाई, वह कहाँ गया' | उमाशंकर चौधरी | 84

रंग-चर्चा
काशीनामा | कृपाशंकर चौबे | 89

सृजन (कविता)
शून्यकाल में बजता झुनझुना | रमेश प्रजापति | 91
शब्द और चाकू | रमेश प्रजापति | 92

लेख
कविता क्या सम्भव है | प्रफुल्ल कोलख्यान | 93

मूल्यांकन
जीवन के अनश्वर सौन्दर्य की कविता *करोड़ों किरनों की ज़िन्दगी का नाटक-सा : सुरेश सलिल* | दिनेश कुमार शुक्ल | 97
कात्यायनी : कविता की एक भरोसेमंद ललकार *फुटपाथ पर कुर्सी : कात्यायनी* | नीलेश रघुवंशी | 101
उम्मीद की चहचहाहटों से पटा जीवन *कुरुज : मदन कश्यप* | उपेन्द्र चौहान | 105

अपनी नज़र से अपनी पुतली को समझना *बोली बात : श्रीप्रकाश शुक्ल* शम्भु गुप्त 108

क्रिया-प्रतिक्रिया

वि-मतान्तर प्रभाकर श्रोत्रिय 112
मतान्तर, पूर्वग्रह नहीं परमानन्द श्रीवास्तव 116

मूल्यांकन

'रामकथा–एक पुन:पाठ' *: विनोद शाही* भवदेव पांडेय 118
एक पत्रकार का कला-कर्म *समाज, संस्कृति और समय; रंग, स्वर और राष्ट्र; चलकर आए शब्द; नज़रबन्द तसलीमा; पानी रे पानी : कृपाशंकर चौबे* निर्भय देवयांश 122
रंग-क्षेत्र में बीहड़ यात्रा *रंग दस्तावेज़ : सौ साल (1850-1950) : महेश आनन्द* रणजीत साहा 125
कहानी में रचनात्मक मुठभेड़ *मध्यकालीन भारत : नए आयाम : हरबंस मुखिया; दलित राजनीति की समस्याएँ : सं. : राजकिशोर* पल्लव 128

सहस्राब्दी अंक-31 : अक्टूबर-दिसम्बर, 2008

भक्तिकाल पर विशेष

सम्पादकीय

शोध, आलोचना और रचना अरुण कमल 5

लेख

'द्वितीय सेतु जगतरण कियो'...आख्यान आकाशधर्मा गुरु रामानन्द का पुरुषोत्तम अग्रवाल 7
मध्यकालीन संतबानी संकलन की 'सरबंगी' परम्परा और भक्ति संवेदना दलपति सिंह राजपुरोहित 45
सौराष्ट्र के ब्रजभाषा के अल्पज्ञात कवि शैलेश के. मेहता 55
दक्षिण की मीरा अक्कमहादेवी और स्त्री-चेतना पूनम कुमारी 59

सृजन (कविता)

जाग रे; मंडूक-नाग संवाद राकेश रंजन 63
गती राम राकेश रंजन 64
खप्पर-कथा राकेश रंजन 65
ईस्सर और दलिद्दर राकेश रंजन 66
कहो राम? रकेसी के प्रति राकेश रंजन 67

लेख
भारतेन्दुकालीन साहित्यकार पंडित राधाचरण गोस्वामी की हिन्दी पत्रकारिता — रामनिरंजन परिमलेन्दु 68

सृजन (कविता)
सीपियाँ — कुमार सरोज 92
महोत्सव के बाद — कुमार सरोज 92

लेख
भारतीय नाट्यकला — रामचन्द्र सरोज 94

सृजन (कविता)
साइबेरियाई पक्षी-1 — शहंशाह आलम 103
साइबेरियाई पक्षी-2 — शहंशाह आलम 104

लेख
आधुनिकता और मुक्तिबोध का साहित्य — राखी रॉय हल्दर 105

सृजन (कविता)
मैं आभारी हूँ आपका — तेजेन्द्र लूथरा 113
जैसी माँ ठगी गई थी — तेजेन्द्र लूथरा 114

मूल्यांकन
मलय की कविता — ओमप्रकाश वाल्मीकि 115
झारखंड, आदिवासी समाज और विकास के विद्रूप — प्रियदर्शन 119
झारखंड के आदिवासियों के बीच : एक एक्टीविस्ट के नोट्स : वीर भारत तलवार

सृजन (कविता)
1857 के डेढ़ सौवें वर्ष में — पंकज राग 123

सहस्राब्दी अंक-32 : जनवरी-मार्च, 2009

सम्पादकीय
स्वराज : हिन्द का साहित्य का — अरुण कमल 5

स्मृति (कविता)
एक; दो; तीन; मेज़बान — सुदीप बैनर्जी 7
फ़ैसला; चाल बेडौल है ज़माने की; शीर्षकविहीन — सुदीप बैनर्जी 8
समय में चारों ओर मुख़ातिब–सुदीप (आकलन) — लीलाधर मंडलोई 9

लेख
इक्कीसवीं सदी में 'हिन्द स्वराज' — ब्रजकुमार पाण्डेय 13
भक्ति आन्दोलन और शंकर देव — गोपेश्वर सिंह 19

मीरा : निर्मित छवि और यथार्थ : लोकप्रिय साहित्य, चित्रकथा, फ़िल्म और कैसेट्स-सीडीज़ में मीरा | माधव हाड़ा | 25
लोक का जीवन-दर्शन : मेवाती साहित्य | नैया | 31

सृजन (कविता)

मृग शावक | सुरेश सेन निशान्त | 36
आह चिरईं, वाह चिरईं | सतीश नूतन | 38

लेख

प्रेमचन्द : गोदान/गऊदान | श्रीराम त्रिपाठी | 40
आतंकवाद और समकालीन हिन्दी उपन्यास | शहेनाज जाफ़र बासमेह | 55
स्त्री और स्त्रीवाद का मिथक | परमानन्द श्रीवास्तव | 60
रवीन्द्र वर्मा का उपन्यास-कर्म | पुष्पपाल सिंह | 65

सृजन (कविता)

कबीर; जो कहता था | सुशान्त सुप्रिय | 73

सन्ध्या गुप्ता की कविता

कच्चा रास्ता | संध्या गुप्ता | 75

लेख

अनुवाद और नव्य अवधारणा | श्रीनारायण समीर | 77

सृजन (कविता)

आख़िरी आदमी | सुभाष शर्मा | 88
केन की उदासी; सुख | जितेन्द्र श्रीवास्तव | 90

मूल्यांकन

'हुडुकलुल्लु' : क़स्बे का कैलिडोस्कोप : *पंकज मित्र* | अजय वर्मा | 92
'ईश्वर का जासूस' : संकेत में ढलती कहानियाँ : *संतोष दीक्षित* | रणेन्द्र | 96
समकालीन उपन्यास पर तेज़ नज़र *उपन्यास की समकालीनता : ज्योतिष जोशी* | सन्तोष दीक्षित | 101
'अगिन पाथर' *: व्यास मिश्र* | विजय कुमार | 104
'किसकी है यह कविता' *: अरिजीत* | शशिभूषण सिंह | 107

क्रिया-प्रतिक्रिया

पूँजीवाद की असंगति खोजें या मार्क्स की? | खगेन्द्र ठाकुर | 110

सृजन (कविता)

कुमार मुकुल की कविता | कुमार मुकुल | 114

ठंडी जगहें | जसबीर चावला | 128
पाबन्दी | जसबीर चावला | 128

सहस्राब्दी अंक-33 : अप्रैल-जून, 2009

सम्पादकीय
सबधन स्त्रीधन | अरुण कमल | 5
लेख
जब शकुन्तला विदेश गई : दो संस्कृतियाँ और रोमांटिक भाव-बोध | इन्द्रनाथ चौधुरी; अनु. : अरुण कमल | 7
शाकुन्तलम् के बहाने | श्रीराम त्रिपाठी | 12
सृजन (कविता)
छठ की औरतें | श्रीप्रकाश शुक्ल | 31
पूजा में स्त्री | श्रीप्रकाश शुक्ल | 33
लरिकोर | श्रीप्रकाश शुक्ल | 34
चैली | श्रीप्रकाश शुक्ल | 35
लेख
लोकगाथा में स्त्री | कमलानन्द झा | 36
थेरीगाथा | हरेकृष्ण तिवारी | 40
समकालीन तेलगू कविता में स्त्री-चेतना | माणिक्यांबा 'मणि'; उद्धरणों का अनुवाद : लेखिका द्वारा स्वयं | 43
मूल्यांकन
मीरा : फलित होगी वह छवि कविता *स्त्री-चेतना और मीरा का काव्य : पूनम कुमार* | लखन गोसाईं | 51
सृजन (कविता)
सुनेत्रा *आँखें नहीं नेत्र, डिल्यूजन ऑफ़ रेफरेंस, मिसेज दवे ने देखा, वासांसि जीर्णाणि यथा विहाय!* | विनय कुमार | 54
लेख
स्त्री एवं शूद्र सम्पति के सन्दर्भ | रवि श्रीवास्तव | 58
स्वाधीनता और साहित्य | रंजना अरगड़े | 72
सृजन (कविता)
अभिनय : दस कथाएँ
1; 2 | गिरिराज किराडू | 76
3; 4; 5 | गिरिराज किराडू | 77
6; 7; 8; 9; 10 | गिरिराज किराडू | 78

क्लोज-अप
मन्नू भंडारी की एक कहानी | वेद रमण | 79
मूल्यांकन
मधु काँकरिया की 'और अन्त में ईशू' | शशिकला त्रिपाठी उपाध्याय | 86
सृजन (कविता)
धर्मान्तरण | रविकान्त | 89
मृत्यु; मेरी आवाज़ | रविकान्त | 90
सफ़र में | रविकान्त | 91
लेख
यह बाज़ारों का समय है : केदारनाथ सिंह | मनीषा झा | 92
केदारनाथ सिंह के बहाने काव्यभाषा के बुनियादी व्याकरण की तलाश | विनोद शाही | 96
मूल्यांकन
कुटिया के आगे सर झुकाती क़लम | रश्मि रेखा | 101
सृजन (कविता)
बर का पेड़; गेरुआ जयकार; तकलीफ़ | अरुण शीतांश | 106
लेख
एक थे मोती बी.ए. | शैलेन्द्र वर्मा | 107
लोककवि महेन्द्र शास्त्री | जितेन्द्र वर्मा | 113
अली सरदार जाफ़री की नज़्म 'नई दुनिया को सलाम' पर पुनर्दृष्टि | मज़हर मेहदी | 117
सृजन (कविता)
(आल्प्स श्रृंखला)
हिमालय के लिए : आल्प्स संवाद | पुष्पिता अवस्थी | 130

सहस्राब्दी अंक-34 : जुलाई-सितम्बर, 2009

सम्पादकीय
आमीन | अरुण कमल | 5
लेख
'द्रोण' में जाने से पहले | निशिकान्त ठकार | 7
'द्रोण' (कविता) | अरुण कोलटकर; अनु. : निशिकान्त ठकार | 10

लेख		
औपनिवेशिक विरासतें, बहुसांस्कृतिक भविष्य : सापेक्षतावाद, वस्तुनिष्ठता और परायेपन की चुनौती	सत्यप्रकाश मोहंती; अनु. : संजय कुमार	34
हिन्दी का आदिकाव्य विष्णुदास रचित 'महाभारत'	प्रभाकर श्रोत्रिय	44
'राजसमाज' : विद्यापति की कविता में	प्रभात कुमार मिश्र	50
मुक्तिबोध : आह्लाद की लय	अपूर्वानंद	55
अज्ञेय का समय	कमल कुमार	62
कुमारेन्द्र पारसनाथ सिंह की कविता : जहाँ भी काटो, खून लाले निकलेगा	अच्युतानन्द मिश्र	66
कविता की संश्लेषी परम्परा : राजेश जोशी की कविताएँ	सुधीर रंजन सिंह	72
मनमोहन का कवि-कर्म : ज़िल्लत की रोटी	रामरती मलिक	79
सृजन (कविता)		
हादसा	शम्भु विश्वकर्मा	84
लेख		
मैं क्यों पढ़ता हूँ	चन्द्रकान्त पाटिल; अनु. : डॉ. ऋचा संजय	86
भाषायी यथार्थ बनाम भाषा का संकट	दिलीप सिंह	89
पाठक-केन्द्रित आलोचना	नन्दकिशोर नवल	101
सृजन (कविता)		
प्रेरक कथा; कह दो कवि हूँ	नरेश चन्द्रकर	106
मूल्यांकन		
प्रगतिशील लेखक संघ का वैचारिक एवं रचनात्मक संघर्ष *प्रगतिशील आन्दोलन के इतिहास-पुरुष : खगेन्द्र ठाकुर*	सत्येन्द्र पाण्डेय	107
स्मृति और वर्तमान में विचरती कविताएँ *बची हुई हँसी : गोविन्द माथुर*	प्रेमचन्द गांधी	110
मुठभेड़ की मनीषा *जुगलबन्दी : निरंजन श्रोत्रिय*	रेवती रमण	113
सृजन (कविता)		
बड़े भाई साहब की पाटी	मुसाफिर बैठा	117
अतीत का आईना		
'राजकमल' ने गढ़े कई कालजयी रत्न	सम्पादकीय विभाग	119
पुनरावलोकन		
एक वर्ष	शिवदानसिंह चौहान	120

सहस्राब्दी-35 : अक्टूबर-दिसम्बर, 2009

सम्पादकीय

कविता क्या है	अरुण कमल	5

निबन्ध

कविता क्या है	सुधीर रंजन सिंह	7

लेख

कथात्म साहित्य : रंग, रूप और श्रेणी	श्याम मनोहर; अनु. : निशिकान्त ठकार	16
समय, इतिहास और साहित्य *उत्तर-औपनिवेशिक भारतीय सन्दर्भ में कुछ नोट्स*	हितेन्द्र पटेल	20
अनोखा स्तोत्र, कोई क्रुद्ध मंत्रोच्चार *भारतीय उपन्यास की अवधारणा और सौद्धान्तिकीकरण पर बहस*	अमरेन्द्र कुमार शर्मा	32

सृजन (कविता)

अँधेरे में माचिस की तलाश में एक कविता	प्रेम रंजन अनिमेष	48
दिन के दस बजे पार्क में सोई स्त्री	प्रेम रंजन अनिमेष	49
डोमकच *बारात के पीछे रह गईं औरतों की रात*	प्रेम रंजन अनिमेष	51

लेख

कामायनी की रंगीन चित्रकारी	अमल सिंह 'भिक्षुक'	52

मूल्यांकन

'महादेवी' : आलोचना से अधिक *महादेवी : दूधनाथ सिंह*	परमानन्द श्रीवास्तव	65

लेख

समकालीन कविता की पृष्ठभूमि	कर्मेन्दु शिशिर	70

सृजन (कविता)

मेले में नाच	विनोद खेतान	82
अर्द्धविराम; फिर वही	विनोद खेतान	82

लेख

विखंडनवाद : पाठ का अतिक्रमण	सुबोध शुक्ल	84
प्रतिरोध की संस्कृति : स्त्री आत्मकथाएँ	गरिमा श्रीवास्तव	89
कथाशिल्प में गुम्फित लोक	मधुबाला नयाल	105

सृजन (कविता)

सूराख	सन्तोष कुमार चतुर्वेदी	118
हाशिया	सन्तोष कुमार चतुर्वेदी	118

मूल्यांकन

सूचना-संजाल से छलनी सर्जनात्मकता : 'एक ब्रेक के बाद' | रोहिणी अग्रवाल | 120

सृजन (कविता)

गिरना और गिरना | गोविन्द माथुर | 125

पोशाक | गोविन्द माथुर | 126

कविता : एक | शम्भु बादल | 127

कविता : दो | शम्भु बादल | 128

अतीत का आईना

स्तरीय लेखन को प्रोत्साहन रहा उद्देश्य जिसका | सम्पादकीय विभाग | 129

पुनरावलोकन

भाषा का प्रश्न | राहुल सांकृत्यायन | 131

पूर्वावलोकन

अकथ कहानी प्रेम की... : कबीर को कवि मानकर पढ़ें | सम्पादकीय विभाग | 133

सहस्राब्दी अंक-36 : जनवरी-मार्च, 2010

सम्पादकीय

लघुता की विराटता | अरुण कमल | 5

आज की कविता : बल्गारिया से

बादलों के पास मौसम नहीं है; जीवन उदास नहीं है; पत्तियाँ | स्तोयन दिनकोव; अनु. : गोविंद प्रसाद | 7

ईश्वरीय आदेश | स्तोयन दिनकोव; अनु. : गोविंद प्रसाद | 8

आज़ादी का गिलास; ईडिपस; उमर ख़य्याम के साथ; जूदस के लिए क्षेपक; हरा विचार | दिमितर लेंगेचेव; अनु. : गोविंद प्रसाद | 8

आत्मकथ्य

आत्मकथ्य | यशदेव शल्य | 10

संवाद

आलोचक-अनुवादक चन्द्रबली सिंह से दस सवाल | प्रस्तुति : लोलार्क द्विवेदी | 14

त्रिपदियाँ

सुरेश सलिल की त्रिपदियाँ | सुरेश सलिल | 15

सृजन (कविता)

जहाँ मेरी नींद महका करती है | उस्मान ख़ान | 18

नामली; कविता में उस जगह का नाम — उस्मान ख़ान 19
क़तई राजनैतिक — उस्मान ख़ान 21

लेख

गांधी और साहित्य — अवधेश कुमार सिंह 22
हिन्दी स्वराज : गांधी के प्रेरक पश्चिमी विचारक — कनक तिवारी 34
गॅर्डन कियर्नन : एक इतिहासकार की स्मृति — महेन्द्र मिश्र 42

सृजन (कविता)

जो कुछ साथ चला आया था — कृष्ण किशोर 53
दोस्त घास पेड़ और लोग — कृष्ण किशोर 54
जुलूस — कृष्ण किशोर 56
नई दिल्ली में धूप — हरीश आनन्द 57
त्रिकाल — हरीश आनन्द 58
साँप — हरीश आनन्द 58

लेख

हिन्दी से एक इंच ऊँचे हैं विजयमोहन सिंह — विष्णुचन्द्र शर्मा 59
लोक की अवधारणा और हबीब तनवीर — हृषीकेश सुलभ 63
भारतेन्दु युग का व्यंग्य — कर्मेन्दु शिशिर 67

सृजन (कविता)

काठ की तलवारें, किताब और सन्तरा — महाराज कृष्ण सन्तोषी 81
बुल्लेशाह का मज़ार, यह कैसा ख़्वाब था — महाराज कृष्ण सन्तोषी 82
भाई! भगवान् — प्रमोद कुमार तिवारी 83
इनार का विवाह — प्रमोद कुमार तिवारी 84

लेख

निरगुन कौन देस को वासी... — सुमन केशरी 85

सृजन (कविता)

किसान — अभय मौर्य 98
उड़ता हूँ; चलता है — श्यामपलट पाण्डेय 100
वह औरत नहीं है — श्यामपलट पाण्डेय 101

मूल्यांकन

सामान की तलाश *सामान की तलाश : असद ज़ैदी* — कृष्णा सोबती 102
'उर्वर प्रदेश' पर अम्ल वर्षा : वैष्णव जण तो तेणे कहिए — अनामिका 106
सृजनात्मक पुनर्निर्माण की ऊर्जा जुटाती 'सफ़र के लिए रसद' *: निर्मला गर्ग* — ऋतुपर्णा मुद्राराक्षस 115

मैं अपनी औरत हूँ *साथ चलते हुए : सुकृता पॉल, सविता सिंह* | संध्या सिंह | 118
स्मृति और स्वप्न : दूब-धान *: अनामिका* | रामरती मलिक | 122
संजय का दफ्तर *बॉस की पार्टी : संजय कुन्दन* | योगेश तिवारी | 129

सृजन (कविता)

जीवन में प्रेम; घर लौटने का सुख | सुषमा सिन्हा | 132
ऊपर उड़ना | वीरेन्द्र सारंग | 134

अतीत का आईना : 1951-1953

समर्थ लेखकों का आकर्षण, आलोचना क्यों | सम्पादकीय विभाग | 136

पुनरावलोकन

आधुनिक साहित्य और चित्रकला | प्रभाकर माचवे | 137

सहस्राब्दी अंक-37 : अप्रैल-जून, 2010

सम्पादकीय

अपना मोर्चा | अरुण कमल | 5

लेख

शमशेर | नरेन्द्र शर्मा | 7

साक्षात्कार

विनोद कुमार शुक्ल से बातचीत | विनोद कुमार शुक्ल, महावीर अग्रवाल | 11

सृजन (कविता)

हरे नृत्य का दृश्य; भस्मीभूत | प्रकाश | 15
यज्ञ; रट; शंख फूँकना; लज्जा | प्रकाश | 16
कोलाहल; सुमिरन-गायन | प्रकाश | 17

लेख

काल-दृष्टि और साहित्य | गिरीश मिश्र | 18
हिन्द स्वराज आज | खगेन्द्र ठाकुर | 23
रंग-विभूतियों की त्रिवेणी | सत्येन्द्र कुमार तनेजा | 31

सृजन (कविता)

समय; अधूरे प्रेम का अँधेरा | हरेप्रकाश उपाध्याय | 47
बसन्त की यह रात | हरेप्रकाश उपाध्याय | 47

विमर्श

1857 : रस्मी अध्ययनों और कथनों से परे | प्रदीप सक्सेना | 50
1857 और हिन्दी समाज (विशेष सन्दर्भ : भोजपुरी साहित्य) | देवेन्द्र चौबे | 70

1857 : असमाप्त जिरह या निष्कर्ष तक पहुँचने की मुश्किल *1857 : विरासत से जिरह : सं. : राजीव रंजन गिरि*	धर्मेन्द्र सुशान्त	85
सृजन (कविता)		
तीतर	लीलाधर मंडलोई	88
स्वाद के अनन्तिम शिखर पर	लीलाधर मंडलोई	89
कपाल क्रिया	लीलाधर मंडलोई	90
लेख		
पंडित अम्बिकाप्रसाद की डेढ़ सौवीं जयन्ती पर		
पं. अम्बिकाप्रसाद व्यास की हिन्दी पत्रकारिता	रामनिरंजन परिमलेन्दु	91
मूल्यांकन		
मिथक, इतिहास और यथार्थ *याज्ञवल्क्य से बहस : सुमन केशरी*	वेंकटेश कुमार	113
अभिव्यक्ति की बेचैन ज़िद *लड़कियाँ जो पुल होती हैं : संवेदना*	भरत प्रसाद	115
अन्तर्विरोधों के बीच सृजन का पक्ष *अच्छे दिनों में ऊँटनियों का कोरस : रमेश प्रजापति*	रमेश प्रजापति	117
'समय से संवाद' *(प्रगतिशील लेखक संघ, गया द्वारा संकलित संग्रह)*	शैवाल	119
टटके वर्तमान के सर्जक *कहते हैं तब शहंशाह सो रहे थे : उमाशंकर चौधरी*	भरत प्रसाद	121
कविता का कबूलनामा *जवान होते हुए लड़के का कबूलनामा : निशान्त*	राजकिशोर राजन	124
ऋजुपन में सुकून *खिलाड़ी दोस्त और अन्य कविताएँ : हरेप्रकाश उपाध्याय*	ब्रजकुमार पाण्डेय	126
गेहूँ का घर *गेहूँ घर आया है : दिविक रमेश*	हेमंत कुकरेती	128
खाली-भरी नदी *नदी : शमोएल अहमद*	प्रेम प्रभाकर	131
परमानन्द श्रीवास्तव की आलोचना *सन्नाटे में बारिश : परमानन्द श्रीवास्तव*	अनिल राय	133
गढ़वाली लोक-कथाओं का स्त्री-लोक *याज्ञवल्क्य से बहस : सुमन केशरी*	वीरेन्द्र सिंह बर्त्वाल	139
अतीत का आईना		
राजकमल : जिसके लिए प्रकाशन व्यवसाय नहीं, मिशन	सम्पादकीय विभाग	146
पुनरावलोकन		
हिन्दी का भावी रूप	डॉ. सुनीति कुमार चाटुर्ज्या	148

सहस्राब्दी अंक-38 : जुलाई-सितम्बर, 2010

सम्पादकीय

लोकतंत्र और आलोचना	अरुण कमल	5

लेख

एकलवाद और बहुलवाद *सन्दर्भ : समालोचना एवं संस्कृति*	राजनाथ; अनु. : रामकीर्ति शुक्ल	7
केदारनाथ अग्रवाल	अशोक त्रिपाठी	17

सृजन (कविता)

तारों जैसे; अमावस; पुराने का महत्त्व	लीलाधर जगूड़ी	26
जो ठोकर खाते हैं; बहुत से पत्थर पड़े हैं	लीलाधर जगूड़ी	27

लेख

वैकल्पिक आधुनिकताएँ और मध्ययुगीन भारतीय साहित्य : उड़िया लक्ष्मी पुराण का दृष्टांत	सत्यप्रकाश मोहंती; अनु. : संजय कुमार, अर्चना कुमार	28
गीतं शब्दित गानयो	रवि रंजन	44
महादेवी जी को देख-पढ़कर	गोपेश्वर सिंह	52
कविता–कुँवर नारायण	रंजना श्रीवास्तव	56
एक सच्चा जनकवि हरीश भादानी	अरुण माहेश्वरी	61
भगवत रावत की कविताई	ओम भारती	68
कीर्तिनारायण मिश्र की कविता *जेठ की तप्त शिला : कीर्तिनारायण मिश्र*	रामनिहाल गुंजन	76

सृजन (कविता)

एक कविता पाब्लो नेरुदा के लिए	मंजरी श्रीवास्तव	80
तुम कहाँ हो इज़ाडोरा	मंजरी श्रीवास्तव	82
जामुन का पेड़	ज्योति चावला	84
कच्ची उम्र की लड़कियाँ; एक बार फिर रामदास	ज्योति चावला	85
उस पार की दुनिया; पिता के जाने पर	ज्योति चावला	86
वहाँ है प्रगाढ़ नीलापन; एकान्त ओढ़े हुए	इला कुमार	87

विमर्श

औपनिवेशिक उत्तर भारत में विधवा विवाह पर बदलते विमर्श	चारु गुप्ता	89

परिचर्चा : लोकतंत्र का भविष्य

लोकतंत्र की अवधारणा और आज का सच	कृष्ण किशोर	102
भारतीय जनतंत्र का भविष्य	खगेन्द्र ठाकुर	112
प्रलय के भविष्यवक्ता और उनकी हँसी	अभय कुमार दुबे	119

भविष्य का लोकतंत्र — राजकिशोर 126
भारतीय लोकतंत्र किधर? — सुभाष शर्मा 131
लोकतंत्र तो रहेगा पर ऐसा नहीं... — सुरेश पंडित 138

सृजन (कविता)

वन उजाड़न देवियाँ; मीनधुन — उपेन्द्र चौहान 143

मूल्यांकन

खुदाई में हिंसा का विरोधी कवि *खुदाई में हिंसा : बद्रीनारायण* — जितेन्द्र गुप्ता 145
अकृतिम गद्य में ठोस जीवन *मेरे दिन मेरे वर्ष–स्मृति-कथा : एकांत श्रीवास्तव* — नीलकमल 148

अतीत का आईना

1953 : समय की सूझ और नेतृत्व की चमक — सम्पादकीय विभाग 51

सहस्राब्दी अंक-39 : अक्टूबर-दिसम्बर, 2010

सम्पादकीय

हमारे समय के स्वप्न — अरुण कमल 5

साक्षात्कार

शमशेर बहादुर सिंह से बातचीत — शमशेर बहादुर सिंह, चन्द्रेश्वर 7

सृजन (कविता)

रोने वाले; ज्ञानवाले — आर. चेतनक्रान्ति 9
प्रोफेशनल; पैसे के सिपाही — आर. चेतनक्रान्ति 10
झल्ले खाँ; तुम्हारी जय — आर. चेतनक्रान्ति 11

स्मृति

हिन्दी स्वराज और आधुनिक सभ्यता का संकट — प्रभाष जोशी 12
गोदान : उपन्यास और चरित्र — मार्कण्डेय 19

शताब्दी

फ़ैज़ : बोल के लब आज़ाद हैं तेरे — रसाल सिंह 22
फ़ैज़ और उनकी नज़्में — क्रान्ति 28
कलीमुद्दीन अहमद : व्यक्ति और आलोचक — इम्तेयाज़ अहमद 32

सृजन (कविता)

ईश्वर की पीछे *स्टीफन हॉकिंग के लिए* — दिनेश कुशवाह 37
गुरुपूर्णिमा पर काशीनाथ सिंह; महारास — दिनेश कुशवाह 38

लेख

भारतीय परम्परा में ज्ञान का मूल्य-अनुक्रम — हेतुकर झा; अनु. : अनुराग कुमार सिन्हा 40

कहाँ जाऊँ, दिल्ली या उज्जैन | चन्द्रकान्त देवताले | 45
टी.एस. इलियट और रचना-प्रक्रिया | कृष्णदत्त शर्मा | 49
समकालीन आलोचना और सिद्धान्त | संजय कुमार; अनु. : अनुराग कुमार सिन्हा, प्रशान्त कुमार | 56

सृजन (कविता)
खोज; बीज | अनिल विभाकर | 62
रीढ़ | अनिल विभाकर | 63

साक्षात्कार
कवि का काम संघर्ष *तेलगू कवि वरवर राव से अरुण कमल की बातचीत* | वरवर राव, अरुण कमल; लिप्यन्तरण : अभिषेक रौशन | 64

परिचर्चा : हमारे समय के स्वप्न
कैसे करें छिन्न-भिन्न दु:स्वप्नों का घटाटोप | चन्द्रकान्त देवताले | 76
स्वप्न जो अधूरे हैं मगर टूटे नहीं हैं | रमेश उपाध्याय | 78
सपने और स्वतंत्रता | मैत्रेयी पुष्पा | 83
जिद्दी गौरैया और हाथीदाँत के डिब्बे में रखा मोती | राजेश जोशी | 87
हमारे समय के स्वप्न | विष्णु नागर | 90
संशयग्रस्त सपनों का समय | मदन कश्यप | 93
जागी आँखों के साझे सपने... | प्रेम रंजन अनिमेष | 95
खंडित सपनों के ख़िलाफ़ | वेद प्रकाश | 100
एक सपना समाजवाद | विष्णु देव | 106

मूल्यांकन
श्वेत-श्याम अनुभूतियों की कविताएँ *कविता दु:ख की नदी : कुसुम जैन* | श्रीनिवास शर्मा | 110
साक्षी साक्षात्कार *शऊर की दहलीज़; अन्तस् के आर-पार : प्रेम कुमार* | मधुरेश | 113
वियतनाम में भारत *टेसेज ऑफ़ इंडियन कल्चर इन वियतनाम : गीतेश शर्मा* | प्रेम कपूर | 117

अतीत का आईना : वर्ष 1954
'श्रेष्ठ कृतियों का प्रकाशन, श्रेष्ठतम की अनवरत तलाश' | सम्पादकीय विभाग | 119

सहस्राब्दी अंक-40 : जनवरी-मार्च, 2011
शमशेर बहादुर सिंह पर केन्द्रित

सम्पादकीय
शताब्दी : शमशेर और आधुनिकता | अरुण कमल | 5

सृजन (कविता)

केदारनाथ अग्रवाल की कविताएँ	केदारनाथ अग्रवाल	7

लेख

शमशेर : कुछ यादें	विजय बहादुर सिंह	9
कवि शमशेर बहादुर सिंह की पहली और आख़िरी विदेश यात्रा	दिविक रमेश	15
शमशेर : एक खोज	प्रदीप सक्सेना	19
शमशेर आज	परमानन्द श्रीवास्तव	35
एक शमशेर भी है	गोपेश्वर सिंह	40
दुर्लभ सजगता के कवि शमशेर	वैभव सिंह	49
आदमी की अमरता कवि है	रेवती रमण	55
माध्यम के पार जाना अर्थात् असम्भव का सन्धान	श्याम कश्यप	61
शमशेर : कविता के कोलम्बस	शम्भुनाथ	81
शमशेर की एक कविता	बोधिसत्व	87
मेरा आलोचक एक बीज	अरुण देव	92
शमशेर को पढ़ते हुए	संध्या सिंह	95
टूटी हुई बिखरी हुई : एक पाठ विश्लेषण	अमिताभ राय	99
शमशेर का प्रगतिशील रूप	श्रीप्रकाश शुक्ल	109
माध्यम के पार जातीं शमशेर की कविताएँ...	सुमन केशरी	115
उनमें अपना हृदय मिलाओ	मदन कश्यप	120
प्रेम, सौन्दर्य और मनुष्य-भाव की भूमि : शमशेर की कविता	सुरेश सलिल	123
कविता में 'शमशेरियत' की शिनाख़्त	रवि रंजन	131
शमशेर की सौन्दर्य-दृष्टि	राजश्री शुक्ला	135
शमशेर के काव्य-शिल्प का वैशिष्ट्य	ज्योतिष जोशी	141
अपने समय के एल्बम को देखते हुए	रंजना अरगड़े	146
करुणा के सम्बोध से सम्बन्धित पौरुषता	श्रीराम त्रिपाठी	150
कवि शमशेर : निस्संग रचना-प्रक्रिया का सामाजिक विस्फोट	मंजु रानी सिंह	156
शमशेर : दोआब की कविता	इक्ष्वाकु कुमार	165
हिन्दी गद्य की शमशेरियत	पंकज पराशर	168
कहानियों में शमशेर	सूरज पालीवाल	172
शमशेर का काव्यालोचन	योगेश प्रताप शेखर	179
शमशेर का प्रगतिशील रूप	कुमार नयन	183

सहस्राब्दी अंक-41 : अप्रैल-जून, 2011
अज्ञेय पर केन्द्रित

सम्पादकीय

इति नहीं | अरुण कमल | 5

लेख

अज्ञेय और प्रकृति | नामवर सिंह; लिप्यन्तरण : रविशंकर सोनकर | 7

साक्षात्कार

पढ़ाया जाना नहीं, पढ़ा जाना मेरे लिए महत्त्व की बात है : अज्ञेय से ओम निश्चल की बातचीत | अज्ञेय, ओम निश्चल | 13

लेख

कविकर्म और अज्ञेय | रमेशचन्द्र शाह | 20
अज्ञेय : विवादों के आर-पार | नीलाभ | 27
अज्ञेय : काव्यशिल्प और तत्त्वाभिनिवेष | श्रीप्रकाश शुक्ल | 38
दोहरे मरण की पहचान | कृष्णमोहन झा | 44
तटस्थता से अज्ञेय को पढ़ने की ज़रूरत | उमा शंकर चौधरी | 50
शताब्दी-वर्ष और अज्ञेय का मूल्यांकन | मधुरेश | 56
आधुनिकीकरण और अज्ञेय की चिन्ताएँ | शम्भुनाथ | 60
अज्ञेय आज | परमानन्द श्रीवास्तव | 72
एक असीम बूँद असीम समुद्र को अपने भीतर प्रतिबिम्बित करती है | ए. अरविन्दाक्षन | 77
एक साहित्यक तपस्वी की मौन साधना | जया शर्मा | 81
'चिन्ता' : प्रेम-दृष्टि का एक चिन्ताजनक आख्यान | पूनम कुमारी | 84
अज्ञेय-साहित्य में 'होना'-'पर्वत' का | मधुबाला नयाल | 90
मैं वह धनु हूँ जिसे साधने में प्रत्यंचा टूट गई है | पूनम सिंह | 97
महाशून्य के महामौन का महाकवि : अज्ञेय | रामरती मलिक | 101
अज्ञेय की आलोचना : पाठ और प्रतिमान | ओम निश्चल | 106
अज्ञेय के निबन्ध : मृण्मय के द्वारा चिन्मय की खोज | अरुणेश नीरन | 117
अच्छी कुंठारहित इकाई | रवि रंजन | 122
मौन की अभिव्यंजना : अज्ञेय | रामवचन राय | 127
अज्ञेय : परम्परा, आधुनिकता और विरोध | बलराम तिवारी | 132
आधुनिक संवेदना के कवि अज्ञेय | करुणाशंकर उपाध्याय | 139
अज्ञेय की पत्रकारिता | आलोक पांडेय | 145

अज्ञेय की स्वाधीनता की अवधारणा : विशेष सन्दर्भ : 'शेखर : एक जीवनी'	निरंजन कुमार	151
अज्ञेय का भाषिक चिन्तन	राकेश कुमार सिंह	156
अपने अन्तिम दिनों में अज्ञेय	राजेन्द्र उपाध्याय	162
अतीत का आईना : वर्ष 1955		
छोटे क़दम : मुक़ाम बड़ा	प्रस्तुति : रविशंकर	168

सहस्राब्दी अंक-42 : जुलाई-सितम्बर, 2011
केदारनाथ अग्रवाल पर केन्द्रित

सम्पादकीय		
प्रगतिशील कविता और केदारनाथ अग्रवाल *दस्ताने ये रेशम के हाथ कड़े इस्पाती*	अरुण कमल	5
लेख		
केदारनाथ अग्रवाल	अशोक त्रिपाठी	7
केदारनाथ अग्रवाल की काव्य-चेतना	खगेन्द्र ठाकुर	12
क्रान्ति में खिड़कियाँ	शम्भुनाथ	23
राष्ट्रीयता की अवधारणा की चुनौतियाँ और केदारनाथ अग्रवाल की कविता	अमिताभ राय	38
केदार का काव्य-चिन्तन	राजेन्द्र कुमार	44
कवि केदारनाथ अग्रवाल का काव्य-विमर्श	दिविक रमेश	48
धरती मुझको छन्द सिखाए	दिनेश कुशवाह	55
केदार-काव्य की लोकधर्मिता	रवीन्द्रनाक मिश्र	62
कवि केदारनाथ अग्रवाल की कविता में लोक संपृक्ति	संजीव कुमार दुबे	67
कृषक-कृषक का गुणन	श्रीराग त्रिगाठी	73
केन किनारे का कवि	कैलाश पचौरी	79
जनता का कवि	रामनिहाल गुंजन	84
खरी-खरी की कविता	सुरेन्द्र कुमार	89
केदार की कविताओं में आक्रोश	रंजना श्रीवास्तव	92
धरती की गन्ध और पौरुष का राग	राजश्री शुक्ला	97
दाम्पत्य में जनतंत्र अर्थात् नवजागरण से आगे	शंभु गुप्त	102
मर्यादित प्रेम, उन्मुक्ति और केदारनाथ अग्रवाल	ब्रजेश पाण्डेय	108
कठिन जीवन के सहज कवि	शैलेन्द्र कुमार त्रिपाठी	114
कवि केदारनाथ अग्रवाल और आज की हिन्दी कविता	चन्द्रकान्त सिंह	119
नागार्जुन और केदारनाथ अग्रवाल : प्रगतिशील सौन्दर्यदृष्टि	देवेश त्रिपाठी	124

केदारनाथ अग्रवाल का गद्य | कर्मेन्दु शिशिर | 130
मनुष्य, पारिस्थितिकी और जीवन के पक्ष में आवाज़ | ओम निश्चल | 133
अमृत की बूँद | राजेन्द्र राजन | 140

अतीत का आईना : राजकमल प्रकाशन : वर्ष 1956

एक अविस्मरणीय हादसा | प्रस्तुति : रविशंकर | 143

सहस्राब्दी अंक-43 : अक्टूबर-दिसम्बर, 2011

नागार्जुन पर केन्द्रित

सम्पादकीय

मेरी भी आभा है इनमें | अरुण कमल | 5
नागार्जुन : हस्तलिपि | नागार्जुन | 7

संस्मरण

अन्त में पृथ्वी की गोद | शोभाकान्त | 10

लेख

नागार्जुन | उषाकिरण खान | 19
जनराग और जीवनराग : नागार्जुन की कविताएँ | प्रेम रंजन अनिमेष | 24
सबके सुख की लालसा : अकाल में पका हुआ कटहल | मनोज कुमार झा | 28
सम्पूर्णता के कवि : नागार्जुन | निशान्त | 32
तुममें व्यापे विद्यापति को... | प्रभात कुमार मिश्र | 40
नागार्जुन की कविता : लोकचेतना, राजनीति और हमारा समय | सुधीर रंजन सिंह | 47
नागार्जुन-काव्य में शिल्पगत प्रयोग | खगेन्द्र ठाकुर | 57
समग्रता का आह्वान | विजय बहादुर सिंह | 67
नागार्जुन : आज | परमानन्द श्रीवास्तव | 74
नव-औपनिवेशिक संकट : नागार्जुन की लड़ाई | शम्भुनाथ | 78
नागार्जुन की कविता में प्रतिरोध का स्वर | चौथीराम यादव | 101
पाठालोचन : 'कल्पना के पुत्र, हे भगवान' के बहाने नागार्जुन का कवि-कर्म | कमलानन्द झा | 108
नागार्जुन और सभ्यता का 'कुम्भीपाक' | रूपा गुप्ता | 113
भस्मांकुर : वस्तु, वास्तु, स्रोत और स्वरूप | प्रेमशंकर रघुवंशी | 119
अन्न और अन्य : नागार्जुन के अनन्य | बलराम तिवारी | 123
सीधे-सादे शब्द हैं, भाव बड़े ही गूढ़ | रवि श्रीवास्तव | 129
नागार्जुन-तप्त जन-मानस के क्षुब्ध अन्तर्यामी | प्रो. जयमोहन एम.एस. | 140

'भूमिजा' में आधुनिकीकरण | सी.आर. राजश्री | 146
नागार्जुन की जनवादी कविता | संजय रणखांबे | 156
नागार्जुन के उपन्यास | सुरेश सलिल | 160
नागार्जुन का 'बलचनमा' : एक समाजशास्त्रीय विश्लेषण | सुभाष शर्मा | 168

अतीत का आईना : वर्ष 1957

पुस्तक लोकार्पण समारोहों की परम्परा का आग़ाज़ | प्रस्तुति : रविशंकर | 177

सहस्राब्दी अंक-44 : जनवरी-मार्च, 2012

सम्पादकीय

पाठ का पुनर्वास | अरुण कमल | 5

विमर्श

...वादानुवाद : उत्तर-आधुनिकतावाद की 'मृत्यु' और पर-आधुनिकतावाद | अवधेश कुमार सिंह | 7

साक्षात्कार

अभिमन्यु अनत से वेंकटेश कुमार की बातचीत | अभिमन्यु अनत, वेंकटेश कुमार | 15

लेख

'दिसापामोक्ख आचार्य' पं. केशवप्रसाद मिश्र *(आचार्य केशवप्रसाद मिश्र की 125वीं जयन्ती के अवसर (1885-2010) पर विशेष)* | सुजीत कुमार सिंह | 19
कविता भोग-विलास की सामग्री नहीं है | केशवप्रसाद मिश्र | 22
वाङ्मय-साधक श्री चिरंजीव दास | वागीश शुक्ल | 36
यह गुप्त कार्रवाई है | इब्बार रब्बी | 39

सृजन (कविता)

अन्तरा *एम. के लिए* | नीलाभ | 44
स्त्री की नींद; स्त्री से राजनीति; स्त्री की इच्छाएँ | मिथिलेश श्रीवास्तव | 51
सुरक्षाकर्मी; चीज़ों की साज-सँभाल | मिथिलेश श्रीवास्तव | 52
गंगाराम कलुंडिया–देश | अनुज लुगुन | 54
देशभक्ति | अनुज लुगुन
देशान्तरण; पहाड़ पर लालटेन | अनुज लुगुन

मणिपुरी कविताएँ

श्रीमती तोम्चा बाबू | थाडूजम इबोपिशक; अनु. : निङ्थौजम प्रियोबती देवी | 58
मणिपुर आज के समय में | थाडूजम इबोपिशक; अनु. : निङ्थौजम प्रियोबती देवी | 59

जूता; मेघदूत; अमेरिकन अम्ब्रेला; छह पुच्छ | थाडूजम इबोपिशक; अनु. : निङ्थौजम प्रियोबती देवी

मराठी कविताएँ

पतझड़ | प्रफुल्ल शिलेदार; अनु. : जगदीश साहू | 62

चिट्ठियों का लिखा जाना; पैदल चलूँगा | प्रफुल्ल शिलेदार; अनु. : जगदीश साहू | 63

कविता में घुसने के लिए लेखक के टेबल पर आई चींटी | प्रफुल्ल शिलेदार; अनु. : जगदीश साहू | 64

उनकी दुनिया का काला कुट्ट आकाश | प्रफुल्ल शिलेदार; अनु. : जगदीश साहू | 65

लेख

आरम्भिक भारतीय समाज में प्राकृतिक व अप्राकृतिक विचारधाराओं के बीच टकराव | ओ.पी. जायसवाल | 67

रामविलास शर्मा की आलोचना दृष्टि में उतार-चढ़ाव : आचार्य रामचन्द्र शुक्ल के विशेष सन्दर्भ में | डॉ. ज्ञानेन्द्र कुमार सन्तोष | 72

एक नाटक का आलेख | सुरजीत पातर; अनु. : सुखचैन | 78

मूल्यांकन

औपनिवेशिक भारत में प्रतिरोध वाया करमगढ़ *भर सरवर जब ऊछलै : गुरदयाल सिंह* | विनोद शाही | 83

आज़ादी की लड़ाई में नाटक *सितम की इंतिहा क्या है : सम्पादक-लेखक : सत्येन्द्र तनेजा* | राधावल्लभ त्रिपाठी | 90

सुरेन्द्र चौधरी का आलोचना-कर्म *इतिहास, संयोग और सार्थकता; हिन्दी कहानी : रचना और परिस्थिति; साधारण की प्रतिज्ञा : अँधेरे से साक्षात्कार : सुरेन्द्र चौधरी* | अच्युतानन्द मिश्र | 95

सृजन (अंग्रेज़ी कविता)

पेड़ों के बीच | अंकुर बेटगेरि; अनु. : राहुल राजेश | 103

जन्म-जन्मान्तर; बसन्त | अंकुर बेटगेरि; अनु. : राहुल राजेश | 104

अभिनेता; ऐसा था मेरा प्यार | अंकुर बेटगेरि; अनु. : राहुल राजेश | 105

ग्रीष्म; ब्रह्मांड के केन्द्र में | अंकुर बेटगेरि; अनु. : राहुल राजेश | 106

श्मशान में पिकनिक; जब धरती का हुआ था पुनर्जन्म | अंकुर बेटगेरि; अनु. : राहुल राजेश | 107

आम आदमी के जबड़ों में चुपचाप बढ़ता तनाव — अंकुर बेटगेरि; अनु. : राहुल राजेश — 108

नागार्जुन पर विशेष

नागार्जुन होने का अर्थ — रामनिहाल गुंजन — 110
नागार्जुन : नई कविता की ऐसी तैसी — गोपेश्वर सिंह — 115
नागार्जुन : मैले उपमानों का जादू — ओम निश्चल — 125
नागार्जुन : छन्द और संस्कृत के आधुनिक कवि — पंकज पराशर — 130
नागार्जुन की काव्य-संवेदना के विविध रूप — डॉ. रमा — 135
नागार्जुन के काव्य की लोकधर्मिता — सत्येन्द्र पाण्डेय — 139

सहस्राब्दी अंक-45 : अप्रैल-जून, 2012

सम्पादकीय

साहित्य का स्वधर्म और प्रगतिशील लेखक संघ के पचहत्तर साल — अरुण कमल — 5

सृजन (कविता)

मैं मज़दूर; नामांकन — शंकरानन्द — 7
अब यहाँ; तहों में; न्याय; छाप; कहने को — शंकरानन्द — 8

साक्षात्कार

'जो जीवन में रमे रहते हैं, वे साहित्य भी अच्छा लिखते हैं' : *विश्वनाथ त्रिपाठी से आकांक्षा शर्मा की बातचीत* — विश्वनाथ त्रिपाठी — 9

लेख

रूमान की काया पर सच्चाई के घाव — अशोक वाजपेयी — 15
फ़ैज़ का फैलाव — गौतम सान्याल — 20

सृजन (कविता)

सुमन केशरी की कविताएँ — सुमन केशरी — 40
दीवार पर कूची चलाते हुए; अपनी-अपनी जगह — विपिन चौधरी — 42
प्रतिशोध का प्रेम; अपने भरोसे से; इतिहास के गर्त में मेरी पहचान — विपिन चौधरी — 43
अपनी एकता के बलिहारी — विपिन चौधरी — 44

लेख

अनुवाद एक नई संरचना है — दूधनाथ सिंह — 45
विरल एवं विलक्षणकृति : अग्निपर्व : शान्तिनिकेतन — रणजीत साहा — 52

सृजन (कविता)

अपनी ज़िन्दगी से मुलाक़ात — विमल कुमार — 57

बिम्ब : प्रतिबिम्ब	विमल कुमार	58
गुस्से से प्यार; फिर से प्यार	विमल कुमार	59
देवी!; प्रेम की होड़	विमल कुमार	60
लेख		
भक्ति-साहित्य : पुनरावलोकन	नित्यानन्द तिवारी	62
भक्ति-साहित्य : पुनर्विचार के नए आयाम	पूनम कुमारी	72
सीतायाश्चरितं महत्	सदानन्द शाही	77
चौदहवीं-पन्द्रहवीं सदी और उसके बाद मिथिला की सामाजिक स्थिति : एक समाजशास्त्रीय अवलोकन	हेतुकर झा	85
स्मृति		
आचार्य जानकीवल्लभ शास्त्री से एक भेंट	जानकीवल्लभ शास्त्री, मनोज कुमार, करण समस्तीपुरी	94
सृजन (कविता)		
चोट लगती है; भूलता नहीं हूँ	नवल शुक्ल	104
हँसने के लिए; वह तुम्हें ही कहना है; रंगों के तरल भार से गिरा है जामुन; जैसे उनके ही रंगों ने उन्हें छुआ हो	नवल शुक्ल	105
इच्छाएँ बदलती हैं तो बदलता है समय; इच्छा यह है कि बनी रहे इच्छा; पानी के तरल की इच्छा	नवल शुक्ल	106
स्मृति		
इतिहासकार रामशरण शर्मा के घर एक दिन	निवेदिता	107
लेख		
हिन्दी की साहित्यिक विरासत और आधुनिक जगत में उसकी समीचीनता	कुसुम खेमानी	111
उर्दू साहित्य और स्त्री	शैव्या त्रिपाठी	115
सृजन (कविता)		
अँधेरे में अन्ताक्षरी	प्रेम रंजन अनिमेष	121
लेख		
काव्यशास्त्रीय प्रस्थान-बिन्दु	सुधीर रंजन सिंह	124
साक्षात्कार		
काशी का अस्सी और फ़िल्म का बनना	चन्द्रप्रकाश द्विवेदी, अभिजीत सिंह	14
लेख		
मित्रो का मर्म	सुखप्रीत कौर	149
आत्मकथा और उपन्यास	ज्ञानेन्द्र कुमार सन्तोष	153

सृजन (कविता)

जुगनुओं पर फ़िल्म; अकुशल	कुमार अम्बुज	164
जिन्हें तुम धन्यवाद देना चाहते हो; संस्कार	कुमार अम्बुज	165
शरणस्थली और क़त्लगाह; घास बनकर भी चैन नहीं	कुमार अम्बुज	166

सहस्राब्दी अंक-46 : जुलाई-सितम्बर, 2012

अकथ कहानी प्रेम की : कबीर की कविता

सम्पादकीय

बहुरि कबीर	अरुण कमल	5

लेख

कबीर की अकथ कहानी : कबीर के इतिहास, कविता और विचार की एक नई, बहुत बेहतर व्याख्या	डेविड लॉरेंजन; अनु. : सुधांशुभूषण नाथ तिवारी	7
एक महत्त्वपूर्ण बौद्धिक हस्तक्षेप...	फ्रेंचेस्का ओरसिनी; अनु. : प्रभात रंजन	14
लीक छाँड़ि : कबीर पर पुरुषोत्तम	वागीश शुक्ल	19
सोई पंडित सोई ज्ञाता सोई भक्त कहावै	सुधीर चन्द्र	49
अकथ का अकथ	हरीश त्रिवेदी	58
देशज आधुनिकता, भक्ति का लोकवृत्त और कबीर की कविता	अवधेश प्रधान	65
लोकधर्म के परे	रवीन्द्र वर्मा	70
कबीर की कविता से आत्मीय संवाद	रामदेव शुक्ल	74
कबीर की लोकस्मृति : एक भास्वर संवाद : मुख कस्तूरी महमही	अनामिका	79
श्रम, अध्यात्म और प्रेम के कवि : कबीर	वेद प्रकाश	83
कबीर-प्रेम की अकथ कहानी और हमारा समय	रामचन्द्र	95
अकथ कहानी प्रेम की : औपनिवेशिक ज्ञानकांड से मुक्ति का आख्यान	धीरेन्द्र बहादुर सिंह	100
एक बात नहि मोहि सुहानी...'अकथ कहानी प्रेम की' में आचार्य हजारीप्रसाद द्विवेदी	मधुप कुमार	108
संतो धोखा कासूँ कहियो...	मार्तंड प्रगल्भ	123
अपने-अपने कबीर	योगेश तिवारी	131
'अकथ कहानी प्रेम की' : कथ-अकथ	दयाशंकर	137
अकथ कहानी प्रेम की	नवल किशोर	150
है विस्तार बहुत...	पुरुषोत्तम अग्रवाल	154

अतीत का आईना : वर्ष 1959
गुरुत्तर सामाजिक दायित्व का निर्वाह — प्रस्तुति : रविशंकर 172

सहस्राब्दी अंक-47 : अक्टूबर-दिसम्बर, 2012

सम्पादकीय — अरुण कमल 5

सृजन (कश्मीरी कविता)
दोराहा — नसीम शफ़ाई; प्रस्तुति : वन्दना चौबे 7
नालाह (फ़रियाद); शाम ढले — नसीम शफ़ाई; प्रस्तुति : वन्दना चौबे 8

साक्षात्कार
'मुझे इन्तज़ार है कि मेरी कविता गीत बन जाए' *नसीम शफ़ाई से वन्दना चौबे की बातचीत* — नसीम शफ़ाई, वन्दना चौबे 10

सृजन (कविता)
यूँ ही; इस तरह — लाल्टू 19
तीन छोटी बच्चियाँ; टूटते परमाणु — लाल्टू 20
ईश्वर भी अश्लील; लगा जैसे कि; आदमी और तानाशाह — लाल्टू 21

लेख
इक्कीसवीं सदी में आलोचना-कर्म : फिर पाठ की ओर — अवधेश कुमार सिंह 22

फिर से पाठ : रामचरित मानस
एहि के हृदय बसति वैदेही — सर्वेश कुमार सिंह 29
भाषा जब भ्रष्ट होती है तो समाज भी भ्रष्ट हो जाता है — विश्वनाथ प्रसाद तिवारी 39
चूड़ी का चिह्नशास्त्र — कृष्ण कुमार 44

सृजन (कविता)
मृत्यु का चयन — पंकज परिमल 57
मृत्यु *सन्दर्भ : मधु-कैटभ वध* — पंकज परिमल 58

लेख
अदम गोंडवी : एक हमसफ़र शायर — निरंजन सहाय 59

साक्षात्कार
भूमंडलीकरण : अर्थव्यवस्था, राजनीति और संस्कृति *एरिक हॉब्सबॉम से एन्तोनियो पोलियो की बातचीत* — एरिक हॉब्सबॉम, एन्तोनियो पोलियो; अनु. : रामकीर्ति शुक्ल 62

लेख
हॉब्सबॉम को पढ़ते हुए *हाउ टू चेन्ज द वर्ल्ड : एरिक हॉब्सबॉम* — खगेन्द्र ठाकुर 78
भारतीय राजनीति पर रामविलास शर्मा — प्रभुनारायण राय 87
आचार्य हजारीप्रसाद द्विवेदी : हिन्दी और लोक-प्रवृत्ति — इन्द्रनाथ चौधरी 96
दलित साहित्य : आलोचना का संकट — ओमप्रकाश वाल्मीकि 101
कवि विष्णु नागर — पुष्पपाल सिंह 107

सृजन (कविता)
सुनो साधो! — कुमार अनुपम 113
सुनो; अनर्गल शब्दों की अर्थकथा — कुमार अनुपम 114
रामदास का बेटा — हिमांशु बी. जोशी 115
मोहन उप्रेती — हिमांशु बी. जोशी 116

लेख
प्रवासी हिन्दी लेखन में 'नॉस्टेल्जिया बनाम यथार्थ' — जया शर्मा 117
प्रवासी कहानी की नई भूमि — हरजेन्द्र चौधरी 122

सृजन
पटना क़लम : विलुप्त शैली में कुछ कविताएँ — कृष्ण कल्पित 126

लेख
आत्मकथा और उपन्यास — ज्ञानेन्द्र कुमार सन्तोष 128
लोकतंत्र, मीडिया और हिन्दी — राम आह्लाद चौधरी 139

स्मृति : कविता
धनतेरस अब सूनी होगी — रामगोपाल शर्मा 146

सहस्राब्दी अंक-48 : जनवरी-मार्च, 2013

सम्पादकीय — अरुण कमल 5

सृजन (कविता)
तुम अकेले नहीं हो — अनिल त्रिपाठी 7
उजाड़ — अनिल त्रिपाठी 8
फूल-सी मीठी, दुनिया के रंग भी हैं, इन दिनों, भेड़िए-1 — अनिल त्रिपाठी 9
भेड़िए-2 — अनिल त्रिपाठी 10

लेख
हिन्दी में इतिहास-लेखन (1864-1930) : कुछ सन्दर्भ — हितेन्द्र पटेल 11

आचार्य रामचन्द्र शुक्ल और हिन्दी आलोचना का विकास	ज्ञानेन्द्र कुमार सन्तोष	23
राष्ट्रीय स्वाधीनता आन्दोलन : रूढ़ मातृछवि और स्त्री-लेखन	रोहिणी अग्रवाल	44
सृजन (कविता)		
शुद्ध सावन; राजापुर के नाम	मधुप कुमार	62
ढलती दोपहर; संध्या; आज रात-भर; माघ का पानी	मधुप कुमार	63
लेख		
आधुनिकता और छंद *केदारनाथ अग्रवाल, नागार्जुन, रघुवीर सहाय और अष्टभुजा शुक्ल की कविता के बहाने छंद-विचार*	पंकज पराशर	65
राजकमल चौधरी की कहानियाँ : मुक्त हो जाना कविता से पहले...असम्भव है	देवशंकर नवीन	73
साहित्य में विद्रोह की जड़ों की तलाश *हिन्दी और मणिपुरी औपन्यासिक कृतियों के आधार पर पूर्वोत्तर में विद्रोह की स्थिति का तुलनात्मक अध्ययन*	ई. विजय लक्ष्मी	82
भुवनेश्वर की रंगदृष्टि	अनुपम आनन्द	91
सृजन (कविता)		
विस्मरण; कुफ्र	अरुण देव	95
सरयू में काँप रही थी अयोध्या की परछाईं	अरुण देव	96
मूल्यांकन		
'मछुआरे' की अभिव्यंजना *मछुआरे : तकषी शिवशंकर पिल्लै*	मीता सोलंकी	97
स्त्री-विमर्श और पूँजीवाद का दुष्चक्र *पितृसत्ता के नए रूप : सं. : राजेन्द्र यादव, प्रभा खेतान, अभय कुमार दुबे*	संजीव कुमार जैन	101
दृश्यों में खुलती, शब्दों में बसती और विचारों में कौंधती कविता *भीगी हुई दीवार पर रोशनी : सुरेश सलिल*	सनत कुमार	111
क़ब्र; क़ैद और ज़ंजीरों के बावजूद *क़ब्र भी क़ैद औ' ज़ंजीरें भी : अल्पना मिश्र*	चन्द्रकला त्रिपाठी	116
पत्थर के भीतर छिपा पानी है *पानी का दुखड़ा : विमल कुमार*	राजकिशोर राजन	120
वर्जित प्रदेश में उड़ान *पंखवाली नाव : पंकज बिष्ट*	डॉ. रमाकान्त राय	124
सृजन (कविता)		
क़द	अंजू शर्मा	126

कामना	अंजू शर्मा	127
दोराहा	अंजू शर्मा	127
मूल्यांकन		
परिवर्तन की माँग और 'सलाम' *सलाम : ओमप्रकाश वाल्मीकि*	संजय लक्ष्मण मादार	129
सम्मोहन के विपक्ष में ज्ञान और संवेदना *ज़िन्दगी का मुक़दमा : स्वप्निल श्रीवास्तव*	रेवती रमण	134
आलोचनात्मक सृजन : 'सृजन का आलोक' *पुस्तक का आलोक : विनोद दास*	मोबिन जहोरोद्दीन	138
विविध की विविधता *स्मृति में रहें वे : शेखर जोशी*	श्रीराम त्रिपाठी	141
सृजन (कविता)		
देह; फूलबाग़	रवीन्द्र वर्मा	145
फूलों को देखना; थोड़ी-सी दूरी; देखो, वृक्ष कुछ रच रहा है	रवीन्द्र वर्मा	146
मूल्यांकन		
आलोचना का जनतांत्रिक चेहरा और पाठ *आलोचना का नया पाठ : गोपेश्वर सिंह*	विजय बहादुर सिंह	147
अतीत का आईना : वर्ष 1960		
आत्मालोचन से स्थायी निदान तक	प्रस्तुति : रविशंकर	151

सहस्राब्दी अंक-49 : अप्रैल-जून, 2013

सम्पादकीय		
रचने की न्यूनतम अर्हता	अरुण कमल	5
लेख		
'वर्ल्ड लिटरेचर' बनाम 'विश्व साहित्य' अर्थात् तुलनात्मक साहित्य : गुरुदेव टैगोर के बहाने	अवधेश कुमार सिंह	7
जाति, औपनिवेशिक ज्ञान और लोकसंस्कृति	शम्भुनाथ	17
सरे-वरक़ *ज़ीशान साहिल की याद में*	शमीम हनफ़ी; उर्दू से लिप्यन्तरण : रिज़वानुल हक़	31
ग़ालिब और लिमरेन्स	सदाशिव श्रोत्रिय	36
उपनिवेशवाद के विरोध में तना मंटो	कुसुमलता मलिक	45
लोहिया के निबन्धों में जाति और स्त्री-समस्या	चित्तरंजन कुमार	49
विस्मृत मनीषी मुनि जिनविजय	माधव हाड़ा	58

सृजन (कविता)

नेस्ट टू म्हात्मा गांदी; कवि और क्लासमेट — सहेली तिज्जन 62

तलाश के सबूत; बाये हात का खेल — सहेली तिज्जन 63

मायके के साथ आई चीज़ें — सविता भार्गव 65

काम वाली; स्त्रीत्व क्या है? — सविता भार्गव 66

पुरुष मित्र; पुरानी तसवीर को देखकर — सविता भार्गव 67

चींटियाँ; संवेदनाएँ; नौकर — रंजना जायसवाल 68

अनुशासन; पिता के लिए — रंजना जायसवाल 69

मेरी अय्याशमिज़ाज सोच; इअर-बड्स — प्रकृति करगेती 70

सलवटें, एक खरगोश हूँ मैं; मावा — प्रकृति करगेती 71

दुविधा — ज्योति चावला 72

मेरा शहर आज उदास है; समझदारों की दुनिया में माँएँ मूर्ख होती हैं — ज्योति चावला 73

मूल्यांकन

'नवजागरणकालीन पत्रकारिता और सारसुधानिधि' : *कर्मेन्दु शिशिर* — हितेन्द्र पटेल 75

लेख

सभ्यता का नवनिर्माण और कवि प्रसाद — विजय बहादुर सिंह 78

हिन्दी में राजनीतिक अर्थशास्त्र के निर्माण की गम्भीर कोशिश — गोपाल प्रधान 85

इस दुनिया से परे आख़िर है क्या *स्वप्न समय : सविता सिंह* — प्रांजल धर 89

सृजन (कविता)

चाँदनी की चिता पर; कैक्टस — अमिय भूषण शर्मा 93

मूल्यांकन

'शिगाफ़' : विस्थापन की विडम्बना और दरारें : *मनीषा कुलश्रेष्ठ* — नन्द भारद्वाज 95

वैश्वीकरण का त्रासद आख्यान : 'ग्लोबल गाँव के देवता' *: रणेन्द्र* — मिथिलेश 100

काश सभी इतने ही प्रतिक्रियावादी होते — अमिताभ राय 106

अतीत का आईना : वर्ष 1961

नई चुनौतियाँ : नए प्रयोग — प्रस्तुति : रविशंकर 128

सहस्राब्दी-50 : जुलाई-सितम्बर, 2013

सम्पादकीय	अरुण कमल	5
लेख		
संवरण समय में सृजन	एडवर्ड सईद; अनु. : रामकीर्ति शुक्ल	7
मानवता की प्रतिध्वनि : पीटर ब्रुक का महाभारत और उसके असमंजस	प्रभाकर श्रोत्रिय	20
मानस और कवितावली के उत्तरकांड के बीच फ़र्क़ का निहितार्थ	कमलानन्द झा	27
बरवै में बिरवा (अमोला)	अष्टभुजा शुक्ल	36
कवि केदारनाथ सिंह : गोली दगे न हाथापाई, अपनी है यह अजब लड़ाई...	रवि श्रीवास्तव	48
प्रारम्भिक कविता और परवर्ती विकास	सुधीर रंजन सिंह	57
लय की अवधारणा और गद्य-समीक्षा का मानदंड	बरुण कुमार	76
सृजन (कविता)		
निगरानी रखने का समय	चन्द्रकान्त देवताले	87
'सृजन-अनुष्ठान' टेंट हाउस; कहाँ हम...कहाँ होने का वक़्त	चन्द्रकान्त देवताले	88
सोचता है उसे दिखता है!	मलय	89
कोया राजू	शशि नारायण स्वाधीन	98
बर्लिन ज़ू का बाघ	उज्ज्वल भट्टाचार्य	99
लेख		
वक़्त के चेहरे पर दमित स्वरों की अभिव्यक्ति	अनिल पासवान	101
छत्तीसगढ़ मित्र और हिन्दी नवजागरण	रमेश अनुपम	109
मैथिली लोकगीत और स्त्री	अभिषेक रौशन	115
जनचेतना के वैतालिक : भूपेन हजारिका और बाबा नागार्जुन	अनुशब्द	118
आमने-सामने : सोबती और हशमत	निरंजन देव शर्मा	125
लेख		
समाज के यथार्थबोध की कविताएँ *समय कैसा भी हो : हरीश करमचन्दाणी*	ओमप्रकाश वाल्मीकि	136
ईमानदार आँखों से जिया गया जीवन	विनोद कुमार मंगलम	138
यहाँ रेत पर फैली रही है तमन्नाओं की पकी-मीठी महक *रेत में आकृतियाँ : श्रीप्रकाश शुक्ल*	मनीषा झा	143

सृजन (कविता)
कठकरेजी — प्रेमशंकर शुक्ल 145
बरामदगी — प्रेमशंकर शुक्ल 146
कश्मीर — अशोक कुमार पांडेय 146
पार्टी का झंडा; अतीत — सच्चिदानंद विशाख 148
आधा-आधा; अब भी बचे हैं बैल — कुमार वीरेन्द्र 149
अकेले आदमी की लौ — शैलेश पंडित 149
सुनो; कबीरा कोरी — शैलेश पंडित 150
अनाड़ी फ़ोटोग्राफ़र; फ़ोटोग्राफ़र — राजेन्द्र उपाध्याय 151
टीवी कैमरामैन — राजेन्द्र उपाध्याय 152

मूल्यांकन
प्रभा दीक्षित का रचना-संसार *प्रेम करती हुई स्त्री : डॉ. प्रभा दीक्षित* — कमल किशोर श्रमिक 153

लेख
जलधि नदी जमुना सी... — परिमला अम्बेकर 161

मूल्यांकन
समय-सापेक्ष नैतिकताओं का सृजन *लावण्य देवी : कुसुम खेमानी* — अभिज्ञात 165

सहस्राब्दी अंक-51 : अक्टूबर-दिसम्बर, 2013

सम्पादकीय — अरुण कमल 5

संस्मरण
राजेन्द्र यादव — कृष्णा सोबती 7

सृजन (कविता)
कपास के फूल — केदारनाथ सिंह 13
एक पुरबिहा का आत्मकथ्य *गीता शैली में;* गमछा और तौलिया ग़ज़ल; पत्नी की अट्ठाइसवीं पुण्यतिथि पर — केदारनाथ सिंह 14
चुप्पियाँ — केदारनाथ सिंह 15

लेख
पढ़ते हुए गुनते हुए — कुँवर नारायण 16
पौर्वात्य आधुनिकताएँ : रूप और आभाएँ — लीलाधर जगूड़ी 28
भारत में तुलनात्मक काव्यशास्त्रीय अध्ययन के विकल्प — अवधेश कुमार सिंह 34

सृजन

पंकज सिंह की लम्बी कविता से कुछ अंश	पंकज सिंह	47

लेख

बताने की समस्या	कृष्ण कुमार	55
लेखक रूप में चित्रकार	स्टीफेन स्पेंडर; अनु. : भृगुनन्दन त्रिपाठी	60
संसार पर सभ्यता का संकट	सच्चिदानन्द सिन्हा	65

सृजन (कविता)

सैकिंडहैंड किताबें	राजेश जोशी	68
ताक़त की संरचना	राजेश जोशी	69
पखावज वृत्तान्त	राजेश जोशी	70
मकाऊ	राजेश जोशी	71
गिलहरियाँ	राजेश जोशी	72

लेख

हिन्दी साहित्य में स्त्री आलोचना : शुरुआत के दिन	सविता सिंह	73
हिन्दी साहित्य में 'लोक' की अवधारणा	समीक्षा ठाकुर	82
नाट्य-समीक्षा का जन्म और विकास का पहला चरण	देवेन्द्र राज अंकुर	86

सृजन (कविता)

वह चला जाएगा	बद्री नारायण	96
बेगमपुरा एक्सप्रेस; हम	बद्री नारायण	97
फकीर की याद	बद्री नारायण	98
मेरा कोई एक पता नहीं है	बद्री नारायण	99
सपने सरकारी	बद्री नारायण	100

लेख

आख्यान में समय	गौतम सान्याल	101

संस्मरण

अभिभावक साथी बदरीविशाल पित्ती	गोपेश्वर सिंह	114

स्मृति

दलित कविता और डॉ. अम्बेडकर विचार-दर्शन	ओमप्रकाश वाल्मीकि	120
राममनोहर लोहिया और संस्कृति के प्रश्न	ब्रजकुमार पांडेय	127

साक्षात्कार

पुनरुत्थानवाद हमेशा बुरा नहीं होता : नामवर सिंह के साथ अवधेश कुमार सिंह की बातचीत	अवधेश कुमार सिंह; भाषान्तर : राजेन्द्र प्रसाद पांडेय	134

सहस्राब्दी अंक-52 : जनवरी-मार्च, 2014

सृजन (कविता)

दीवारों के कान; सपने में प्रधानमंत्री	विष्णु नगर	7
बाज़ार; दिमाग़; निराकर-साकार	विष्णु नगर	8
झुकना; हमारे अनुभव; ऐतिहासिक योगदान	विष्णु नगर	9
लेख		
अज्ञेय : पारम्परिक प्रज्ञा से संवाद और विसंवाद	राधावल्लभ त्रिपाठी	10
भारत में आलोचना सिद्धान्त और व्यवहार	अवधेश कुमार सिंह	19
सश्योर, भाषा और साहित्य	राजनाथ; अनु. : रामकीर्ति शुक्ल	36
अमरकान्त की कहानी 'डिप्टी कलक्टरी'	खगेन्द्र ठाकुर	48
डायरी		
बेतरतीब डायरी के कुछ पन्ने	विजय कुमार	52
सृजन (कविता)		
प्रण	सत्यपाल सहगल	56
चलो; दम; चाँद	सत्यपाल सहगल	58
लहर; धूपें	सत्यपाल सहगल	59
इलाक़ा; ध्यान	सत्यपाल सहगल	60
साक्षात्कार		
हिन्दी ग़ज़ल के बहाने : रामदरश मिश्र से लक्ष्मण प्रसाद गुप्ता की बातचीत	रामदरश मिश्र	61
लेख		
मध्यकाल में नाट्यालोचना-पूर्व और पश्चिम	देवेन्द्र राज अंकुर	69
आधुनिक भारतीय अनुवाद सिद्धान्त	राजेन्द्र प्रसाद पाण्डेय	75
भूमंडलीकृत सदी में कविता का सामाजिक पाठ	पंकज पराशर	81
हीरा भोजपुरी का हेराया बाज़ार में	राजीव रंजन गिरि	89
सृजन (कविता)		
राजकमल को याद करते हुए...*19 जून को उनकी पुण्यतिथि पर*	गौतम राजरिशी	99
अ. सैनिक व्यथा–1	गौतम राजरिशी	100
अ. सैनिक व्यथा–2 *आर्म्ड फोर्सेस स्पेशल पावर एक्ट एएफएसपीए को हटाने की चल रही मुहिम पर एक सैनिक की प्रतिक्रिया*	गौतम राजरिशी	101
लेख		
संतकाव्य : वर्तमान परिप्रेक्ष्य	मीता सोलंकी	103

राममनोहर लोहिया का भाषा-चिन्तन | चित्तरंजन कुमार | 106

मूल्यांकन

बहुत से ठिकाने थे जहाँ सबको खला मैं *जितने लोग उतने प्रेम : लीलाधर जगूड़ी* | प्रियदर्शन | 120

लेख

विद्यापति की पदावली : स्त्री की नज़र से | पूनम कुमारी | 124

सृजन (कविता)

हाँ | सितांशु यशश्चन्द्र; अनु. : डॉ. महावीर सिंह चौहान | 136

जंगल | सितांशु यशश्चन्द्र; अनु. : डॉ. महावीर सिंह चौहान | 137

क्लास नोट्स

नामवर के नोट्स : संस्कृत काव्यशास्त्र | नामवर सिंह; प्रस्तुति : शैलेश कुमार, नीलम सिंह, मधुप कुमार | 139

सहस्राब्दी अंक-53 : जनवरी-मार्च, 2015

भारतीय जनतंत्र का जायजा (एक)

सम्पादकीय

भारतीय जनतंत्र : आशा का आशय | अपूर्वानंद | 5

स्वरूप

पूँजी, सत्ता और जनतंत्र : रिश्तों पर पुनर्विचार | आदित्य निगम | 11

जनतंत्र का जन और तंत्र : कुछ सैद्धान्तिक प्रश्न | मोहिन्दर सिंह | 22

जलता घर : वैश्वीकरण और भारत में इसके पारिस्थितिकीय नतीजे | असीम श्रीवास्तव, आशीष कोठारी | 35

चुनौतियाँ

जाति और जनतंत्र का उत्तरराष्ट्रीय दौर | सतीश देशपांडे | 48

वामपंथ और जनतंत्र | ईश्वर सिंह दोस्त | 62

राज, समाज और भाषा | कृष्ण कुमार | 75

हिंसा और वामपंथी उत्तरदाय | कुमार राणा | 83

हाशिया

आप कौन हैं : भारतीय या मुसलमान? | हिलाल अहमद | 92

अन्तरंग चाहतें : औपनिवेशिक उत्तर भारत में दलित स्त्री और धर्मान्तरण | चारु गुप्ता | 107

संस्थाएँ

बरास्ते पी.आर. एजेंसी : मीडिया के कन्धे पर जनतंत्र | विनीत कुमार | 127

परम्परा

वाद की सैद्धान्तिकी अर्थात् बहस के बारे में बहस	राधावल्लभ त्रिपाठी	136
परिचर्चा	अशोक वाजपेयी, गीतांजलि श्री, नामवर सिंह, पुरुषोत्तम अग्रवाल; संयोजन : अपूर्वानंद	151

क्लास नोट्स

नामवर के नोट्स : काव्य और साहित्य की अवधारणा	नामवर सिंह; प्रस्तुति : शैलेश कुमार, नीलम सिंह, मधुप कुमार	161

सहस्राब्दी अंक-54 : अप्रैल-जून, 2015
भारतीय जनतंत्र का जायजा (दो)

सम्पादकीय

भारतीय जनतंत्र का जन कौन है	अपूर्वानंद	5

स्वरूप

नीति, नेता, प्रजातंत्र	पार्थ चट्टोपाध्याय; अनु. : तरुण गुह। नियोगी	9
धर्म, भारतीय जनतंत्र और चुनाव	मणिन्द्र नाथ ठाकुर	21
भारत में आपातकाल : 'राजनैतिक' की समझ पर कुछ विचार	मेरी ई. जॉन; अनु. : आभा गुप्ता ठाकुर	35

स्वरूप

दक्षिण एशिया के संयुक्त राज्य	सत्य सागर; अनु. : भावना	48

हाशिया

लोकतंत्र, अपवंचना और बेदख़ली : उत्तर भारत में लोकतंत्र के बहुल आख्यान	बद्री नारायण रमा; अनु. : रमा शंकर	59
दुर्गम स्थानों की निवासी : केरल में स्त्री, राजनीति और लोकतंत्र	देविका जयकुमारी; अनु. : धवल जायसवाल, पूर्वा भारद्वाज	73
आधी-अधूरी	अनिर्वाण चट्टोपाध्याय; अनु. : कृष्णा मुखर्जी	91

संस्थाएँ

भारतीय लोकतंत्र और सिविल सोसाइटी	अविनाश कुमार	96
हिन्दी सिनेमा और लोकतंत्र	मिहिर पंड्या	102
हिन्दी उपन्यास की अल्पता पर कुछ ऊहापोह	मदन सोनी	112
देसी ठाठ में राग बिदेसिया	श्रीकांत किशोर	122

क्लास नोट्स

नामवर के नोट्स : आचार्य मम्मट एवं वामन | नामवर सिंह; प्रस्तुति : शैलेश कुमार, नीलम सिंह, मधुप कुमार | 132

मूल्यांकन

भारतीय जनतंत्र सम्बन्धी कुछ महत्त्वपूर्ण किताबें | कमल नयन चौबे | 136

विशेष

एदुआर्दो गालेआनो : अँधेरी अदालतों में साहस की गवाही *परिचय और लेखन से एक चयन* | चयन और अनुवाद : रेयाज़ उल हक़ | 142

सहस्राब्दी अंक-55 : जुलाई-सितम्बर, 2015

मुक्तिबोध पर केन्द्रित

सम्पादकीय

व्याकुल क्षितिज का व्योम | अपूर्वानंद | 7

मुझे अभी देखना है यह दृश्य : असंकलित कविताएँ

दूर नीली घाटियों से | गजानन माधव मुक्तिबोध | 15

सौरभ मधुर प्रकाश; जगत् के पद मार्गों पर | गजानन माधव मुक्तिबोध | 16

साँझ की लाल हँसी; माँग ली थी राह; दूर झुकती साँझ | गजानन माधव मुक्तिबोध | 17

गति के प्रान्तर हरे-भरे; कुछ मत बोलो; वसन्त जागा | गजानन माधव मुक्तिबोध | 18

गुपचुप कँपनेवाली बिजली | गजानन माधव मुक्तिबोध | 19

तुम बात मत करो | गजानन माधव मुक्तिबोध | 20

फेन भरी ऊँची लहरों में; पराजित हो चलूँ | गजानन माधव मुक्तिबोध | 21

गहरी थकान | गजानन माधव मुक्तिबोध | 23

चुप न बैठ कि बोल दे | गजानन माधव मुक्तिबोध | 24

कृपा यदि कर सको; वासन्ती निशा में; ईद तुम्हें मुबारक | गजानन माधव मुक्तिबोध | 26

वह शक्ति कि जो; इन्तज़ार | गजानन माधव मुक्तिबोध | 27

आँसुओ, आँखों में लौट जाओ; मनुष्य मृत्यु का दानव नहीं, अब न करो देर | गजानन माधव मुक्तिबोध | 28

मानव-मिठास; मेरे छोटे-छोटे काम; हार गए | गजानन माधव मुक्तिबोध | 29

सूखे हुए होंठों पर | गजानन माधव मुक्तिबोध | 30

Notes of a desperate fellow

असंकलित गद्य लेखन | गजानन माधव मुक्तिबोध | 31

लेख

काव्य की रचना-प्रक्रिया | गजानन माधव मुक्तिबोध | 45

मुक्तिबोध : चित्रलिखित	एल्बम	49
संस्मरण		
मुक्तिबोध की याद	रमेश याज्ञिक	57
लेख		
मुक्तिबोध के साथ साठ साल	अशोक वाजपेयी	69
मुक्तिबोध के लिए आलोचनात्मक कोटियों की खोज	निखिल गोविन्द; अनु. : आभा गुप्ता ठाकुर	81
रचना-प्रक्रिया की समस्याएँ	संदीप दुबे	88
मुक्तिबोध से कुछ जिज्ञासाएँ	नन्दकिशोर आचार्य	97
कविता में आलोचना	कृष्ण दत्त शर्मा	102
निबन्धात्मक कहानियाँ या कथात्मक निबन्ध	संजीव कुमार	110
क्या बेबीलोन सचमुच नष्ट होगा?	आशुतोष कुमार	122
खरी कसौटी की ईमानदार तलाश	योगेश प्रताप शेखर	138
मुझे पुकारती हुई पुकार	सदाशिव श्रोत्रिय	146
क्लास नोट्स		
नामवर के नोट्स	नामवर सिंह; प्रस्तुति : शैलेश कुमार, नीलम सिंह, मधुप कुमार	151

सहस्राब्दी अंक-56 : अक्टूबर-दिसम्बर, 2015

कविता (1)

सम्पादकीय		
कविता की ज़रूरत	अपूर्वानंद	5
कविता		
बिडम्बना; दो बहनें	अच्युतानन्द मिश्र	9
बच्चे धर्मयुद्ध लड़ रहे हैं; नाम में क्या रखा है	अच्युतानन्द मिश्र	11
शराब के नशे में; जाना भी लौटना ही है	अच्युतानन्द मिश्र	12
मेरी दुनिया के तमाम बच्चे	अदनान कफ़ील दरवेश	14
बातें–1; बातें–2; पुन्नू मिस्त्री	अदनान कफ़ील दरवेश	15
गमछा; जगहें–1	अदनान कफ़ील दरवेश	16
जगहें–2; जगहें–3; जगहें–4	अदनान कफ़ील दरवेश	17
कविता-भर का एकान्त; जादू के लिए–1; एक दोपहर वजीराबाद में	अदनान कफ़ील दरवेश	18
पराग़ बुझा दो; एक क्रान्तिकारी का क़ुबूलनामा (हमीद-उर-रहमान के लिए); बचपन-रात; बाबूलाल चौकीदार	अदनान कफ़ील दरवेश	19

अधूरा पुल	अनुपम सिंह	21
उदासियाँ; जुए की पारियाँ	अनुपम सिंह	22
नवबधू/कुलबधू	अनुपम सिंह	23
पिता से	अनुपम सिंह	24
पिताओं के मर जाने के बाद; पोस्टमार्टम रिपोर्ट; मत छुओ इस तरह बार-बार	अनुपम सिंह	25
रोटियाँ	अनुपम सिंह	26
सवाल	अनुराधा शर्मा	27
चाँद के दाग़; औरत; प्रकृति	अनुराधा शर्मा	28
गति के नियम	अमित उपमन्यु	29
टाइम वेक्टर पेंड्यूलम; अन्तिम इच्छाएँ	अमित उपमन्यु	30
अख़बार; अन्य पुरुष	अमित उपमन्यु	31
भाषा; पतन	अमित उपमन्यु	32
खोये हुए	अमित उपमन्यु	33
तुम सेब मत खाना; नई राह	अमित उपमन्यु	34
अन्तर स्वप्न; उस दिन की प्रतीक्षा में	अरुणाभ सौरभ	35
कुछ रोज़मर्रे; कुछ होना कविता होना नहीं है; चाय बगान की औरत	अरुणाभ सौरभ	36
मीरा टॉकीज	अरुणाभ सौरभ	37
मोबाइल सदी का शोक-गीत	अरुणाभ सौरभ	38
यूँ न था	अविनाश मिश्र	40
व्यवस्थाएँ; घरे-बाइरे, कविताबाज़; मैं इस प्रकरण को कई शीर्षक देना चाहता हूँ...	अविनाश मिश्र	41
स्पर्श-कथा; अज्ञातकुलशील; उनके ख़िलाफ़	अविनाश मिश्र	42
सुख है; खड़ी बोली; प्रेम कविता; अन्तरकथा	अविनाश मिश्र	43
देसी कट्टा; बधार	कुमार वीरेन्द्र	44
हरित क्रान्ति	कुमार वीरेन्द्र	45
कुकाठ	कुमार वीरेन्द्र	46
कटनी	कुमार वीरेन्द्र	47
खेत; और शाम गहराती जा रही...	कुमार वीरेन्द्र	48
खोंड़र; आधा-आधा	कुमार वीरेन्द्र	49
हई रे भई	कुमार वीरेन्द्र	50
गरई	कुमार वीरेन्द्र	51
मरना; चुप्पी; इजाज़त	त्रिपुरारी कुमार शर्मा	52

चेहरे की चुप्पी; घर; स्त्री और पुरुष का प्रेम; बेशर्त-बेवजह; लौटना; एक आँसू; सिमटना	त्रिपुरारी कुमार शर्मा	53
ग़ज़लें	धीरेन्द्र कुमार सिंह	55
नज़्में	धीरेन्द्र कुमार सिंह	57
एक में अनेक; आत्मा फिर परमात्मा	निशान्त	59
प्रेम और पेड़; विज्ञापन आता है	निशान्त	60
बुद्ध; दु:ख; प्रकृति भी साथ देती है आपका	निशान्त	61
तर्क ने फ़र्क़ पैदा किया है, सब राकेश पुरुष होते हैं किसी न किसी दिन	निशान्त	62
मसनद; उधार	प्रकृति करगेती	64
मीनार से; बैग	प्रकृति करगेती	65
सड़क की रीढ़; समन्दर एक सौदागर है; कुछ सवालों के जवाब नहीं होते	प्रकृति करगेती	66
बारिश; मौसम की बात	प्रकृति करगेती	67
कविता क्या हो सकती है?; शहर-सा हो जाना; ब्लू व्हेल	प्रकृति करगेती	68
इन्तज़ार	प्रांजल धर	69
रेलगाड़ियाँ मालगाड़ियाँ; कवियों की वंशावली	प्रांजल धर	70
घर और दुकानें	प्रांजल धर	71
गाँव ही ठीक था; कविता से प्रार्थना; बड़े शहर दिल्ली में	प्रांजल धर	72
एक आम चर्चा; विरोध किसका	प्रांजल धर	73
अफ़वाह; आओ मिलकर बद्दुआ करें	फ़रीद ख़ान	75
क्यों लगता है ऐसा; बिक रहे हैं अख़बार; अल्लाह मियाँ	फ़रीद ख़ान	76
बापू; मामू साहब; बारिश	फ़रीद ख़ान	77
तुम; पहले लगता था; एक पेंटिंग	फ़रीद ख़ान	78
एक निवेदन	फ़रीद ख़ान	79
इस सभ्यता में पथराना; टु बी हैंग्ड टिल डेथ *फ़िलीस्तीनी कवि अशरफ़ फ़याद के लिए*	बाबुषा कोहली	80
हम चिड़ियों की चहक में बचे रहेंगे; द्रोहकाल की बरसातों के लिए	बाबुषा कोहली	81
बेदाग़; समीकरण; प्रेम@3am	बाबुषा कोहली	82
उदास लड़की की हँसी	बाबुषा कोहली	83
सुखान्त; काष्ठशिल्प	महेश वर्मा	84

नसीहत; गाँठ खोलो; आत्मच्छवि	महेश वर्मा	85
दाहिने हाथ का अँगूठा; स्वीकार; तीन हरारतें	महेश वर्मा	86
अन्त की ओर; सितारा डूबने दो	महेश वर्मा	87
अनुकूल; पीछे; जलती टहनी	महेश वर्मा	88
वृक्ष देवता; जल	महेश वर्मा	89
आत्म-प्रश्न; रूहें झूठ नहीं बोलतीं	मुकेश कुमार	90
कविता का पकना/हलवाई; थका हारा	मुकेश कुमार	91
ज़िन्दगी कमबख्त; अवसाद	मुकेश कुमार	92
एक अतिरिक्त अ; एक अतिरिक्त अ–2	रश्मि भारद्वाज	93
18 बी; भारहीन; इंडिया गेट पर एक टूटा हुआ गमला	रश्मि भारद्वाज	94
बस प्रेम के सिवा; एनस्थीसिया	रश्मि भारद्वाज	95
देवी; घर वापसी	रश्मि भारद्वाज	96
भय	रश्मि भारद्वाज	97
असमर्थ रही भाषा; उसने रुकना नहीं सीखा; उधार की भाषा	रश्मि भारद्वाज	98
16 दिसंबर (एक मनहूस दिन के नाम एक कविता); एक आधी नींद के बाद; जीने के लिए	रश्मि भारद्वाज	99
पार्शियल एमनिशिया	रश्मि भारद्वाज	100
क्या होऊँ; तुम्हें कहाँ देखा	राकेश रंजन	101
भूकम्प के विषय में; उचट-उचट जाती है नींद	राकेश रंजन	102
नींद के पेड़ तले; एक था कवि; एक था घोड़ा	राकेश रंजन	103
सुअरवा!; बेकस बकरे!	राकेश रंजन	104
सवाल; हमीं; मेरे ये जूते; मुझे क्षमा करें	राकेश रंजन	105
अब कहीं मेरी जगह नहीं; मिस्त्री	राकेश रंजन	106
अधिनायक (रघुवीर सहाय की स्मृति में); हिटलर हो चाहे गद्दाफी; साइकिल	राकेश रंजन	107
काव्य कलश, चिरैया!	राकेश रंजन	108
झक्खे है छोकरा	राकेश रंजन	109
शिखर; केदारनाथ सिंह से क्षमा याचना सहित	राहुल देव	110
प्रतिबिम्ब; वे; लम्बी कविता; मित्र की किताब; असर	राहुल देव	111
श्रीमान जी!; रिश्ते; प्यार; भ्रम; मैं खड़ा हूँ!; मानसिक ग़ुलामी के इस दौर में	राहुल देव	112
ठसक; करती थीं वे बस इन्तज़ार	विपिन चौधरी	114
चित्रकार; परिदृश्य; पड़छत्ती पर कुहासा; अक्स-दर-अक्स	विपिन चौधरी	115

विदूषक; अपने लिए नहीं; आविष्कार/भ्रम	विपिन चौधरी	116
भरोसा; प्रतिशोध; इतिहास के गर्त में मेरी पहचान	विपिन चौधरी	117
सच बोलना और ज़िन्दा रहना	विपिन चौधरी	118
असहमति	शायक आलोक	119
सज़ा; सीट बेल्ट; हाशिया-बरदार; किस रास्ते लौट आए पथिक!; बचा हुआ काम	शायक आलोक	120
असमान टुकड़ों में बँटा वक़्त; प्रेम और पहाड़; कम है यक़ीन	शायक आलोक	121
ख़ुद के ख़िलाफ़ एक कविता; इंतजामात; अपरिवर्तित शिल्प; एक और शानदार सुन्दर दिन	शायक आलोक	122
भूख; जूते; किस प्रकार उपस्थित?; कविता पाठ का परिदृश्य एक और मित्रों के सुझाव	शायक आलोक	123
मोदी-रसायन	शायक आलोक	124
मैं; नदी; और यह सदी	संजय शांडिल्य	125
नदी; समुद्र; आकाश और मैं; अमावस की नदी	संजय शांडिल्य	126
आकाश की प्रेम-वर्षा; कवि की जगह	संजय शांडिल्य	127
हे ईश्वर...मेरे परमपिता!	संजय शांडिल्य	128
मनसिज के लिए पत्र	संजय शांडिल्य	129
क्या है तू; अभी के बाद; एक दिन यह दुनिया; बेसहारा बच्चों के लिए	संजय शांडिल्य	130
पिता की पचासवीं सालगिरह पर; मैंने पिता को देखा	समर्थ वाशिष्ट	132
पिता की कविता में मैं; परिचय	समर्थ वाशिष्ट	133
दो साल की तुम; पराजय	समर्थ वाशिष्ट	134
वह निर्भया नहीं थी; कितनी तकनीकी; स्वामीनाथन	समर्थ वाशिष्ट	135
गुरुत्व; पुनर्पाठ	समर्थ वाशिष्ट	136
अचानक; कलाकार : चार कविताएँ	सुमन शेखर	137
एक बूँद काफ़ी नहीं; पछतावा	सुमन शेखर	138
भरोसा रखना; वापसी; तानाशाह	सुधांशु फिरदौस	139
मर्सिया; उसका दु:ख	सुधांशु फिरदौस	140
हम लड़कियाँ	सुनिता कुमारी	141
मैं; मैं होना चाहती हूँ आज़ाद; तुमने क्या जाना	सुनिता कुमारी	142
'...'	सूरज त्रिपाठी	143
ईश्वर	सूरज त्रिपाठी	144
भाप	सूरज त्रिपाठी	145
शोक काल	सूरज त्रिपाठी	146

फ़र्क़; भेड़ियाधसान | सूरज त्रिपाठी 148
बेटी की माँ होना | स्वाति मेलकानी 149
इन दिनों; कहो चिड़िया | स्वाति मेलकानी 150
देवदारों का उगते रहना आवश्यक है; क्योंकि | स्वाति मेलकानी 151
एक खिड़की | स्वाति मेलकानी

सहस्राब्दी अंक-57 : जनवरी-मार्च, 2016

कविता (2)

सम्पादकीय

कविता की उत्तरजीविता | अपूर्वानंद 5

कविता

बारामासा : कुछ कविताएँ

आषाढ़ में धरती–1; आषाढ़–2 | अनामिका 7
सावन की पहली झड़ी | अनामिका 8
भादो की शाम; भादो; खूँटी पर बरसाती : भादो की शाम | अनामिका 9
आसिन; आसिन की दोपहरी | अनामिका 10
कातिक; कातिक की शाम | अनामिका 11
अगहन; पूस; माघ | अनामिका 12
फागुन; फागुनी बयार; चैत | अनामिका 13
चैत : एक अनन्त-सा प्रसव; बैसाख; जेठ–1 | अनामिका 14
जेठ की दुपहरिया; जेठी पूर्णिमा; दुपहरिया जेठ की | अनामिका 15
यह समय इनकार का है | अशोक वाजपेयी 16
सब कुछ; उसी दरवाज़े से; सच का थोड़ा हिस्सा | अशोक वाजपेयी 17
कम से कम; यह नहीं सोचा था; कैसे | अशोक वाजपेयी 18
इतनी धूल | कुमार अम्बुज 19
नये साल के जलसे में एक लड़का; स्थानापन्न नहीं; इतनी भीड़; प्रतीक्षा गीत *एस.एन. के लिए* | कुमार अम्बुज 20
एवज़ी चीज़ें; मैं घास नहीं हूँ; बुखार में; विशाल होते शहर में एक शाम | कुमार अम्बुज 21
तो फिर; झूठ की थकान; नई सती; पिताओं के बारे में कुछ और पंक्तियाँ | कुमार अम्बुज 22
इसी तरह शुरू होती हैं यात्राएँ | गगन गिल 24
मेरा देखना | नीलेश रघुवंशी 31

सम्बोधन	नीलेश रघुवंशी	32
स्वाँग	नीलेश रघुवंशी	33
तारा	पवन करण	34
सवर्णा; रेणुका; मालिनी	पवन करण	35
जयंति; विश्वाची अप्सरा	पवन करण	36
मायावती; दीर्घतमा मामतेय	पवन करण	37
विज्जला; मदालसा	पवन करण	38
बज्रमणि; चित्रांगदा; हेमा	पवन करण	39
सुलोचना; मंथरा	पवन करण	40
सरमा	पवन करण	41
ताने	प्रेम रंजन अनिमेष	42
जुगलबंदी	प्रेम रंजन अनिमेष	43
अलाव; आलू दम	प्रेम रंजन अनिमेष	44
चाँद पर चना	प्रेम रंजन अनिमेष	45
हवाई चप्पल	प्रेम रंजन अनिमेष	46
नीची छतें; पाँत	प्रेम रंजन अनिमेष	48
वह; दुःख पुराण	बद्री नारायण	51
गोरखवाणी; फकीर की याद	बद्री नारायण	52
भारत-दुर्दशा	बोधिसत्व	54
पशु-युग-कथा	बोधिसत्व	56
पचास दिन पचास रात	बोधिसत्व	57
राजा का सत्कार	बोधिसत्व	58
सत्ता की महिमा; भाग्यविधाता की नव वंदना; शासक की हँसी का हाहाकार	बोधिसत्व	59
एकदा भारतवर्षे; जय राष्ट्रगान; जय संविधान	बोधिसत्व	60
रावण का रामराज्य	बोधिसत्व	61
जीवन निर्गुन (वीरेन डंगवाल की याद में); पिता को एसएमएस (महाकवि निराला की स्मृति में); हिंदू कविता सोती थी	बोधिसत्व	62
दो प्रारूप	मंगलेश डबराल	63
शब्दार्थ; लोककथा	मंगलेश डबराल	64
फ़ैसले; पत्थर	मंगलेश डबराल	65
इसीलिए तुम पहाड़ हो	राजेश जोशी	66
प्रतीक्षा	राजेश जोशी	67

काली स्याही का पेन; चिड़िया; रोशनी	राजेश जोशी	68
पत्थर विमर्श : पाँच कविताएँ		
1; 2.	लीलाधर जगूड़ी	69
3; 4.	लीलाधर जगूड़ी	70
5.	लीलाधर जगूड़ी	71
छोड़ा नहीं है हमने अपना वतन; सपने से बाहर	लीलाधर मंडलोई	72
ख़ुदा हाफ़िज़; और कोई मक़सद नहीं; एक और लड़ाई के लिए; अन्तिम सिपाही की तरह; उनके साथ	लीलाधर मंडलोई	73
वो एक चिड़िया है साथ; देहगंध उनकी; जो डूबते हाथ में	लीलाधर मंडलोई	74
इस एक तंबू में; अपने आपसे पराजित	लीलाधर मंडलोई	75
क्या इसलिए कि हम चींटी हैं?; औक़ात दिखाना	विष्णु नागर	76
क्या वाक़ई दुनिया गोल है?; थोड़-थोड़े सब हैं हम; सिर्फ़ टूटने का शोर है	विष्णु नागर	77
श्राद्ध	संजय कुंदन	78
पिछड़े इलाक़े की एक तस्वीर; आप निश्चिंत रहें; अदृश्य दुनिया	संजय कुंदन	79
हत्यारे; हमामा के बाहर; पैकेज	संजय कुंदन	80
फिर से कविता; कहने वाले	संजय कुंदन	81
मक्खी	संजय कुंदन	82
आए बादल हँसने; ख़ुश कौन था वहाँ पर	संजय चतुर्वेदी	83
हमें जो ग़लत बोलता वो ग़लत है; आंसूराम कोतवाल	संजय चतुर्वेदी	
खोई चीज़ों का शोक	सविता सिंह	86

सहस्राब्दी अंक-58 : अप्रैल-जून, 2016

सम्पादकीय

मार्क्स	अपूर्वानंद	5

साक्षात्कार

यह राष्ट्र एक महाकाव्यात्मक रचना है : कृष्णा सोबती से आशुतोष भारद्वाज की बातचीत	कृष्णा सोबती, आशुतोष भारद्वाज; अनु. : आर. चेतनक्रान्ति	11

लेख

'अज्ञात' हिंदू स्त्री कैसे बनती है?	चारु सिंह	15
क़स्बे का संत काव्य : मलूकदास का विमर्श एवं काव्यशास्त्र	फ्रैंसेस्का ऑर्सिनी; अनु. : अवनीश राय	45

रीतिकाव्य के अध्ययन की दृष्टियाँ | योगेश प्रताप शेखर | 58
हबीब तनवीर की रंगमंचीय प्रयोगशीलता | अमितेश कुमार | 67
कथाकार मुक्तिबोध : एक अनुशीलन | नवीन कुमार 'नीरज' | 101
भारत में साहित्य-आलोचना | राजनाथ | 111

संस्मरण

रोशनी की मीनार : देवेन्द्र सत्यार्थी | साहिर लुधियानवी; लिप्यन्तरण : अली जावेद | 126

लेख

प्रसाद के नाटकों में अभिनेयता का सवाल : हक़ीक़त का पुनरावलोकन | सत्येन्द्र कुमार तनेजा | 137
औपन्यासिक आदर्श और हमजाद | गंगा प्रसाद विमल | 148
अपने दौर की कलाई पर लाल धागा बाँधने की कोशिश | स्वराजबीर सिंह; अनु. : प्रभात कुमार | 165
मेलोड्रामा की अवधारणा और सन् 1990-2005 की हिन्दी फ़िल्में | भावना घुग्त्याल | 169

सहस्राब्दी अंक-59 : जनवरी-मार्च, 2019

विभाजन के सत्तर साल (1)

सम्पादकीय

विभाजन के सत्तर साल और 'आलोचना' का यह अंक | आशुतोष कुमार | 7

इतिहास और स्मृति

विभाजन का इतिहास-लेखन : बदलती रूपरेखा | सौम्या गुप्ता | 29
विभाजन की दास्ताँ के अदेखे पन्ने | श्रीकान्त | 42
बेवतनी से बदवतनी तक | बलवन्त कौर | 69

साहित्य और सिनेमा

विभाजन पर चार उपन्यासों के बहाने कुछ बातें | प्रियंवद | 76
हथ लाइयाँ कुम्हलाँनी लाजवंती दे बूटे | प्रो. मोइनुद्दीन जिनाबड़े | 96
खंडित आस्थाएँ और बँटवारे का सतत साया | डॉ. पारुल | 102
विभाजन के बाद : चन्द गुमनाम 'ग़ैर-विभाजित' फ़िल्में | रविकान्त | 110
विभाजन-संवाद : एक ज़रूरी दस्तावेज़ | विभास वर्मा | 123

चित्रकला

विभाजन और भारतीय चित्रकला | अशोक भौमिक | 130
विभाजन का ज़ख़्म और भारतीय कला | मनोज कुलकर्णी | 139

आख़िरी सफ़ा
बँटवारे की प्रेतछाया | संजीव कुमार 145

सहस्राब्दी अंक-60 : अप्रैल-जून, 2019

विभाजन के सत्तर साल (2)

सम्पादकीय
पार्टीशन जारी है... | संजीव कुमार 5

विभाजन की कविताएँ
लाहौर के नाम ख़त | अमितोज 11
मुंशी ख़ाँ | जोगा सिंह 12
पछुआ और पुरवैया | सुरजीत पातर 13
बलराज साहनी से | अहमद राही 14
वाघा | अहमद सलीम 15
इलियास दीवाना | सरवण मिन्हास 15
कहाँ गईं कश्तियाँ | निरुपमा दत्त 16
ब्याहता नार | अमृता प्रीतम 16
मियाणा गोंदल दा ढोला | अहमद सलीम 17

हिन्दी कविताएँ
स्मृति और सुगन्ध के बीच | कुमार विकल 18
स्वप्न-घर | कुमार विकल 19

उर्दू कविताएँ
जन्मभूमि | गुलज़ार 20
आज | साहिर लुधियानवी 20
मर्गांवेया | अहमद नदीम कासमी 21

इतिहास
दो-राष्ट्र सिद्धान्त और मुसलमान : सन्दर्भ-बिहार | मोहम्मद सज्जाद 24
पूरब में विभाजन : महा-आख्यान के पन्ने | गोपाल प्रधान 32
संविधान ही धर्म की रक्षा करता है : डॉ. भीमराव अम्बेडकर और मुस्लिम प्रश्न | रमाशंकर सिंह 39
क्या लिखूँ क्या याद करूँ? : विभाजनकालीन हिन्दी पत्रकारिता के कुछ आदर्श और कुछ समस्याएँ | गौतम चौबे 44

साहित्य
लाहौर, दिल्ली और आज़ादी का कड़वा सच | वसुधा डालमिया 51
विभाजन पर चार उपन्यासों के बहाने कुछ बातें | प्रियंवद 73

राही मासूम रज़ा : हमारे सेकुलर विधान की एक जीती-जागती अलामत	विनोद तिवारी	83
सआदत हसन मंटो : अपने समय का एक तर्कशील गवाह	आयेशा जलाल	94
सिनेमा		
लोकप्रिय सिनेमा के ज़रिए 1947 का पुनरीक्षण : भारत और पाकिस्तान का एक तुलनात्मक अध्ययन	गीता विश्वनाथ, सलमा मलिक	98
विभाजन और भारतीय सिनेमा	जवरीमल्ल पारख	112
साहित्य		
सोबती का संसार : चंद झरोखे	रश्मि रावत	126
आख़िरी सफ़ा		
हिन्दी आलोचना का आत्मसंघर्ष और नामवर सिंह	आशुतोष कुमार	136

विशेषांक सूची

अंक	वर्ष	सम्पादक	विशेषांक
5	अक्टूबर, 1952	शिवदानसिंह चौहान	इतिहास विशेषांक (1)
6	जनवरी, 1953	शिवदानसिंह चौहान	इतिहास विशेषांक (2)
9	अक्टूबर, 1953	डॉ. धर्मवीर भारती, डॉ. रघुवंश, डॉ. व्रजेश्वर वर्मा, विजयदेव नारायण साही	आलोचना विशेषांक
13	अक्टूबर, 1954	डॉ. धर्मवीर भारती, डॉ. रघुवंश, डॉ. व्रजेश्वर वर्मा, विजयदेव नारायण साही	उपन्यास विशेषांक
18	अप्रैल, 1956	नन्ददुलारे वाजपेयी	नाटक विशेषांक (1)
19	जुलाई, 1956	नन्ददुलारे वाजपेयी	नाटक विशेषांक (2)
25	जनवरी, 1959	नन्ददुलारे वाजपेयी	काव्यालोचन विशेषांक (1)
26	अप्रैल, 1959	नन्ददुलारे वाजपेयी	काव्यालोचन विशेषांक (2)
33	जून, 1965	शिवदानसिंह चौहान	स्वातंत्र्योत्तर हिन्दी साहित्य विशेषांक (1)
34	जुलाई, 1965	शिवदानसिंह चौहान	स्वातंत्र्योत्तर हिन्दी साहित्य विशेषांक (2)
35	जनवरी, 1966	शिवदानसिंह चौहान	स्वातंत्र्योत्तर हिन्दी साहित्य विशेषांक (3)

36	अप्रैल, 1966	शिवदानसिंह चौहान	स्वातंत्र्योत्तर हिन्दी साहित्य विशेषांक (4)
37	दिसम्बर, 1966	शिवदानसिंह चौहान	स्वातंत्र्योत्तर हिन्दी साहित्य विशेषांक (5)

नवांक	वर्ष	सम्पादक	विशेषांक
2	जुलाई-सितम्बर, 1967	नामवर सिंह	आचार्य हजारीप्रसाद द्विवेदी को समर्पित
6	जुलाई-सितम्बर, 1968	नामवर सिंह	गजानन माधव मुक्तिबोध पर विशेष
8	जनवरी-मार्च, 1969	नामवर सिंह	ग़ालिब की याद में : विशेषांक
13	अप्रैल-जून, 1970	नामवर सिंह	लेनिन जन्तशती पर विशेष
18	जुलाई-सितम्बर, 1971	नामवर सिंह	लूकाच स्मृति अंक
29	अप्रैल-जून, 1974	नामवर सिंह	प्रगतिवाद पर विशेष
33	अप्रैल-जून, 1975	नामवर सिंह	धूमिल स्मृति अंक
43	अक्टूबर-दिसम्बर, 1977	नामवर सिंह	सुमित्रानन्दन पन्त पर विशेष
49-50	अप्रैल-सितम्बर, 1979	नामवर सिंह	आचार्य हजारीप्रसाद द्विवेदी स्मृति अंक
51-52	अक्टूबर-दिसम्बर, 1979/जनवरी-मार्च, 1980	नामवर सिंह	प्रेमचन्द स्मृति अंक
53	अप्रैल-जून, 1980	नामवर सिंह	प्रेमचन्द पूरक अंक
56-57	जनवरी-मार्च/ अप्रैल-जून, 1981	नामवर सिंह	नागार्जुन विशेषांक
60-61	जनवरी-मार्च/ अप्रैल-जून, 1982	नामवर सिंह	डॉ. रामविलास शर्मा पर केन्द्रित
62-63	जुलाई-सितम्बर/ अक्टूबर-दिसम्बर, 1982	नामवर सिंह	समीक्षा अंक

64-65	जनवरी-मार्च/ अप्रैल-जून, 1983	नामवर सिंह	उपन्यास अंक
70	जुलाई-सितम्बर, 1984	नामवर सिंह	मार्क्स अंक
73	अप्रैल-जून, 1985	नामवर सिंह	आचार्य शुक्ल अंक (1)
74	जुलाई-सितम्बर, 1985	नामवर सिंह	आचार्य शुक्ल अंक (2)
77	अप्रैल-जून, 1986	नामवर सिंह	प्रगतिशील लेखक संघ और आन्दोलन पर विशेष
78	जुलाई-सितम्बर, 1986	नामवर सिंह	श्रीकान्त वर्मा पर विशेष
79	अक्टूबर-दिसम्बर, 1986	नामवर सिंह	भारतेन्दु हरिश्चन्द्र एवं मैथिलीशरण गुप्त पर केन्द्रित
82	जुलाई-सितम्बर, 1987	नामवर सिंह	त्रिलोचन पर विशेष
85	अप्रैल-जून, 1988	नामबर सिंह	पंजाबी के क्रान्तिकारी कवि पाश को समर्पित अंक
89	अप्रैल-जून, 1989	नामवर सिंह	गोरख पांडेय स्मृति अंक
90	जुलाई-सितम्बर, 1989	नामवर सिंह	निर्मल वर्मा पर केन्द्रित अंक
सहस्राब्दी अंक	**वर्ष**	**सम्पादक**	**विशेषांक**
1	अप्रैल-जून, 2000	परमानन्द श्रीवास्तव	फासीवाद और संस्कृति का संकट
2	जुलाई-सितम्बर, 2000	परमानन्द श्रीवास्तव	स्मरण में है आज जीवन
3	अक्टूबर-दिसम्बर, 2000	परमानन्द श्रीवास्तव	पुन:स्मरण
4	जनवरी-मार्च, 2001	परमानन्द श्रीवास्तव	भारतेन्दु : डेढ़ सौ साल बाद

5	अप्रैल-जून, 2001	परमानन्द श्रीवास्तव	रामविलास शर्मा की बरसी पर
6	जुलाई-सितम्बर, 2001	परमानन्द श्रीवास्तव	संस्कृति और भूमंडलीकरण
7-8	अक्टूबर-दिसम्बर, 2001/जनवरी-मार्च, 2002	परमानन्द श्रीवास्तव	साम्प्रदायिक राष्ट्रवाद और उपन्यास
9	अप्रैल-जून, 2002	परमानन्द श्रीवास्तव	आलोचना और समाज
10-11	जुलाई-दिसम्बर, 2002	परमानन्द श्रीवास्तव	उत्तर-आधुनिक दौर में इतिहास
12	जनवरी-मार्च, 2003	परमानन्द श्रीवास्तव	कविता का भविष्य (एक)
13	अप्रैल-जून, 2003	परमानन्द श्रीवास्तव	कविता का भविष्य (दो)
14	जुलाई-सितम्बर, 2003	परमानन्द श्रीवास्तव	विचारधारा और सौन्दर्यशास्त्र (एक)
15	अक्टूबर-दिसम्बर, 2003	परमानन्द श्रीवास्तव	विचारधारा और सौन्दर्यशास्त्र (दो)
16	जनवरी-मार्च, 2004	परमानन्द श्रीवास्तव	इतिहास और स्मृति
17-18	अप्रैल-सितम्बर, 2004	परमानन्द श्रीवास्तव	भीष्म साहनी स्मृति अंक
19-20	अक्टूबर-दिसम्बर, 2004/जनवरी-मार्च, 2005	परमानन्द श्रीवास्तव	आलोचना का उत्तर-समय
28	जनवरी-मार्च, 2008	अरुण कमल	हजारीप्रसाद द्विवेदी विशेषांक
31	अक्टूबर-दिसम्बर, 2008	अरुण कमल	भक्तिकाल पर विशेष
40	जनवरी-मार्च, 2011	अरुण कमल	शमशेर बहादुर सिंह पर केन्द्रित
41	अप्रैल-जून, 2011	अरुण कमल	अज्ञेय पर केन्द्रित

42	जुलाई-सितम्बर, 2011	अरुण कमल	केदारनाथ अग्रवाल पर केन्द्रित
43	अक्टूबर-दिसम्बर, 2011	अरुण कमल	नागार्जुन पर केन्द्रित
46	जुलाई-सितम्बर, 2012	अरुण कमल	अकथ कहानी प्रेम की : कबीर की कविता
53	जनवरी-मार्च, 2015	अपूर्वानंद	भारतीय जनतंत्र का जायजा (एक)
54	अप्रैल-जून, 2015	अपूर्वानंद	भारतीय जनतंत्र का जायजा (दो)
55	जुलाई-सितम्बर, 2015	अपूर्वानंद	मुक्तिबोध पर केन्द्रित
56	अक्टूबर-दिसम्बर, 2015	अपूर्वानंद	कविता (एक)
57	जनवरी-मार्च, 2016	अपूर्वानंद	कविता (दो)
59	जनवरी-मार्च, 2019	आशुतोष कुमार, संजीव कुमार	विभाजन के सत्तर साल (1)
60	अप्रैल-जून, 2019	आशुतोष कुमार, संजीव कुमार	विभाजन के सत्तर साल (2)

नामानुक्रमणिका

अ.र. हर्डीकर 95
अंकुर बेटगेरि 2 10, 211
अंजू शर्मा 216, 217
अंशुल त्रिपाठी 175
अक्षयचन्द्र शर्मा 35
अखिलेश 148
अगरचन्द नाहटा 40
अगोस्टिन्हो नेटो 89
अग्न्येश्का सोनी 75
अचला शर्मा 118
अच्युतानन्द मिश्र 196, 210, 226
अजय तिवारी 122, 127, 128, 130, 160, 166
अजय वर्मा 173, 174, 182, 193
अजित कुमार 41, 46, 68, 70
अजित कुमार राय 188
अतर सिंह 80, 97
अतुलवीर अरोड़ा 97
अदनान कफ़ील दरवेश 226
अनन्त 50
अनन्त चतुर्वेदी 48, 50
अनन्त मिश्र 141, 147
अनन्त मूर्ति 94
अनन्तकुमार 'पाषाण' 45, 46
अनामिका 154, 159, 164, 167, 199, 213, 231
अनिर्वाण चट्टोपाध्याय 224
अनिल त्रिपाठी 170, 178, 185, 215
अनिल पासवान 219
अनिल भट्टी 131
अनिल राय 174, 201
अनिल विभाकर 204
अनुज लुगुन 209
अनुपम आनन्द 216
अनुपम सिंह 227
अनुराग कुमार सिन्हा 203, 204
अनुराधा शर्मा 227
अनुशब्द 219
अनूप सेठी 168
अन्नपूर्णा स्वामी 92
अपर्णा सेन 175
अपूर्वानंद 124, 129, 130, 134, 135, 151, 187, 196, 223, 224, 225, 226, 231, 233
अब्दुल अलीम 28
अब्दुल बिस्मिल्लाह 143
अभय कुमार दुबे 165, 188, 202
अभय मौर्य 199
अभिजीत सिंह 212
अभिज्ञात 220
अभिमन्यु अनत 209
अभिषेक 184
अभिषेक रौशन 204, 219
अमरकान्त 132
अमरेन्द्र कुमार शर्मा 197
अमरेश दत्त 55

अमल सिंह 'भिक्षुक' 197
अमित उपमन्यु 227
अमिताभ खरे 170
अमिताभ घोष 166
अमिताभ राय 205, 207, 218
अमितेश कुमार 234
अमितोज 235
अमिय भूषण शर्मा 218
अमृत राय 27, 56, 61
अमृतलाल नागर 45, 46, 57, 67, 79
अमृता प्रीतम 235
अम्बादत्त पाण्डे 140
अय्यप्पा पणिक्कर 180
अरविन्द 35
अरविन्द गौड़ 175
अरविन्द जैन 177
अरविन्द त्रिपाठी 153, 155, 157, 158, 159, 182, 184
अरुण कमल 71, 83, 123, 125, 126, 129, 130, 131, 132, 136, 138, 143, 144, 146, 153, 154, 159, 163, 167, 174, 177, 178, 179, 180, 181, 182, 184, 186, 187, 188, 189, 191, 192, 194, 195, 197, 198, 200, 202, 203, 204, 206, 207, 208, 209, 211, 213, 214, 215, 217, 219, 220
अरुण कुमार 133, 152, 153, 173, 178
अरुण कुमार श्रीवास्तव 165
अरुण कोलटकर 100, 176, 195
अरुण देव 205, 216
अरुण प्रकाश 161, 162
अरुण माहेश्वरी 98, 202
अरुण शीतांश 195
अरुण श्रीवास्तव 166
अरुणा मुखोपाध्याय 183
अरुणाभ सौरभ 227
अरुणेश नीरन 206
अर्चना कुमार 202
अर्चना वर्मा 117, 121, 122
अर्नेस्ट जोन्स 71, 83, 181
अर्न्स्ट फिशर 98
अलका सरावगी 170
अलख नारायण 104, 112, 113, 122, 147
अली अहमद फ़ातमी 189
अली जावेद 234
अलेक्सांदेर सेंकोविच 83
अलेक्सान्द्र त्वारदोवस्की 142
अल्फ्रेड केर 154
अवधेश कुमार सिंह 161, 168, 174, 199, 209, 214, 217, 220, 221, 222
अवधेश प्रधान 213
अवनीश राय 233
अविनाश कुमार 224
अविनाश चन्द्र 129, 133, 136
अविनाश मिश्र 227
अशोक कुमार पांडेय 220
अशोक त्रिपाठी 202, 207
अशोक भौमिक 234
अशोक रा. केलकर 92, 109, 151, 164
अशोक वाजपेयी 68, 69, 74, 79, 80, 81, 132, 211, 224, 226, 231
अष्टभुजा शुक्ल 154, 170, 179, 183, 187, 219
असग़र 77
असग़र वजाहत 77
असितकुमार हालदार 33
असीम श्रीवास्तव 223
असीमा भट्ट 175, 176
अहमद नदीम कासमी 235
अहमद राही 235
अहमद सलीम 235
अहमद हुसेन 77

आई.ए. एक्स्ट्रास 37, 42, 35
आचार्य शिवपूजन सहाय 129
आत्मन् 33
आत्माराम रावजी देशपांडे 'अनिल' 33
आदित्य निगम 223
आद्याप्रसाद मिश्र 40
आनन्द बंसल 119
आनन्द वर्द्धन 145
आनन्दप्रकाश दीक्षित 36, 46, 59, 60, 66, 82, 89, 125, 141
आनन्दस्वरूप वर्मा 86
आन्द्रे आकूँ 97
आन्द्रेई वोज्नेसेंस्की 72, 73
आभा गुप्ता ठाकुर 224, 226
आयेशा जलाल 236
आर. चेतनक्रान्ति 168, 173, 203, 233
आर.ए. संजीव 144
आरिगपूडि 109
आलोक पांडेय 206
आलोक श्रीवास्तव 190
आशीष कोठारी 223
आशुतोष कुमार 170, 174, 180, 226, 234, 236
आशुतोष दुबे 180
आशुतोष भारद्वाज 233
इक्ष्वाकु कुमार 205
इन्दु दीवान 139
इन्दुप्रकाश पाण्डेय 105
इन्दुमती ओझा 79
इन्द्रनाथ चौधरी 78, 194, 215
इन्द्रनाथ मदान 35, 55, 56, 58, 76, 84, 91, 93, 99, 110
इन्द्रप्रकाश कानूनगो 162
इन्द्रसेन 37
इब्बार रब्बी 114, 115, 209
इमत्याज़ अहमद 185, 203
इरफ़ान 116, 121, 133, 151, 152, 153, 154, 173, 174, 178, 199, 220
इर्विन जित्यनि 83
इला कुमार 202
इलाचन्द्र जोशी 29, 33, 39, 62
इस्तवान साइमन 83
इस्तवान् इरोसी 91
ई. चेलिशेव 83
ई. विजय लक्ष्मी 216
ईश्वर वल्लभ 116
ईश्वर सिंह दोस्त 223
उ.रा. अनन्तमूर्ति 107
उज्ज्वल भट्टाचार्य 149, 219
उदय प्रकाश 110, 124, 131, 133, 158
उदयनारायण तिवारी 34
उदयभान दुबे 133
उदयशंकर भट्ट 29, 31, 43, 44, 45
उपेन्द्र चौहान 190, 203
उपेन्द्रनाथ 'अश्क' 31, 29, 45, 56, 72, 172
उमा भटनागर 38
उमा शंकर चौधरी 183, 190, 206
उर्मिला शिरीष 182
उषाकिरण ख़ान 208
उस्मान ख़ान 198, 199
ऋतुपर्णा मुद्राराक्षस 199
ऋतुराज 115, 118
ऋषिकुमार चतुर्वेदी 102
ए. अरविन्दाक्षन 206
ए.के. हंगल 175
एंजेलिका हेकेल 181
एकान्त श्रीवास्तव 164, 169, 185
एग्नेस हेलर 59
एजाज़ अहमद 153, 157, 160, 165
एजाज़ हुसेन 34
एडवर्ड डब्ल्यू. सईद 164, 165, 219
एडविन मार्गेन 91
एडुअर्ड गोल्ड-स्टुइकेर 98

एण्ड्रे पाडाक्स 55
एन. रवीन्द्रनाथ 119
एन्तोनियो पोलियो 214
एम.के. रैना 175
एम.पी. सिंह 188
एम.वी. नाडकर्णि 173, 184
एरिक हॉब्सबॉम 166, 188, 214
एल्बम 226
एस. जोसफ 184, 185
एस.पी. खत्री 33, 36
एहतेशाम हुसेन 27
ऑत्तिला योझेफ़ 75
ओ.पी. जायसवाल 210
ओंकारनाथ श्रीवास्तव 41
ओदोलेन स्मेकेल 112
ओम निश्चल 177, 206, 208, 211
ओम भारती 149, 202
ओमप्रकाश अग्रवाल 89
ओमप्रकाश दीपक 68,
ओमप्रकाश वाल्मीकि 192, 215, 219, 221
ओसिप मेंदलस्तम 82
क.प. सारधि 93
कंचन कुमार 73
कनक तिवारी 180, 199
कन्हैया पाण्डेय 107
कन्हैयालाल सहल 31
कपिल देव 162, 167, 172
कपिला वात्स्यायन 119, 120
क़मर रईस 77
कमल किशोर श्रमिक 220
कमल कुमार 196
कमल नयन चौबे 225
कमला प्रसाद 127, 131, 140, 154
कमलाकान्त पाठक 49, 54, 71
कमलानन्द झा 194, 208, 219
कमलेश 68, 78, 82, 87, 89, 91, 92, 94, 95
कमलेश्वर 38
कम्बार 94
करण समस्तीपुरी 212
करुणाशंकर उपाध्याय 206
कर्णसिंह चौहान 82, 135
कर्मेन्दु शिशिर 159, 164, 179, 197, 199, 208
क़ाज़ी अब्दुल सत्तार 77
कात्ययानी 160
काथरीन थोमा 121
कान्ता 73
कान्ति कुमार 110
कान्तिचन्द्र सोनरिक्सा 137
कामिल बुल्के 35, 47, 135
कार्तिकचन्द्र दत्त 128
कार्लटन मॉस 57
काली प्र. रिजाल 117
काशीनाथ सिंह 75, 93, 106
किशोरीलाल व्यास 118
कु. कहकशाँ लतीफ़ 156
कुँवर नारायण 69, 71, 103, 137, 145, 150, 172, 183, 220
कुँवर मोहम्मद अशरफ़ 77
कुँवरजी अग्रवाल 60, 66
कुन्दन शर्मा 117
कुमार अनुपम 215
कुमार अम्बुज 166, 167, 168, 213, 231
कुमार केतकर 188
कुमार नयन 205
कुमार मुकुल 193
कुमार राणा 223
कुमार विकल 86, 91, 98, 108, 113, 138, 235
कुमार विमल 61, 62, 63, 71, 78, 84, 96
कुमार वीरेन्द्र 220, 227

कुमार सरोज 192
कुमारी विजय दास 28
कुमारेन्द्र पारसनाथ सिंह 107
कुलदीप कुमार 108, 109
कुलानन्द मिश्र 125, 128
कुसुम खेमानी 212
कुसुमलता मलिक 217
कृपाशंकर चौबे 190
कृपाशंकर सिंह 105, 111, 112, 115, 133, 165
कृष्ण कल्पित 215
कृष्ण किशोर 199, 202
कृष्ण कुमार 85, 92, 93, 165, 214, 221, 223
कृष्ण कुमार शर्मा 66, 115
कृष्ण कृपलानी 180
कृष्ण भक्त श्रेष्ठ 116
कृष्ण मोहन 170, 179, 182, 184, 187
कृष्णकान्त मिश्र 149
कृष्णगोपाल वर्मा 95
कृष्णदत्त वाजपेयी 38
कृष्णदत्त शर्मा 145, 204, 226
कृष्णदेव उपाध्याय 48, 64
कृष्णनन्दन 'पीयूष' 57
कृष्णनारायण कक्कड़ 69, 137
कृष्णनारायण प्रसाद मागध 64
कृष्णबिहारी मिश्र 53, 59, 66
कृष्णमोहन झा 206
कृष्णलाल 31
कृष्णविहारी मिश्र 121
कृष्णा मुखर्जी 224
कृष्णा रैण 113
कृष्णा सोबती 116, 121, 122, 151, 154, 174, 199, 220, 233
कृष्णानन्दन तिवारी 'पीयूष' 53
कृष्णानन्दन दीक्षित 'पीयूष' 54
के. दोई 44
के. सच्चिदानन्दन 149
केदारनाथ अग्रवाल 126, 132, 155, 205
केदारनाथ लाभ 66
केदारनाथ सिंह 68, 70, 72, 84, 85, 105, 114, 115, 116, 122, 124, 126, 131, 133, 137, 138, 142, 151, 152, 156, 162, 167, 189, 220
केशव आनन्द 37
केशवचन्द्र वर्मा 40
केशवचन्द्र सिनहा 46
केशवप्रसाद मिश्र 209
केसरी नारायण शुक्ल 35, 47
कैथरिन हैंसन 147
कैलाश पचौरी 207
कैलाश वाजपेयी 72, 74, 77, 86
कैलाशचन्द्र भाटिया 62
कैलाशचन्द्र मिश्र 61
कैसर जहाँ सिद्दक़ी 77
कोन्स्तान्तिन फ़ेदीन 27
क्रान्ति 203
क्षत्रज्ञ 53
क्षेमचन्द्र 'सुमन' 30
खगेन्द्र ठाकुर 120, 127, 130, 132, 134, 135, 138, 141, 143, 146, 153, 157, 160, 171, 175, 178, 182, 186, 188, 193, 200, 202, 207, 208, 215, 222
ख़ोर्ख़े लुई बोर्ख़ेस 162
ख़्वाजा अहमद फ़ारूक़ी 77
ग.अ. ब्येलाया 140
गंगाधर झा 48, 50, 51, 52, 54, 55
गंगाप्रसाद पाण्डेय 39, 63
गंगाप्रसाद मिश्र 34, 41, 43
गंगाप्रसाद विमल 73, 81, 102, 103, 109, 117, 118, 119, 234
गगन गिल 231

गजानन माधव मुक्तिबोध 30, 32, 38, 56, 73, 75, 225
गरिमा श्रीवास्तव 189, 197
गिरधर त्रिपाठी 99
गिरधर राठी 75, 76, 81, 83, 91, 92, 93, 97, 101, 102, 104, 122, 123, 125
गिरिजा कुमार माथुर 28, 40, 47, 70, 141, 142
गिरिजादत्त शुक्ल 'गिरीश' 46
गिरिजाशंकर प्रसाद मिश्र 72
गिरिराज किराडू 194
गिरिराज किशोर 103, 107, 117, 121
गिरीश काशिद 176
गिरीश मिश्र 132, 160, 162, 164, 167, 171, 178, 200
गिरीश रस्तोगी 101, 175
गीता कपूर 99
गीता विश्वनाथ 236
गीता शर्मा 122, 124, 127
गीतांजलि श्री 224
गुंटर ग्रास 164
गुरदयाल सिंह 174, 183
गुरुचरनसिंह मोंगिया 106, 112
गुरुचरनसिंह सेंहसरा 112
गुरुनाथ धुरी 100
गुलज़ार 235
गुलाबराय 27, 41
ग़ुलाम मोहम्मद शेख़ 157
गेब्रिएल पियर्सन 70
गोपाल 125, 126, 127, 128, 133, 136
गोपाल प्रधान 179, 218, 235
गोपाल भारद्वाज 87
गोपाल राय 57, 60, 61, 63, 121, 125
गोपाल हालदार 28, 30
गोपालकृष्ण कौल 27, 28, 29, 31, 32, 56, 59
गोपीकृष्ण प्रसाद 53
गोपेश्वर सिंह 166, 171, 189, 192, 202, 205, 211, 221
गोरख पांडेय 149
गोविंद प्रसाद 146, 198
गोविन्द उपाध्याय 99, 107
गोविन्द द्विवेदी 94, 97, 124
गोविन्द पुरुषोत्तम देशपांडे 132, 144
गोविन्द प्रसाद बहुगुणा 85, 88
गोविन्द माथुर 198
गोविन्द मिश्र 117
गोविन्द रजनीश 58, 60, 65, 117
गोविन्दनाथ राजगुरु 68
गौतम चौबे 235
गौतम राजरिशी 222
गौतम सान्याल 211, 221
ग्रिगोरी चुखराई 56
ग्रेगरी कोर्सो 88
चन्द्रशेखर जहागीरदार 172
चन्द्रप्रकाश द्विवेदी 212
चन्द्र मोहन 109
चन्द्रकला त्रिपाठी 216
चन्द्रकान्त देवताले 90, 110, 179, 204, 219
चन्द्रकान्त पाटिल 100, 149, 151, 157, 161, 169, 176, 195, 196
चन्द्रकान्त बांदिवडेकर 67, 108, 145, 152
चन्द्रकान्ता सिंह 207
चन्द्रदेव सिंह 66
चन्द्रबली पांडे 35, 39
चन्द्रभूषण तिवारी 60, 62
चन्द्रेश्वर 203
चन्द्रेश्वर कर्ण 121
चमन लाल 145, 149, 174
चारु गुप्ता 166, 202, 223
चारु सिंह 233
चारुमित्र 124, 127, 128

चित्तरंजन कुमार 217, 223
चित्तरंजन बन्द्योपाध्याय 97
चिरंजीत 64
चिरन्तन कुलश्रेष्ठ 96
चेस्वाल मीलोष 177
चौथीराम यादव 208
छोटेलाल दीक्षित 60, 65, 67
जगदीश कुमार 85
जगदीश गुप्त 31, 32, 33, 37, 38, 39, 42, 43, 45, 56, 62
जगदीश चतुर्वेदी 72
जगदीश शर्मा 71, 75, 85, 88, 94, 96, 98, 109, 134
जगदीश साहू 210
जगदीशचन्द्र दीक्षित 131
जगदीशचन्द्र माथुर 32
जगदीशप्रसाद श्रीवास्तव 101
जगन्नाथ राय शर्मा 53
जगन्नाथप्रसाद शर्मा 27, 53
जगमोहन चोपड़ा 96
जनार्दन मुक्तिदूत 38, 43
जयकान्त मिश्र 37
जयकुमार 'जलज' 58, 60
जयप्रकाश 157, 159, 161, 167, 170, 177
जयमोहन एम.एस. 208
जयशंकर त्रिपाठी 109
जया शर्मा 206, 215
जवरीमल्ल पारख 236
जवाहरलाल नेहरू 180
जसबीर चावला 194
जाफ़र रज़ा 121
जार्ज अऊनर-विलियम्स 90
जार्ज लूकाच 85, 91
जावेद अख़्तर ख़ाँ 133
जितराम पाठक 147
जितेन्द्र गुप्ता 182, 203
जितेन्द्र भाटिया 153, 159, 163
जितेन्द्र वर्मा 195
जितेन्द्र श्रीवास्तव 193
जितेन्द्रनाथ पाठक 49, 52, 53, 54
जीवन सिंह 150, 151
जूडिथ टॉर्ड 57
जेरेमी हॉथर्न 92
जैनेन्द्र कुमार 44
जॉन एल. कूपर 81
जोआ कारतीम 84
जोगा सिंह 235
जोज क्रैवीरिन्हा 90
जोजफ करीउकी 90
जोजफ मेजन बोगनीनी 90
ज्ञानेन्द्र कुमार सन्तोष 210, 212, 215, 216
ज्ञानेन्द्रपति 92, 94, 95, 101
ज्याँ पाल सार्त्र 98
ज़्याक मोसू 97
ज्योति चावला 202, 218
ज्योतिष जोशी 205
ज्योतिस्वरूप सक्सेना 42, 99
ज़िविग्निएव 81
टी. माचि रेड्डी 97, 100
टी.एस. कुप्पुस्वामी 152
टीकमसिंह तोमर 38, 40
टेरी ईगलटन 176
ट्रिसट्रैम हंट 166
ठाकुरप्रसाद सिंह 27, 29, 32, 62
डी. प्रेमपति 110
डेनिस ब्रूटस 89
डेविड एन. मार्गोलीज़ 83
डेविड क्रेग 70
डेविड ड्याय 89
डेविड लॉरेंजन 213
डॉ. ऋचा संजय 196
डॉ. टी.एस. कुप्पुस्वामी 126

डॉ. मधुरमालती सिंह 66
डॉ. महावीर सिंह चौहान 223
तरुण कुमार 187
तरुणगुहा नियोगी 224
तहमीना दुर्रानी 154
ति. शेषाद्रि 33, 41
तुलसी परब 100
तुलसी राम 160
तेजसिंह जोधा 96
तेजिन्दर 172
तेजेन्द्र लूथरा 192
त्रिनेत्र जोशी 77, 86
त्रिपुरारी कुमार शर्मा 227
त्रिलोक तुलसी 108
त्रिलोकी नारायण 'दीक्षित' 66, 39, 62
त्रिलोचन शास्त्री 27, 30, 51, 97, 110, 137, 139, 142, 149, 186
थाडूजम इबोपिशक 209
थियोडोर डब्ल्यू. एडोर्नो 163
दत्तात्रेय पाण्डेय 49
दयाशंकर 187, 213
दलपति सिंह राजपुरोहित 191
दशरथ ओझा 49, 52
दशरथ शर्मा 34
दागमार अन्सारी 66
दि.के. बेडेकर 27, 29, 30, 36, 75, 87, 151
दिनेश कुमार शुक्ल 158, 181, 187, 190
दिनेश कुशवाह 203, 207
दिनेशचन्द्र शर्मा 104
दिनेश्वर प्रसाद 129, 135, 136
दिमितर लेंगेचेव 198
दिलीप चित्रे 90, 100
दिलीप सिंह 196
दिविक रमेश 118, 205, 207
दीपेश चक्रवर्ती 166
दूधनाथ सिंह 72, 149, 155, 211
देवकीनन्दन द्विवेदी 82
देवदत्त कौशिक 130
देवप्रकाश गुप्त 59
देवराज 27, 28, 29, 32, 33, 36, 42, 51, 81, 109, 120
देवराज उपाध्याय 28, 30, 32, 37, 41, 43, 187
देवशंकर नवीन 216
देविका जयकुमारी 224
देवी प्रसाद मिश्र 146, 150, 162, 176
देवीप्रसाद गुप्त 58, 65
देवीप्रसाद वर्मा 152
देवेन्द्र इस्सर 51
देवेन्द्र कुमार 72, 76, 100, 116
देवेन्द्र चौबे 153, 200
देवेन्द्र मोहन 94, 101
देवेन्द्र राज अंकुर 154, 157, 161, 169, 171, 221, 222
देवेन्द्र सत्यार्थी 29, 46, 51
देवेन्द्रकुमार शास्त्री 60
देवेन्द्रनाथ शर्मा 80
देवेश त्रिपाठी 207
द्वारिकाप्रसाद 'चारुमित्र' 120
धनंजय वर्मा 52, 53, 54, 55, 59, 63
धर्मवीर भारती 29, 33, 34, 36, 37, 39, 40, 41, 42, 44, 45, 47
धर्मेन्द्र गोयल 73, 86, 87
धर्मेन्द्र सुशान्त 201
धवल जायसवाल 224
धीरेन्द्र कुमार सिंह 228
धीरेन्द्र बहादुर सिंह 184, 213
धीरेन्द्र वर्मा 35, 43, 44
धीरेन्द्रनाथ सिंह 158, 172
धूमिल 68, 72, 106
न.वि. राजगोपालन 62
नईम अहमद 77, 121
नगेन्द्र 28, 36, 44, 55, 59, 63

नत्थन सिंह 137
नन्द चतुर्वेदी 117
नन्द भारद्वाज 105, 218
नन्दकिशोर आचार्य 226
नन्दकिशोर नन्दन 99
नन्दकिशोर नवल 96, 109, 110, 112, 115, 117, 118, 120, 123, 125, 126, 127, 129, 130, 133, 135, 145, 155, 160, 172, 176, 182, 186, 187, 196
नन्ददुलारे वाजपेयी 30, 32, 42, 48, 49, 50, 51, 52, 54, 56
नरनारायण राय 102, 109, 114, 118
नरेन्द्र प्रताप सिंह 82
नरेन्द्र भानावत 63
नरेन्द्र शर्मा 27, 30, 200
नरेन्द्रदेव वर्मा 66
नरेश 115
नरेश अग्रवाल 182
नरेश कुमार 78
नरेश चन्द्रकर 187, 196
नरेश सक्सेना 70
नरेशकुमार मेहता 28
नरोत्तम नागर 38, 42
नरोत्तमदास स्वामी 32
नलिन विलोचन शर्मा 31, 32, 37, 44, 45, 187
नवल किशोर 60, 63, 66, 85, 87, 94, 96, 179, 213
नवल शुक्ल 212
नवारुण 64
नवीन कुमार 'नीरज' 234
नसीम शफ़ाई 214
ना. रामसुब्रमण्यन् 67
नाग बोडस 129, 132, 135, 145, 150
नागार्जुन 111, 122, 123, 137, 208
नागेन्द्र 42
नागेश्वर लाल 130, 133
नाज़िम हिकमत 85, 163
नामवर सिंह 29, 30, 31, 50, 67, 69, 70, 72, 74, 80, 83, 84, 88, 91, 92, 102, 103, 104, 114, 119, 120, 121, 122, 126, 127, 128, 129, 130, 131, 134, 136, 138, 139, 140, 142, 143, 144, 145, 147, 148, 149, 150, 151, 153, 155, 156, 158, 160, 166, 187, 188, 206, 223, 224
नारायण कुँवर 102
नारायण सुर्वे 114
निकानोर पारा 87, 180
निकोलाई ज़िनोव्येव 83, 84
निखिल गोविन्द 226
निखिलेश्वर 73
निजाम सिद्दीक़ी 141
निङ्थौजम प्रियोबती देवी 209
नित्यानंद तिवारी 71, 76, 81, 82, 96, 119, 124, 132, 134, 139, 188, 212
निरंजन कुमार 178, 207
निरंजन देव शर्मा 219
निरंजन सहाय 214
निरुपमा दत्त 235
निर्भय देवयांश 191
निर्मल वर्मा 68, 98, 119, 150
निर्मला जैन 91, 106, 109, 116, 118, 135
निर्माल्य दास गुप्त 28, 30
निलय उपाध्याय 163, 164
निलेश रघुवंशी 190
निवेदिता 212
निशान्त 189, 208, 228
निशिकान्त ठकार 149, 163, 168, 172, 174, 176, 195

नीलकमल 203
नीलकान्त 125, 135
नीलम सिंह 223, 224, 225, 226
नीलाभ 80, 176, 206, 209
नीलेश रघुवंशी 169, 170, 231, 232
नूरुलहसन अन्सारी 77
नेमिचन्द्र जैन 29, 68, 69, 74, 79, 99, 75
नैया 193
नोआम चोम्स्की 168
नोमिया डी सोसा 90
पंकज चतुर्वेदी 167, 180
पंकज पराशर 205, 211, 216, 222
पंकज परिमल 214
पंकज राग 192
पंकज सिंह 104, 107, 110, 113, 221
पद्मनाभ प्रभास 145
पद्मसिंह शर्मा 'कमलेश' 28, 30, 35, 63
परमानन्द 117
परमानन्द श्रीवास्तव 57, 60, 62, 66, 69, 73, 76, 78, 80, 88, 90, 95, 99, 101, 105, 108, 117, 119, 124, 127, 128, 130, 133, 134, 135, 137, 138, 141, 142, 143, 144, 145, 146, 149, 151, 154, 155, 156, 158, 159, 160, 161, 162, 163, 165, 166, 167, 168, 169, 171, 172, 173, 174, 176, 178, 193, 206, 208
परशुराम चतुर्वेदी 31, 34, 36, 38, 39, 44, 52
परिमला अम्बेकर 173, 177, 184
परेश 102, 104, 125
पल्लव 191
पवन करण 165, 178, 232
पवन कुमार 186
पवनकुमार मिश्र 91, 105, 136
पाण्डेय शशिभूषण 'शीतांशु' 119
पाब्लो नेरुदा 92, 95, 110, 170, 171
पारुल 234
पार्थ चट्टोपाध्याय 224
पाश 102, 145
पियेर बोर्द्यू 164, 171
पी.एन. सिंह 160, 164, 166, 170, 173, 177
पी.एस. शास्त्री 55
पी.सी. जोशी 186
पीटर एच. स्टोन 125
पीटर नाश 58
पीटर वाइस 74
पुरनचन्द जोशी 113
पुरुषोत्तम अग्रवाल 28, 29, 30, 31, 32, 55, 56, 57, 58, 59, 60, 63, 64, 65, 66, 84, 88, 91, 137, 140, 144, 145, 151, 155, 156, 160, 161, 172, 183, 188, 191, 196, 213, 224
पुरुषोत्तम बस्नेत 117
पुरुषोत्तम लाल श्रीवास्तव 34
पुष्पपाल सिंह 136, 143, 193, 215
पुष्पिता अवस्थी 195
पुष्पेन्द्र सुराणा 97
पूनम कुमारी 191, 206, 212, 223
पूनम सिंह 206
पूरनचन्द्र जोशी 72, 102, 120, 136, 142, 153, 160, 168
पूर्वा भारद्वाज 224
पृथ्वीराज कालिया 98
पॉल वेलरी 35
प्रकाश 200
प्रकाशचन्द गुप्त 27, 29, 30, 31, 48, 50, 53, 54, 56, 57, 58, 59, 62, 63
प्रकृति करगेती 218, 228
प्रज्ञ 85

प्रतापसिंह चौहान 50
प्रतापसिंह नेगी 83
प्रतिभा अग्रवाल 67, 71
प्रदीप सक्सेना 133, 136, 143, 153, 160, 165, 200, 205
प्रफुल्ल कोलख्यान 159, 161, 162, 169, 172, 175, 190
प्रफुल्ल शिलेदार 210
प्रबीर पुरकायस्थ 165
प्रभाकर माचवे 28, 29, 31, 35, 38, 39, 44, 45, 50, 56, 64, 65, 73, 132, 151, 187
प्रभाकर श्रोत्रिय 113, 117, 179, 186, 191, 196, 219
प्रभात 72, 182
प्रभात कुमार 234
प्रभात कुमार मिश्र 196, 208
प्रभात त्रिपाठी 123, 169
प्रभात रंजन 180, 181, 213
प्रभातकुमार त्रिपाठी 80, 82, 84, 106
प्रभाती नौटियाल 102
प्रभाष जोशी 153, 203
प्रभुदयाल मीतल 39
प्रभुनारायण राय 215
प्रभुलाल डी. वैश्य 101
प्रमीला के.पी. 181
प्रमोद कुमार तिवारी 199
प्रमोद सिनहा 76, 79, 118
प्रयाग शुक्ल 68, 70, 71, 72, 73, 74, 77, 98, 101, 119, 120, 124, 130, 174
प्रयागनारायण त्रिपाठी 47
प्रशान्त कुमार 204
प्रांजल धर 218, 228
प्रियंवद 234, 235
प्रियदर्शन 153, 157, 160, 161, 162, 165, 184, 192, 223
प्रियम अंकित 182
प्रेम कपूर 204
प्रेम प्रभाकर 201
प्रेम रंजन अनिमेष 156, 181, 185, 197, 204, 208, 212, 232
प्रेम शशांक 182, 190
प्रेमकान्त टंडन 80
प्रेमकुमार तिवारी 154
प्रेमचन्द 143
प्रेमचन्द गांधी 196
प्रेमप्रकाश डोभाल 70
प्रेमशंकर 42, 45, 49, 51, 52, 53, 54, 90, 95, 112, 115, 132, 135, 143
प्रेमशंकर रघुवंशी 208
प्रेमशंकर शुक्ल 220
प्रेमेन्द्र 83, 84, 86
प्रो. प्रभुलाल डी. वैश्य 107
फणीश्वरनाथ रेणु 53
फ़रीद ख़ान 228
फ़र्रुख जलाली 77
फिलिप यंग 55
फूलचन्द मानव 102
फेदेरीको गार्सिया लोर्का 140
फ्रांस्वा मोरें 97
फ्रेंचेस्का ओरसिनी 213
फ्रेडरिक कूज़ 92
फ्रेडरिक जेम्सन 164, 176
फ्रैंसेस्का ऑर्सिनी 233
ब.व. कारन्त 169
बंसीधर 130
बच्चन सिंह 32, 33, 41, 42, 46, 47, 49, 54, 63, 99, 104, 105, 114, 119, 127, 130, 131, 132, 134, 139, 143, 188
बटरोही 86, 91, 92, 96, 121, 128
बद्री नारायण 157, 166, 171, 184, 189, 221, 232

बद्री नारायण रमा 224
बद्रीनारायण श्रीवास्तव 45, 47
बनारसीदास चतुर्वेदी 56, 58, 70
बरुण कुमार 219
बर्टोल्ट ब्रेश्ट 83, 86, 105, 111, 152, 153
बलदेव उपाध्याय 39, 49, 54
बलभद्र तिवारी 55
बलराज पांडेय 149
बलराम तिवारी 206, 208
बलवन्त कौर 234
बलवन्त गार्गी 59
बसंत त्रिपाठी 184
बाबुषा कोहली 228
बाबू गुलाबराय 31
बालकृष्ण राव 43, 44, 47, 53
बालशौरि रेड्डी 43
बालाजी राव जोशी 33
बिन्दु अग्रवाल 40
बिशनसिंह यादव 120
बीना श्रीवास्तव 116
बेचन 58, 59, 60, 61, 62, 64
बेचन एम. ए. 52
बैजनाथ सिंहल 66
बैजनाथसिंह 'विनोद' 35
बोधिसत्व 148, 180, 205, 232
ब्रज कुमार पांडेय 125, 175, 178, 192, 201, 221
ब्रजमोहन गुप्त 53
ब्रजलाल वर्मा 53
ब्रजविलास 45
ब्रजेश पाण्डेय 207
ब्लादिमीर वाइद्ले 60
भगवत रावत 131, 132, 186
भगवतशरण उपाध्याय 29, 39, 46, 56, 187
भगवतस्वरूप मिश्र 37
भगवतीचरण वर्मा 44, 67, 172
भगवतीशरण सिंह 67
भगवान सिंह 70, 113, 147, 150, 155, 157, 160, 164, 166, 173, 174, 177, 186
भगीरथ मिश्र 28, 29, 31, 35, 36, 42, 49, 50, 51, 55, 62
भरत प्रसाद 201
भवदेव पांडेय 157, 161, 169, 170, 172, 175, 177, 186, 191
भवानीशंकर पंडित 55
भानुदेव शुक्ल 49, 51, 53
भारतभूषण अग्रवाल 41, 68, 70, 71, 72, 73, 76, 95, 99
भारतेन्दु हरिश्चन्द्र 158
भालचन्द्र नेमाड़े 100, 157, 159, 163, 171, 176
भावना 224
भावना घुग्त्याल 234
भास्कर लक्ष्मण भोले 174
भीमसेन त्यागी 117
भीष्म साहनी 72, 76, 83, 103, 120, 132, 154, 174
भीष्म साहनी 174
भूपि शेरचन 116
भूपेन्द्र कलसी 175
भृगुनन्दन त्रिपाठी 123, 187, 221
भैरवप्रसाद गुप्त 120
भोलानाथ तिवारी 50, 52, 120, 121
भोलानाथ शर्मा 54
भोलाशंकर व्यास 55
मंगल मूर्ति 129
मंगलेश डबराल 77, 80, 89, 99, 100, 104, 109, 144, 154, 158, 170, 232
मंजरी श्रीवास्तव 202
मंजु रानी सिंह 205

मकरन्द परांजपे 170
मक्खनलाल शर्मा 65
मज़हर मेहदी 195
मणिन्द्र नाथ ठाकुर 224
मदन कश्यप 180, 204, 205
मदन सोनी 224
मधु शर्मा 190
मधुकर गंगाधर 64
मधुप कुमार 190, 213, 216, 223, 224, 225, 226
मधुबाला नयाल 197, 206
मधुरेश 57, 59, 60, 61, 63, 96, 97, 98, 103, 106, 107, 108, 111, 112, 113, 129, 131, 133, 136, 139, 141, 144, 147, 148, 150, 204
मधुसूदन बख्शी 101, 107
मनमोहन 181
मनीषा झा 195, 219
मनोज कुमार 212
मनोज कुमार झा 184, 208
मनोज कुलकर्णी 234
मनोज सोनकर 114
मनोहर ओक 100
मनोहर काले 63, 88, 114, 122, 128, 139
मनोहर वर्मा 51, 54, 55
मनोहर श्याम जोशी 69, 122, 130
मन्मथनाथ गुप्त 31, 44, 48, 56, 57, 60, 64, 67
मलय 219
मलयज 68, 69, 71, 77, 81, 82, 97, 99, 110, 134
मसीहुज़्ज़मा 40
महताब अली 58, 63
महमूद दरवेश 105
महादेव साहा 28
महादेवप्रसाद शर्मा 51
महाराज कृष्ण सन्तोषी 199
महावीर अग्रवाल 167, 169, 178, 200
महावीर अधिकारी 27, 29, 43
महावीर दाधीच 151
महावीर प्रसाद अग्रवाल 151
महावीर सरन जैन 64
महावीरसिंह चौहान 114, 128
महेन्द्र भटनागर 58, 60, 61, 65
महेन्द्र भल्ला 70
महेन्द्र मिश्र 179, 183, 199
महेन्द्रनाथ दुबे 139
महेश रंगराजन 166
महेश वर्मा 228, 229
महेश्वर सिंह 140
माणिक्यांबा 'मणि' 194
माताप्रसाद गुप्त 34, 35, 40, 43, 46
माताबदल जायसवाल 39,
माधव हाड़ा 185, 193, 217
मायकोव्स्की 78, 131
माया भटनागर 40
मार्कण्डेय 38, 141, 203
मार्तंड प्रगल्भ 213
मालार विन्दम चतुर्वेदी 52,
माहेश्वर 98, 103, 115, 117
माहेश्वरी 66
मिक्लोश रॉद्नोति 76
मिथिलेश 218
मिथिलेश कान्ति 38
मिथिलेश श्रीवास्तव 154, 209
मिनीप्रिया आर. 184, 185
मिर्सिया मलिता 95
मिशेल फ़ूको 151
मिहिर पंड्या 224
मीता सोलंकी 216, 222
मीनाक्षी मुखर्जी 173
मीलाँ कुन्देरा 98
मुकेश कुमार 229

मुकेश प्रत्यूष 188
मुद्राराक्षस 68, 70, 72, 153, 157
मुरली मनोहर प्रसाद सिंह 69, 70, 78, 103, 135
मुल्कराज आनन्द 55
मुसाफिर बैठा 196
मुहम्मद याक़ूब 77
मुहम्मद हसन 103
मूलचन्द गौतम 125, 129, 141
मृणाल पाण्डे 129
मृत्युंजय 175
मेरी ई. जॉन 224
मैजिली कुनेने 89
मैत्रेयी पुष्पा 204
मैनेजर पांडेय 91, 92, 93, 94, 95, 98, 99, 104, 108, 109, 111, 115, 118, 119, 121, 134, 138, 142, 146, 147, 155, 163
मॉल्कम ब्रेडबरी 98
मोइनुद्दीन जिनाबड़े 234
मोती सिंह 39, 42
मोतीलाल जोतवाणी 101
मोतीलाल रैना 114
मोबिन जहोरोद्दीन 217
मोहन कुमार डहेरिया 185
मोहन कोइराला 116
मोहन थपलियाल 105, 111, 152
मोहन राकेश 39, 41, 43, 47
मोहन श्रोत्रिय 114
मोहनदास नैमिशराय 177
मोहम्मद असदुल्ला 181
मोहम्मद सज्जाद 235
मोहित सेन 74
मोहिन्दर सिंह 223
यतीन्द्र मिश्र 176
यदुपति सहाय 37, 42
यशदेव 'शल्य' 29, 69, 72, 73, 75, 77, 82, 101, 198
यशपाल 30, 44, 52, 57, 172
यान्निस रित्सोस 129
यिरी ताउफ़ेर 112
यूनुस परवेज़ 176
यूरी नगीबिन 135
येवगेनी येवतुशेंको 96
योगेश तिवारी 200, 213
योगेश प्रताप शेखर 205, 226, 234
रंजना अरगड़े 147, 153, 194, 205
रंजना जायसवाल 218
रंजना जोशी 117
रंजना श्रीवासत्व 207, 202
रघुपति सहाय 'फ़िराक़' 141
रघुवंश 27, 28, 31, 33, 34, 35, 36, 37, 39, 40, 41, 42, 44, 45, 46, 47, 49, 61, 69, 119, 134, 139, 148
रघुवंश मणि 162, 163, 164, 167, 169, 170, 174, 179
रघुवीर सहाय 68, 74, 123, 137, 140, 150
रचना सिंह 185
रजनी गुप्त 173, 180
रणजीत 61, 75, 78, 86, 95
रणजीत साहा 185, 191, 211
रणधीर सिनहा 148
रणवीर रांग्रा 63, 67
रणेन्द्र 193
रति सक्सेना 180
रत्नलाल शर्मा 77
रमण सिन्हा 165, 171, 219
रमा 211
रमा शंकर 224
रमाकान्त राय 216
रमाकान्त शर्मा 135
रमाशंकर तिवारी 44, 47, 51, 58, 60
रमाशंकर मिश्र 62

रमाशंकर सिंह 235
रमेश अनुपम 219
रमेश उपाध्याय 108, 116, 132, 163, 204
रमेश कुन्तल मेघ 52, 56, 57, 58, 60, 62, 63, 67, 71, 73, 75, 79, 80, 84, 87, 97, 104, 106, 107, 108, 115, 120, 132, 134, 139
रमेश गौड़ 102
रमेश तिवारी 97
रमेश थानवी 99, 102, 104, 107
रमेश दवे 125, 162, 163, 169, 172, 174, 177
रमेश प्रजापति 190, 201
रमेश याज्ञिक 226
रमेश राऊत 179
रमेश राजहंस 175
रमेश सिन्हा 137
रमेशचन्द्र शाह 78, 80, 81, 82, 86, 88, 90, 92, 95, 98, 124, 140, 206
रवि भूषण 153
रवि रंजन 202, 205, 206
रवि श्रीवास्तव 194, 208, 219
रवि सिन्हा 165
रविकान्त 195, 234
रविशंकर 207, 208, 209, 214, 217, 218
रविशंकर सोनकर 206
रवीन्द्र वर्मा 132, 140, 143, 147, 150, 151, 187, 213, 217
रवीन्द्र 'भ्रमर' 45, 50
रवीन्द्र त्रिपाठी 154
रवीन्द्र भारती 117, 176
रवीन्द्र स्वप्निल प्रजापति 179
रवीन्द्रनाक मिश्र 207
रवीन्द्रनाथ श्रीवास्तव 68, 69, 73, 104, 112, 113, 115, 116
रवीन्द्रसहाय वर्मा 37
रशाद अब्दुल वाजिद 75
रश्मि भारद्वाज 229
रश्मि रावत 236
रश्मि रेखा 195
रसाल सिंह 203
रसिक बिहारी 58, 67
रांगेय राघव 28, 29, 32, 34, 36, 42, 45
राकेश कुमार सिंह 207
राकेश गुप्त 37
राकेश रंजन 191, 229
राखी रॉय हल्दर 192
राघव प्रकाश 147
राघुवीर सहाय 69
राजकमल चौधरी 67
राजकिशोर 153, 203
राजकिशोर राजन 201, 216
राजकुमार शर्मा 66
राजगोपालसिंह चौहान 59
राजदेव सिंह 54
राजनाथ 76, 87, 112, 116, 139, 144, 157, 161, 164, 170, 189, 202, 222, 234
राजनारायण बिसारिया 37
राजबली पाण्डेय 37, 49, 52
राजश्री शुक्ला 205, 207
राजश्री सी.आर. 189
राजी सेठ 136
राजीव रंजन 174
राजीव रंजन गिरि 185, 222
राजीव सक्सेना 102, 103
राजेन्द्र अवस्थी 67
राजेन्द्र उपाध्याय 207, 220
राजेन्द्र कुमार 154, 157, 159, 168, 175, 207
राजेन्द्र गौतम 177
राजेन्द्र नाथ 175

राजेन्द्र यादव 39, 42, 70, 85, 96, 98, 118, 121, 150, 153, 174
राजेन्द्र राजन 208
राजेन्द्र शर्मा 77, 187
राजेन्द्रकुमार 'साहिल' 105
राजेन्द्रप्रसाद पाण्डेय 132, 222
राजेन्द्रप्रसाद सिंह 41, 52, 55, 105
राजेश जोशी 123, 146, 148, 151, 155, 157, 165, 167, 180, 186, 204, 221, 232, 233
राधावल्लभ त्रिपाठी 144, 153, 157, 164, 210, 222, 224
राधेश्याम तिवारी 153
राधेश्याम दुबे 174
राम आह्लाद चौधरी 215
रामअधार सिंह 97, 100
रामअवध द्विवेदी 32, 37, 41, 44, 49, 52, 55
रामकीर्ति शुक्ल 151, 157, 161, 164, 170, 176, 189, 202, 214, 219, 222
रामकुमार 29
रामकुमार कृषक 150, 184
रामकुमार वर्मा 43
रामकृपाल पाण्डेय 90, 98, 107, 110, 116, 131, 132, 182
रामकृष्ण श्रीवास्तव 186
रामखेलावन पाण्डेय 41, 42, 45, 53, 64
रामगोपाल शर्मा 215
रामगोपाल शर्मा 'दिनेश' 65
रामगोपाल सिंह चौहान 30, 57, 63
रामचन्द्र 213
रामचन्द्र तिवारी 39, 48, 50, 96, 102, 141, 143, 148, 152, 160, 172
रामचन्द्र प्रकाश 147
रामचन्द्र प्रसाद 134
रामचन्द्र शुक्ल 134
रामचन्द्र सरोज 192
रामचरण महेन्द्र 50
रामजन्म शर्मा 189
रामजी उपाध्याय 54
रामदयाल राकेश 116, 117
रामदरश मिश्र 62, 70, 118, 222
रामदीन गुप्त 56
रामदेव आचार्य 78, 98
रामदेव शुक्ल 109, 213
रामधारी सिंह 'दिनकर' 30, 64
रामनरेश मिश्र 67
रामनारायण उपाध्याय 65
रामनिरंजन परिमलेन्दु 164, 182, 192, 201
रामनिहाल गुंजन 202, 207, 211
रामपूजन तिवारी 49
रामबक्ष 106, 107, 110, 113, 115, 120, 122, 124, 146, 147
राममूर्ति त्रिपाठी 79, 88, 94, 97
रामरतन भटनागर 32, 34, 37, 42, 45, 47, 48, 49, 50, 51, 52, 55
रामरती मलिक 196, 200, 206
रामलाल सिंह 48, 54
रामवचन राय 206
रामविलास शर्मा 30, 48, 49, 50, 52, 61, 67, 70, 71, 74, 75, 78, 97, 111, 112, 124, 126, 132, 155
रामशंकर द्विवेदी 157
रामशरण शर्मा 160
रामसिंह तोमर 34, 51
रामसुरेश त्रिपाठी 32
रामसेवक सिंह 61, 76
रामस्वरूप चतुर्वेदी 37, 38, 41, 47, 69, 80, 81, 95, 101, 107, 113, 119, 129, 134, 139, 140, 156
रामाधार शर्मा 65
रामानन्द तिवारी 53

राय आनन्दकृष्ण 35
राल्फ रसेल 137
राशी बनी 176
राहुल देव 229
राहुल राजेश 210, 211
राहुल सांकृत्यायन 32, 34, 42
रिचर्ड हॉगर्ट 98
रिज़वानुल हक़ 189, 217
रियाज़ पंजाबी 77
रूपा गुप्ता 208
रेखा अवस्थी 101, 103
रेखा खरे 96
रेमंड विलियम्स 98, 104
रेयाज़ उल हक़ 225
रेवती रमण 157, 187, 196, 205, 217
रोजर गारोदी 83
रोहिणी अग्रवाल 171, 172, 175, 177, 198, 216
रोहिताश्त 190
लंकेश 94
लक्ष्मीकांत शर्मा 65
लक्ष्मीकान्त 27
लक्ष्मीकान्त वर्मा 33, 35, 41, 42, 47, 72
लक्ष्मीकान्त शर्मा 66
लक्ष्मीधर मालवीय 59, 65
लक्ष्मीनारायण लाल 33, 42, 45, 46, 47
लक्ष्मीनारायण वर्मा 148
लक्ष्मीनारायण सुधांशु 62
लक्ष्मीसागर वार्ष्णेय 35, 38, 40, 43, 50
लखन गोसाईं 194
ललित कार्तिकेय 154, 156, 161, 164, 165, 170, 173
ललित मोहन बहुगुणा 132, 135
ललिताप्रसाद सुकुल 31
लल्लन राय 110, 122
लाजपत राय 57
लायोश कॉश्शॉक 91
लाल सिंह दिल 183
लालबहादुर वर्मा 160, 166
लाल्टू 214
लीलाधर जगूड़ी 74, 75, 86, 103, 106, 107, 111, 151, 168, 202, 220, 233
लीलाधर मंडलोई 159, 172, 192, 201, 233
लुई अल्तुसेर 87
लू शुन 112
लूसिएँ गोल्डमान 94, 108
लेनिन 83
लैंगस्टन ह्यूज़ 150
लोठार लुट्से 71, 75
लोलार्क द्विवेदी 198
व. लक्शिन 84
वन्दना चौबे 214
वरयाम सिंह 171
वरवर राव 204
वसन्त दत्तात्रय गुर्जर 100
वसन्त आबाजी डहाके 100
वसुधा डालमिया 235
वागीश शुक्ल 105, 108, 127, 130, 131, 135, 140, 143, 159, 209, 213
वाचस्पति 129, 131, 134
वाल्टर बेंजामिन 89, 131
वासुदेव उपाध्याय 39
वासुदेवशरण अग्रवाल 32
वि.का. राजवाडे 145
विजय कुमार 150, 155, 164, 167, 176, 180, 186, 193, 222
विजय पंडित 175
विजय बहादुर सिंह 65, 181, 205, 208, 217, 218
विजय बापट 90, 96
विजय मल्ल 116
विजयमोहन सिंह 68, 72, 78, 81, 82,

88, 93, 95, 97, 100, 101, 104, 113, 127, 128, 129, 135, 161
विजयकुमार शुक्ल 65
विजयदेवनारायण साही 33, 34, 36, 37, 39, 40, 41, 42, 44, 45, 47, 79, 85, 97
विजयशंकर मल्ल 30, 32, 42, 44, 54, 139
विजयेन्द्र स्नातक 28, 30, 32, 37, 43, 48, 54, 57, 59, 60, 65
विजेन्द्र 86, 89, 109
विजेन्द्र नारायण सिंह 66, 79, 82, 85, 128, 152, 174
विद्यानिवास मिश्र 45, 67, 76, 78, 95, 98, 103, 119
विद्यासागर नौटियाल 169
विनय कुमार 194
विनय दुबे 186, 187
विनयमोहन शर्मा 30, 31, 32, 44, 62
विनीत कुमार 223
विनोद कुमार मंगलम 219
विनोद कुमार शुक्ल 167, 169, 179
विनोद खुराना 83
विनोद खेतान 197
विनोद तिवारी 181, 189, 236
विनोद दास 130, 133, 158, 163, 164, 167, 185
विनोद भारद्वाज 100, 102, 106, 123, 125, 154
विनोद शाही 165, 170, 172, 175, 176, 179, 182, 183, 186, 195, 210
विपिन कुमार अग्रवाल 81
विपिन चौधरी 211, 229, 230
विपिनबिहारी त्रिवेदी 32
विभास वर्मा 234
विमल कुमार 211, 212
वियजशंकर त्रिवेदी 66
विलास गिते 151
विली थामसन 86
विल्हैम राइश 154
विवेकी राय 131, 136
विश्वनाथ काशीनाथ राजवाडे 144
विश्वनाथ त्रिपाठी 69, 71, 75, 77, 80, 83, 84, 91, 95, 102, 103, 104, 105, 107, 109, 113, 114, 118, 130, 133, 143, 146, 187, 211
विश्वनाथ प्रताप सिंह 187
विश्वनाथ प्रसाद मिश्र 128
विश्वनाथ भट्टाचार्य 54, 55
विश्वनाथ मिश्र 49
विश्वनाथप्रसाद तिवारी 65, 89, 90, 104, 109, 117, 130, 214
विश्वनाथप्रसाद मिश्र 36, 54
विश्वम्भर 'मानव' 27, 30, 32, 42, 43, 62
विश्वम्भरनाथ उपाध्याय 64, 65, 134, 139
विष्णु खरे 74, 75, 76, 78, 79, 81, 82, 83, 84, 85, 87, 101, 110, 123, 124, 129, 140, 154
विष्णु देव 204
विष्णु नागर 204, 222, 233
विष्णु प्रभाकर 31
विष्णु स्वरूप 38
विष्णुकान्त शास्त्री 74, 79, 81, 85, 88, 99, 112, 128, 140
विष्णुचन्द्र शर्मा 62, 69, 75, 79, 80, 91, 92, 93, 106, 114, 199
विष्णुप्रसाद र. त्रिवेदी 50
वी. तोल्स्तिख 116
वी. नरसिंह रेड्डी 93
वीणा वर्मा 138
वीर भारत तलवार 131, 132, 134, 139, 141, 150, 153, 157, 160, 183

वीरेन्द्र मोहन 149, 137
वीरेन्द्र कुमार बरनवाल 146
वीरेन्द्र कृष्ण माथुर 43
वीरेन्द्र नारायण 56, 64, 75, 76
वीरेन्द्र मोहन 139
वीरेन्द्र यादव 137, 154, 160, 161, 162
वीरेन्द्र सारंग 200
वीरेन्द्र सिंह 141, 143, 144, 148
वीरेन्द्र सिंह बर्त्वाल 201
वीरेश चन्द्र 167
वृन्दावनलाल वर्मा 71
वेंकटेश कुमार 201, 209
वेणु गोपाल 188
वेद प्रकाश 204, 213
वेद रमण 195
वेल्लार्थाण अर्जुनन् 62
वैभव सिंह 184, 189, 205
वोले शोयिंका 89, 146
व्योमेश शुक्ल 181
व्रजलाल वर्मा 50
व्रजविलास श्रीवास्तव 47
व्रजेश्वर वर्मा 33, 34, 36, 37, 39, 40, 41, 42, 44, 45, 46, 47
शंकरदेव अवतरे 55
शंकरानन्द 211
शंख शोष 157
शंभु गुप्त 161
शकील सिद्दीक़ी 173
शमशेर बहादुर सिंह 28, 56, 70, 77, 82, 93, 103, 114, 138, 143, 164
शमशेरसिंह नरूला 120
शमीम हनफ़ी 183, 189, 217
शम्भु गुप्त 154, 163, 167, 171, 173, 175, 177, 191
शम्भु बादल 198
शम्भु विश्वकर्मा 196
शम्भुनाथ 95, 119, 121, 135, 144, 146, 152, 155, 158, 160, 163, 170, 181, 188, 205, 206, 207, 208, 217
शम्भुनाथ मिश्र 33, 63
शम्भूनाथ त्रिपाठी 99
शम्भूनाथ सिंह 34, 37, 47, 49, 51
शम्सुर्रहमान 88
शम्सुर्रहमान फ़ारूक़ी 160
शरण कुमार लिम्बाले 178
शशांक 161, 189
शशि नारायण स्वाधीन 219
शशिकला त्रिपाठी उपाध्याय 195
शशिभूषण सिंह 193
शहंशाह आलम 192
शहनाज़ बानो 190
शहेनाम ज़ाफ़र बासमेह 193
शानी 140
शान्ति भिक्षु 36
शान्तिप्रिय द्विवेदी 66
शायक आलोक 230
शारिब रुदौलवी 156
शाहनवाज आलम 189
शिकाया उ टाम'सी 90
शिवकुटी लाल वर्मा 78
शिवकुमार मिश्र 50, 53, 56, 58, 60, 61, 62, 63, 116, 119, 121, 122, 126, 132, 134, 136, 139, 142
शिवचन्द्र शर्मा 46
शिवदानसिंह चौहान 27, 28, 29, 30, 31, 32, 55, 56, 57, 58, 59, 60, 63, 64, 65, 66, 84, 88, 91, 137, 156, 196
शिवनाथ 27, 28, 36, 48, 62, 42
शिवप्रसाद सिंह 47, 49, 67
शिवमंगल 95
शिवमंगल सिद्धान्तकर 103, 104
शिवमंगलसिंह 'सुमन' 120

शिवमूर्ति पाण्डेय 76
शिवानन्द शर्मा 69, 71, 103, 137, 145, 150, 172, 183, 220
शुभा राव 166
शैलकुमारी 39, 43
शैलेन्द्र कुमार त्रिपाठी 207
शैलेन्द्र वर्मा 195
शैलेय 189, 190
शैलेश कुमार 223, 224, 225, 226
शैलेश के. मेहता 191
शैलेश पंडित 220
शैलेश मटियानी 136
शैलेश्वर सतीप्रसाद 128
शैवाल 201
शैव्या त्रिपाठी 212
शोभाकान्त 208
श्याम कश्यप 121, 123, 127, 128, 133, 135, 205
श्याम किशोर सिंह 88
श्याम परमार 32, 58, 63
श्याम मनोहर 168
श्याम मोहन 48
श्यामपलट पाण्डेय 199
श्याममोहन श्रीवास्तव 38
श्रवण कुमार 73
श्रीकांत किशोर 224
श्रीकान्त 234
श्रीकान्त वर्मा 69, 70, 72, 74, 75, 87, 91, 93, 96, 97, 138
श्रीनारायण पाण्डेय 71, 121, 139, 178
श्रीनारायण मिश्र 48
श्रीनारायण समीर 193
श्रीनिवास शर्मा 204
श्रीनिवास श्रीकांत 182
श्रीपतराय 38
श्रीपाद जोशी 49
श्रीपाद श्रमृत डांगे 137
श्रीप्रकाश शुक्ल 187, 189, 194, 205, 206
श्रीभगवान सिंह 143, 163, 186
श्रीमती गिरीश रस्तोगी 61
श्रीमती जगत सिंह 113
श्रीमती विजय चौहान 32, 57, 61
श्रीराम तिवारी 74
श्रीराम त्रिपाठी 175, 179, 182, 184, 188, 193, 194, 205, 207, 217
श्रीराम पाठक 106
श्रीराम वर्मा 62, 66, 69, 73, 79, 86, 88, 99, 103, 105, 107, 108, 124, 128, 130, 132, 133, 139, 141, 143, 144, 145, 146, 151, 154, 155, 156, 158, 160, 162, 163, 168, 169, 171, 172, 174, 176, 187, 191, 197, 205
संकलित 71
संगमलाल पाण्डेय 85
संजय 130
संजय कुंदन 162, 163, 233
संजय कुमार 196, 204, 202
संजय चतुर्वेदी 233
संजय रणखांबे 209
संजय लक्ष्मण मादार 217
संजय शांडिल्य 230
संजीव कुमार 164, 226, 235
संजीव कुमार जैन 216
संजीव कुमार दुबे 207
संतोष दीक्षित 180
संदीप दुबे 226
संध्या गुप्ता 193
संध्या सिंह 200, 205
सकलदीप सिंह 58, 61, 63
सकलदेव शर्मा 177
सच्चिदानंद विशाखा 220
सच्चिदानन्द वात्स्यायन 'अज्ञेय' 37, 74,

172, 206
सच्चिदानन्द सिन्हा 221
सज्जाद ज़हीर 55, 137
सतीश कालसेकर 100
सतीश चन्द्र 136
सतीश देशपांडे 223
सतीश नूतन 193
सतीशचन्द्र काला 50
सत्य सागर 224
सत्यकाम 131, 173
सत्यदेव चौधरी शास्त्री 51
सत्यदेव त्रिपाठी 175
सत्यनारायण त्रिवेदी 54
सत्यपाल सहगल 156, 175, 181, 183, 222
सत्यप्रकाश मोहंती 196, 202
सत्येन्द्र 27, 28, 30, 32, 49, 65
सत्येन्द्र कुमार तनेजा 106, 116, 138, 139, 148, 150, 200, 234
सत्येन्द्र पांडेय 196, 211
सदानन्द शाही 153, 188, 212
सदाशिव द्विवेदी 96, 99, 102, 106, 111
सदाशिव श्रोत्रिय 217, 226
सनत कुमार 216
सन्तोष कुमार चतुर्वेदी 197
सन्तोष कुमार तिवारी 141
सन्तोष दीक्षित 193
सन्दीपन चट्टोपाध्याय 73
समर्थ वाशिष्ट 230
समीक्षा ठाकुर 221
सम्पादकीय विभाग 34, 35, 36, 40, 43, 46, 48, 196, 198, 200, 201, 203, 204
सम्पूर्णानन्द 42
सरनामसिंह शर्मा 'अरुण' 86
सरवण मिन्हास 235
सरवरुल हुदा 183
सर्वेन्द्र विक्रम 167
सर्वेश कुमार सिंह 214
सर्वेश्वरदयाल सक्सेना 108, 119
सलमा मलिक 236
सलाम मछली शहरी 61
सविता भार्गव 218
सविता सिंह 167, 188, 221, 233
सव्यसाची भट्टाचार्य 179
सहगल 155
सहेली तिज्जन 218
सावित्री चन्द्र 104
सावित्री शुक्ल 64
सावित्री सिन्हा 60
सावित्रीचन्द्र 'शोभा' 119
साहिर लुधियानवी 234, 235
सितांशु यशश्चन्द्र 223
सिद्धनाथ कुमार 45, 50, 65, 71, 132, 133
सिद्धार्थ 55
सियाराम तिवारी 59, 62, 125
सियारामशरण प्रसाद 66
सी.आर. राजश्री 209
सी.जे. युङ्ग 33
सुंदर चंद ठाकुर 171
सुखचैन मिस्त्री 109, 210
सुखप्रीत कौर 212
सुजीत कुमार सिंह 209
सुदक्षिणा घोष 183
सुदीप बैनर्जी 192
सुदीप्ति 185
सुधा माहेश्वरी 67
सुधांशु फिरदौस 230
सुधांशुभूषण नाथ तिवारी 213
सुधीन्द्र 30
सुधीर चन्द्र 93, 154, 162, 165, 213
सुधीर मोता 173
सुधीर रंजन सिंह 185, 196, 197, 208,

212, 219
सुधीश पचौरी 86, 103, 154
सुनिता कुमारी 230
सुनीतिकुमार चाटुर्ज्या 43
सुन्दरलाल त्रिपाठी 50
सुप्रिया सहस्त्रबुद्धे 164
सुबोध अग्रवाल 41
सुबोध चन्द्र 67
सुबोध शुक्ल 197
सुब्रह्मण्यम भारती 126
सुभाष शर्मा 193, 203, 209
सुमन केशरी 199, 205, 211
सुमन शेखर 230
सुमनिका सेठी 169
सुमित्रानन्दन पन्त 30, 37, 43, 44, 114
सुरजीत पातर 210, 235
सुरतदास श्रीवास्तव 38
सुरेन्द्र कुमार 207
सुरेन्द्र कुमार शर्मा 143
सुरेन्द्र चौधरी 68, 69, 72, 77, 81, 84, 103, 119
सुरेन्द्र बारलिंगे 69, 111
सुरेन्द्र शर्मा 84, 87
सुरेन्द्रनाथ तिवारी 103
सुरेश अवस्थी 50, 64, 69
सुरेश पंडित 203
सुरेश शर्मा 121, 124
सुरेश सलिल 101, 150, 158, 162, 167, 170, 171, 185, 198, 205, 209
सुरेश सिन्हा 59
सुरेश सेन निशान्त 193
सुरेश ह. जोशी 130
सुरेशचन्द्र सेन गुप्त 37
सुलभा कोरे 188
सुल्तान अहमद 143, 172, 173
सुवास कुमार 147
सुविमल बसाक 149
सुशान्त सुप्रिय 193
सुशील कुमार त्रिपाठी 185
सुशील दीक्षित 33
सुशील सिद्धार्थ 155, 161
सुषम बेदी 147
सुषमा सिन्हा 200
सुहेला नश्तर 77
सूरज त्रिपाठी 230, 231
सूरज पालीवाल 175, 205
सूर्यकान्त 52, 54
सूर्यनारायण रणसुभे 159
सूर्यनारायण व्यास 29
सेंघोर 89, 101, 162
सैमुअल हाइन्स 137
सोमदत्त 85, 123, 108, 130, 151
सौम्या गुप्ता 234
स्टीफेन स्पेंडर 221
स्टैनली मिचेल 70
स्तेफ़ान मोराव्स्की 79, 86
स्तोयन दिनकोव 198
स्वप्निल श्रीवास्तव 130, 131, 142, 144, 169
स्वयं प्रकाश 176
स्वराजबीर सिंह 234
स्वाति मेलकानी 231
स्वेतोज़ार गेत्रोविच 47
ह.श्री. साने 144, 145, 151
हंसकुमार तिवारी 30, 32, 38
हंसराज रहबर 57
हजारीप्रसाद द्विवेदी 27, 29, 30, 31, 36, 52, 53, 55, 56, 58, 59, 61, 68, 71, 114, 115, 120
हबीब तनवीर 178
हरजेन्द्र चौधरी 215
हरदयाल 114
हरदेव बाहरी 29, 31, 32, 37, 47
हरद्वारीलाल शर्मा 33, 36, 55, 96

हरबंस मुखिया 153
हरबर्ट मारकूस 95
हरभजन सोही 145
हरिकृष्ण देवसरे 61
हरिनारायण व्यास 132
हरिमोहन 48
हरिमोहन शर्मा 176, 177
हरिवंशराय 'बच्चन' 46
हरिशंकर परसाई 75
हरिशचन्द्र पाण्डे 16 1, 188
हरीश आनन्द 199
हरीश त्रिवेदी 213
हरेकृष्ण तिवारी 194
हरेप्रकाश उपाध्याय 200
हर्षनारायण 37, 40, 44, 45
हान्स माग्नुस एन्त्सन्सबर्गर 73, 89
हावियेर हेरोद 94
हितेन्द्र पटेल 197, 218
हिमांशु बी. जोशी 215
हिलाल अहमद 223
हीरा डोम 112
हीरालाल गुप्त 53
हृषीकेश 76, 159
हृषीकेश सुलभ 183, 199
हेतुकर झा 203, 212
हेमंत कुकरेती 154, 168, 201
हेमंत कुमार हिमांशु 185
हेमचन्द्र पाण्डे 135, 140
हेमन्त जोशी 121
हेमलता जनस्वामी 35, 40
हेमलता माहेश्वर 177
हेमेन्द्र कुमार पानेरी 96

✪✪✪